Schritte NEU
GRAMMATIK

Niveau A1–B1

Deutsch als Fremd-
und Zweitsprache

Barbara Gottstein-Schramm
Susanne Kalender
Franz Specht
unter Mitarbeit von Barbara Duckstein

Hueber Verlag

Der Verlag weist ausdrücklich darauf hin, dass im Text
enthaltene externe Links vom Verlag nur bis zum Zeitpunkt
der Buchveröffentlichung eingesehen werden konnten.
Auf spätere Veränderungen hat der Verlag keinerlei Einfluss.
Eine Haftung des Verlags ist daher ausgeschlossen.

Das Werk und seine Teile sind urheberrechtlich geschützt.
Jede Verwertung in anderen als den gesetzlich zugelassenen Fällen
bedarf deshalb der vorherigen schriftlichen Einwilligung des Verlags.

Eingetragene Warenzeichen oder Marken sind Eigentum des
jeweiligen Zeichen- bzw. Markeninhabers, auch dann, wenn diese
nicht gekennzeichnet sind. Es ist jedoch zu beachten, dass weder
das Vorhandensein noch das Fehlen derartiger Kennzeichnungen die
Rechtslage hinsichtlich dieser gewerblichen Schutzrechte berührt.

6. 5. 4.	Die letzten Ziffern
2027 26 25 24 23	bezeichnen Zahl und Jahr des Druckes.

Alle Drucke dieser Auflage können, da unverändert,
nebeneinander benutzt werden.
1. Auflage
© 2017 Hueber Verlag GmbH & Co. KG, München, Deutschland
Umschlaggestaltung: Sieveking · Agentur für Kommunikation, München
Gestaltung und Satz: Sieveking · Agentur für Kommunikation, München
Verlagsredaktion: Marion Kerner, Juliane Beck, Isabel Krämer-Kienle,
Thomas Stark, Hueber Verlag München
Druck und Bindung: Westermann Druck Zwickau GmbH, Zwickau
Printed in Germany
ISBN 978-3-19-011081-0

Inhalt

1 Nomen

1.01 Genus: maskulin, neutral, feminin 8
der Buchstabe, das Wort, die Sprache

1.02 Plural 10
der Fisch, die Fische

1.03 Kasus: Nominativ, Akkusativ, Dativ, Genitiv 12
Ein Hund sieht eine Wurst.

1.04 n-Deklination 14
Fragen Sie doch den Kollegen!

Test 1 Nomen 16

2 Artikelwörter

2.01 Indefiniter und definiter Artikel: Formen 18
Siehst du den Stern?

2.02 Indefiniter, definiter Artikel und Nullartikel: Gebrauch 20
Das ist eine Studentin. Die Studentin heißt Gitta.

2.03 Negativartikel *kein* 22
Das ist kein Ei.

2.04 Possessivartikel: *mein, dein, …* 24
Wo ist denn meine Brille?

2.05 Weitere Artikelwörter 26
Manche Käfer sind blau.

Test 2 Artikelwörter 28

3 Pronomen

3.01 Personalpronomen: *er, ihn, ihm, …* 30
Das ist Bello. Er tanzt gern.

3.02 Possessivpronomen: *meiner, deiner, …* 32
Das ist meiner!

3.03 Indefinitpronomen: *welche, viele, einige, …* 34
Ich habe einen Porsche. – Ich habe auch einen.

3.04 Demonstrativpronomen: *das, dieses* 36
Welches Eis? – Das da.

Test 3 Pronomen 38

4 Adjektive

4.01 Deklination nach indefinitem Artikel 40
… einen starken Motor

4.02 Deklination nach definitem Artikel 42
… der tolle Strand

4.03 Deklination nach dem Nullartikel 44
schönes Wetter

4.04	Steigerung und Vergleich	46
	Mein Fisch ist größer!	
4.05	Partizip als Adjektiv	48
	kochend oder gekocht?	
4.06	Adjektiv als Nomen	50
	Er ist der Richtige.	
Test 4	Adjektive	52

5 Verben

5.01	Gegenwart: Präsens	54
	Was machst du heute Abend noch?	
5.02	Trennbare / nicht trennbare Verben	56
	Der Zug kommt an.	
5.03	Vergangenheit: Perfekt (1)	58
	Und er hat es geglaubt.	
5.04	Vergangenheit: Perfekt (2)	60
	Wer ist über das Bett gelaufen?	
5.05	Vergangenheit: Perfekt (3)	62
	Er hat schrecklich ausgesehen.	
5.06	Vergangenheit: Präteritum	64
	Da kam der Frosch in ihr Schlafzimmer.	
5.07	Vergangenheit: Plusquamperfekt	66
	So hatte ich das aber nicht gemeint.	
5.08	Zukunft: Präsens und Futur	68
	Was machst du morgen? – Ich werde ans Meer gehen.	
5.09	Modalverben: *können*	70
	Ich kann nicht warten.	
5.10	Modalverben: *wollen/möchten*	72
	Ich will aber ein Eis.	
5.11	Modalverben: *müssen* und *dürfen*	74
	Ich muss das nur noch schnell fertig machen.	
5.12	Modalverben: *sollen*	76
	Was soll ich jetzt für Sie spielen?	
5.13	Passiv	78
	Herr Meier wird angerufen.	
5.14	Passiv mit Modalverben	80
	Das musste jetzt auch mal gesagt werden.	
5.15	*lassen*	82
	Lass mich mal probieren!	
5.16	*werden*	84
	Die Fernseher werden immer größer.	
5.17	Konjunktiv II: Wünsche, Bitten, Ratschläge, Vorschläge	86
	Ich wäre wirklich gern verheiratet.	
5.18	Konjunktiv II: Irreale Wünsche, Bedingungen, Vergleiche	88
	Wenn ich seinen Bauch hätte …	
5.19	Imperativ	90
	Geh zum Supermarkt!	

5.20 Verben mit Ergänzung: Nominativ und Akkusativ ... 92
Ich bringe den ‚Kurier'.

5.21 Verben mit Ergänzung: Dativ ... 94
Die Schuhe gefallen mir. Aber sie passen mir nicht.

5.22 Verben mit Ergänzung: Akkusativ und Dativ ... 96
Ich gebe Ihnen Geld!

5.23 Verben mit Ergänzung: Präpositionen ... 98
Ich interessiere mich nicht für die Liebe.

5.24 Reflexive Verben ... 100
Beeil dich!

5.25 Verben und Ausdrücke mit *es* ... 102
Gibt es was Neues?

Test 5 Verben ... 104

6 Präpositionen

6.01 Zeit ... 112
Ich warte seit einer halben Stunde.

6.02 Ort ... 114
Ich bin vor euch.

6.03 Weitere lokale Präpositionen ... 116
Sie kommt aus dem Haus.

6.04 Modale und kausale Präpositionen ... 118
Ohne Walter ist es schwer.

Test 6 Präpositionen ... 120

7 Adverbien und Partikeln

7.01 Temporaladverbien ... 122
Ich komme gleich!

7.02 Lokal- und Direktionaladverbien ... 124
Oben ist der Himmel. Unten ist das Meer.

7.03 Gradpartikeln ... 126
Das ist wirklich toll.

7.04 Modalpartikeln ... 128
Das ist doch ganz einfach!

Test 7 Adverbien und Partikeln ... 130

8 Zahlwörter

Ich habe sechzehn Rosen. ... 132

9 Negation

Ich sehe ihn nicht. ... 134

Test 8 Zahlwörter und Negation ... 136

10 Sätze und Satzverbindungen

- 10.01 Hauptsatz: Verbposition ... 138
  Was machst du? Ich schlafe.
- 10.02 Hauptsatz: Satzklammer ... 140
  Ich will hier aussteigen.
- 10.03 Fragesätze ... 142
  Bist du das, Walter?
- 10.04 Hauptsatz + Hauptsatz: Konjunktionen *und, oder, aber, denn* ... 144
  Der Mann hat Geld und die Frau hat Hunger.
- 10.05 Verbindungsadverbien: *darum, deswegen, daher ...* ... 146
  Trotzdem probiere ich es.
- 10.06 Hauptsatz + Nebensatz: *dass*-Satz ... 148
  Ich weiß, dass ich Napoleon bin.
- 10.07 Infinitivsätze: Infinitiv mit *zu* ... 150
  Ich habe keine Lust, ins Museum zu gehen.
- 10.08 Hauptsatz + Nebensatz: *wenn, als, seit, ...* ... 152
  Immer wenn ich sie sehe, hat sie ein Telefon am Ohr.
- 10.09 Hauptsatz + Nebensatz: *weil, da; obwohl* ... 154
  ... weil draußen die Sonne scheint.
- 10.10 Hauptsatz + Nebensatz: *damit, um ... zu* ... 156
  Ich brauche Licht, damit ich was sehe.
- 10.11 Hauptsatz + Nebensatz: *falls, wenn* ... 158
  Wenn du nicht redest, lasse ich los!
- 10.12 Hauptsatz + Nebensatz: *indem, ohne dass/zu, (an)statt dass/zu* ... 160
  Stellen Sie also auch mal Fragen, statt immer nur zu reden.
- 10.13 Zweiteilige Konjunktionen ... 162
  Je älter man wird, desto schwieriger ist es.
- 10.14 Relativsätze ... 164
  Du bist der Mensch, für den ich lebe.
- Test 9 Sätze und Satzverbindungen ... 166

11 Wortbildung

- 11.01 Nomen ... 172
  Superidee
- 11.02 Adjektive ... 174
  Kostenlos? Wunderbar!
- Test 10 Wortbildung ... 176

Anhang

Unregelmäßige Verben ... 178
Verben mit Dativ-Ergänzung ... 184
Verben mit festen Präpositionen ... 185

Lösungsschlüssel ... 189

Register ... 209

Symbole / Piktogramme

🔊 Hörübungen

Vorwort

Die *Schritte neu Grammatik* ist für Lernende auf den Niveaustufen A1 bis B1 geeignet und deckt alle Grammatikthemen ab, die in den Prüfungen der Niveaustufen A1, A2 und B1 verlangt werden.

Sie ist die ideale Ergänzung für alle Lernenden, die mit *Schritte international neu* oder *Schritte plus neu* arbeiten, kann aber auch lehrwerkunabhängig eingesetzt werden. Die Grammatik eignet sich zum Üben, Vertiefen oder Wiederholen von grammatischen Strukturen im Unterricht, kann aber mithilfe des übersichtlichen Lösungsschlüssels auch zum selbstständigen Lernen zu Hause eingesetzt werden. Ein Test am Ende jedes Kapitels bietet die Möglichkeit der Erfolgskontrolle oder der (Selbst-)Einstufung.

Jede Einheit ist als Doppelseite aufgebaut und hat den gleichen transparenten Aufbau:
- Basierend auf einer einprägsamen und unterhaltsamen Einstiegssituation werden auf der linken Seite die Strukturen und Regeln in einfacher Sprache zusammengefasst.
- Danach folgen die dazugehörigen Übungen mit einem vielfältigen Übungsangebot.
- Die Übungen sind nach Niveaustufen gekennzeichnet und eignen sich somit sowohl für Anfänger als auch für Lerner auf B1-Niveau.

In den durch das Symbol 🔊 gekennzeichneten Übungen können Sie mithilfe der Aufnahme die Lösungen hören, vergleichen, nachsprechen oder die Übungen bei aufgeschlagenem Buch mündlich lösen. Diese Aufnahmen bekommen Sie über die *Hueber Media*-App, die Sie bei Google Play oder im App Store kostenlos herunterladen können. Zusätzlich stehen sie unter www.hueber.de/audioservice kostenlos zur Verfügung.

Das transparente Inhaltsverzeichnis und das ausführliche Register am Ende des Buches helfen Ihnen beim schnellen und gezielten Auffinden von Themen und Strukturen.

Wenn Sie rasch Formen nachschlagen möchten, dann sind die nützlichen Listen im Anhang ideal. Dort finden Sie eine Übersicht über die unregelmäßigen Verben, die Verben mit Dativ-Ergänzung sowie eine Liste der Verben mit Präpositionen.

Wir wünschen Ihnen nun viel Spaß und Erfolg beim Lehren und Lernen

Autoren und Verlag

1.01 der Buchstabe, das Wort, die Sprache

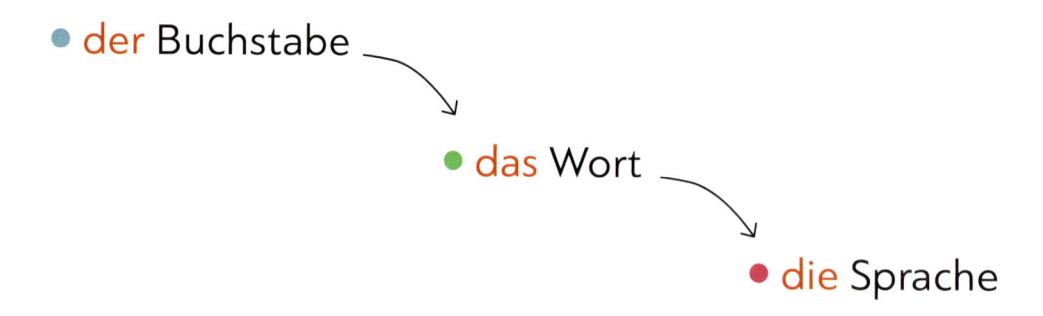

- der Buchstabe
- das Wort
- die Sprache

Nomen haben ein Genus. Es gibt maskuline (• der), neutrale (• das) und feminine (• die) Nomen. Lernen Sie das Genus beim Nomen immer mit, denn es gibt nur wenige Regeln.

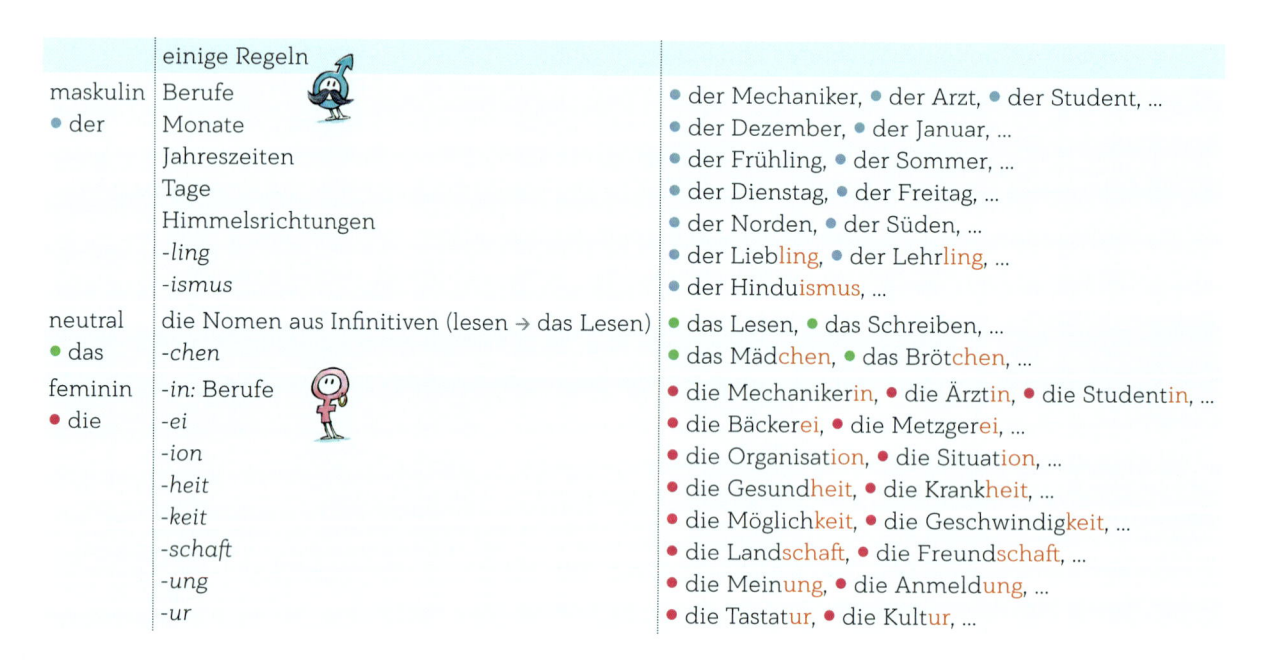

	einige Regeln	
maskulin • der	Berufe	• der Mechaniker, • der Arzt, • der Student, …
	Monate	• der Dezember, • der Januar, …
	Jahreszeiten	• der Frühling, • der Sommer, …
	Tage	• der Dienstag, • der Freitag, …
	Himmelsrichtungen	• der Norden, • der Süden, …
	-ling	• der Liebling, • der Lehrling, …
	-ismus	• der Hinduismus, …
neutral • das	die Nomen aus Infinitiven (lesen → das Lesen)	• das Lesen, • das Schreiben, …
	-chen	• das Mädchen, • das Brötchen, …
feminin • die	-in: Berufe	• die Mechanikerin, • die Ärztin, • die Studentin, …
	-ei	• die Bäckerei, • die Metzgerei, …
	-ion	• die Organisation, • die Situation, …
	-heit	• die Gesundheit, • die Krankheit, …
	-keit	• die Möglichkeit, • die Geschwindigkeit, …
	-schaft	• die Landschaft, • die Freundschaft, …
	-ung	• die Meinung, • die Anmeldung, …
	-ur	• die Tastatur, • die Kultur, …

Das richtige Genus finden Sie in Wörterbüchern, z. B. im *Hueber Wörterbuch Deutsch als Fremdsprache*:

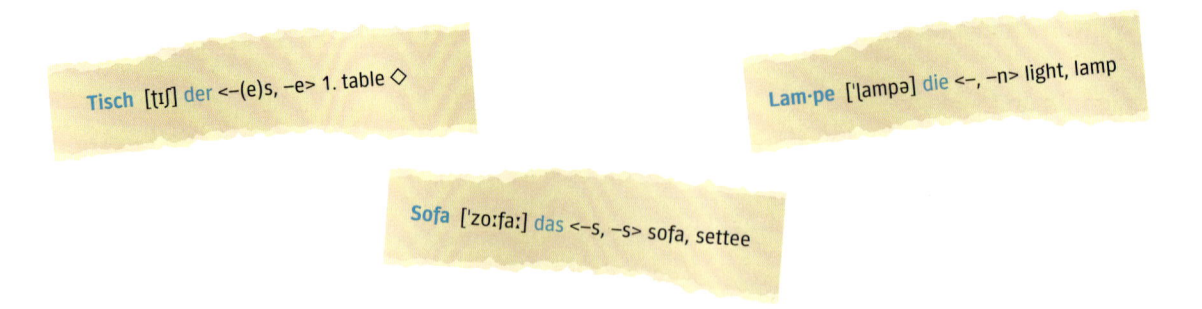

Tisch [tɪʃ] der <-(e)s, -e> 1. table ◊

Lam·pe ['lampə] die <-, -n> light, lamp

So·fa ['zoːfaː] das <-s, -s> sofa, settee

In anderen Wörterbüchern steht oft m, n oder f:
m = • der
n = • das
f = • die

Nomen 1
Genus: maskulin, neutral, feminin

A1 **1** Berufe: Finden Sie noch fünf Berufe und ergänzen Sie die weibliche Form.

P	S	T	Z	A	U	K	O	P	L	M	U	N	R	F
O	T	V	E	R	K	Ä	U	F	E	R	R	R	R	A
L	E	T	I	Z	B	W	Q	F	Y	G	J	V	K	H
I	H	K	L	T	X	O	S	A	V	B	S	C	N	R
Z	C	D	E	I	A	C	S	T	F	A	N	L	E	E
I	E	L	E	H	R	E	R	T	I	N	R	N	I	R
S	L	Ö	N	S	W	R	I	U	M	X	A	E	O	S
T	Y	P	R	O	G	R	A	M	M	I	E	R	E	R

- der Arzt
- der _____
- der _____
- der _____
- der _____
- der _____

- die Ärztin
- die _____
- die _____
- die _____
- die _____
- die _____

A2 **2** Regeln verstehen: Finden Sie die Wörter im Silbenrätsel. Ergänzen Sie den Artikel.

chen ~~Lehr~~ Hei heit keit Freund Krank Tou li lich ~~ling~~ ris Päck Mög Po Por Kul
tion mus schaft tur zei zung

a -chen _____
b -ei _____
c -ling   • der Lehrling
d -heit _____
e -ismus _____

f -keit _____
g -ion _____
h -ung _____
i -ur _____
j -schaft _____

A2 **3** • der, • das oder • die? Ordnen Sie zu. Hören Sie dann und sprechen Sie nach.

~~Dezember~~ Optimismus Winter Ausbildung Musiker Westen Fernsehen Juli Süden Freitag
Würstchen März Herbst Elektriker Ausstellung Schüler Schwesterchen Essen Pension Zwilling
Lösung Reparatur

• der	• das	• die
Dezember, ...		

A2 **4** Bunte Mischung: • der, • das oder • die? Ordnen Sie zu.

Küche Gemüse Nachmittag
Abend Nacht Wetter Frau
Regen ~~Sonne~~ Schnee ~~Obst~~
~~Morgen~~ Kind Nebel Ei
Mädchen Bäckerei Anmeldung

• der	• das	• die
Morgen	Obst	Sonne

1.02 der Fisch, **die** Fische

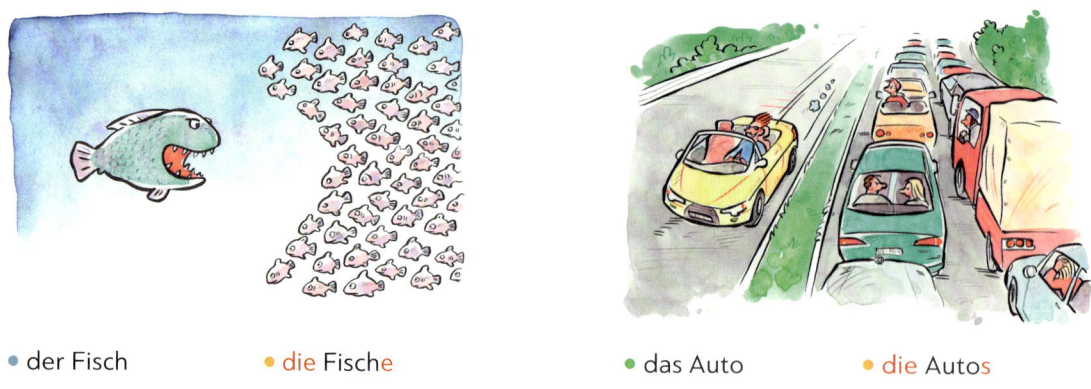

● der Fisch ● die Fische ● das Auto ● die Autos

Nomen haben im Plural die Artikelformen ● *die* / – und unterschiedliche Endungen.

Definiter Artikel

Singular: ● der, ● das, ● die		Plural: ● die	
● der	Fisch		Fische
● das	Auto	● die	Autos
● die	Stadt		Städte

Indefiniter Artikel

Singular: ● ● ein, ● eine		Plural: –	
● ein	Fisch		● Fische
● ein	Auto	–	● Autos
● eine	Stadt		● Städte

Endungen

	Singular	→	Plural
1. ¨	● Apfel	→	● Äpfel
2. ¨e	● Arzt	→	● Ärzte
3. -er	● Kind	→	● Kinder
4. ¨er	● Fahrrad	→	● Fahrräder
5. -e	● Brot	→	● Brote

	Singular	→	Plural
6. -(e)n	● Tomate	→	● Tomaten
7. -	● Brötchen	→	● Brötchen
8. -s	●/● Joghurt	→	● Joghurts
9. -nen	● Studentin	→	● Studentinnen
10. -se	● Ereignis	→	● Ereignisse

Lernen Sie den Plural immer mit! So finden Sie ihn im Wörterbuch:

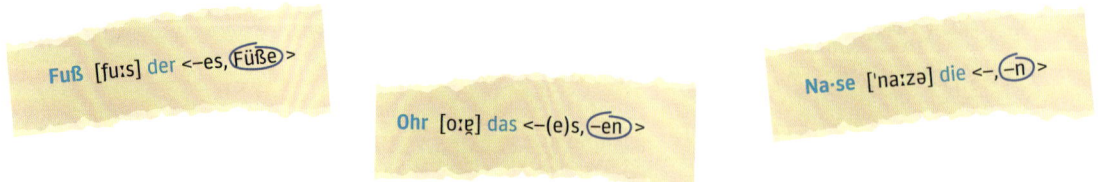

Fuß [fuːs] der <–es, Füße>

Ohr [oːɐ̯] das <–(e)s, –en>

Na·se [ˈnaːzə] die <–, –n>

⚠ Manche Wörter haben keinen Plural:
● das Obst, ● das Gemüse, ● die Milch,
● die Butter, ● das Fleisch, …

⚠ Manche Wörter haben keinen Singular:
● die Eltern, ● die Geschwister, ● die Leute,
● die Ferien, …

⚠ Fremdwörter haben manchmal eine besondere Pluralform:

● das Praktikum	→	● die Praktika
● das Museum	→	● die Museen
● das Visum	→	● die Visa
● das Thema	→	● die Themen

Nomen
Plural 1

A1 1 Im Supermarkt: Ergänzen Sie den Plural mündlich oder schriftlich.

a • das Brot, -e — die Brote
b • die Banane, -n
c • der Saft, ⸚e
d • das Getränk, -e
e • die Kiwi, -s
f • das Ei, -er
g • das Würstchen, -
h • das Buch, ⸚er
i • die Kasse, -n
j • die Verkäuferin, -nen

A2 2 Auf dem Flohmarkt: Was kann man hier kaufen? Zählen Sie und ergänzen Sie.

• das Buch • das Bild • die Lampe • das Auto • das Weinglas • das Fahrrad • die Flasche
• Computer • die CD • die Uhr • der Koffer • der Schuh • der Stuhl • der Mantel

-e	⸚e	-n	-en	-s
				7 CDs

-er	⸚er	-	⸚

A2 3 Bunte Warenwelt: Ergänzen Sie die Pluralendungen und den Umlaut (ä/ö/ü), wo nötig.

A
Sommer-Schluss-Verkauf:
Super Angebot e für die ganze Familie!

B
Drogerie-Artikel
jetzt im Preis gesenkt

C
Kochen wie die Profis:
1-A Topf____ mit 10 Jahren Garantie

D
Viele Geschenkidee____
für die Weihnachtszeit

E
Kuschelige Handtuch____
in vielen modischen Farben erhältlich

F
Digitalkamera____
zu unglaublich günstigen Preisen

1.03 Ein Hund sieht eine Wurst.

Eine Bildergeschichte für Deutschlerner

Die Wurst gefällt dem Hund.
Die Frau sieht den Hund.

Der Hund bekommt Susannes Wurst.

Ein Hund sieht eine Wurst.
Die Wurst gehört einer Frau.

Der Hund gefällt der Frau.
Der Name der Frau ist Susanne.

Jedes Nomen hat vier verschiedene Kasusformen: Nominativ, Akkusativ, Dativ und Genitiv.
Das Nomen hat im Satz verschiedene Funktionen. Das Verb, eine Präposition oder ein anderes Nomen bestimmen die Funktion. Je nach Funktion hat das Nomen einen anderen Kasus.

Verben können den Kasus bestimmen:

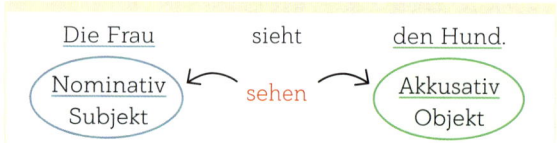

Präpositionen können den Kasus bestimmen:

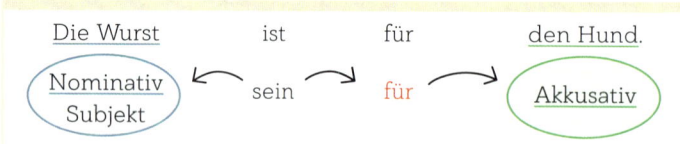

Nomen (können nur den Genitiv bestimmen):

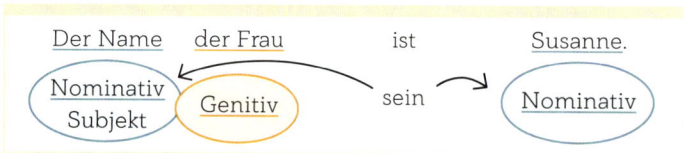

Namen im Genitiv erhalten zusätzlich ein *-s* und stehen normalerweise links vor dem Nomen:
Der Hund bekommt Susannes Wurst.

Alternative zum Genitiv: *von + Dativ*
Susannes Wurst = die Wurst von Susanne

Formen

		Nominativ Da ist/sind ...	Akkusativ Hast du ... gesehen?	Dativ Die Wurst gehört ...	Genitiv Die Wurst ...
Singular	maskulin	der/ein Hund	den/einen Hund	dem/einem Hund	des/eines Hundes
	neutral	das/ein Kind	das/ein Kind	dem/einem Kind	des/eines Kindes
	feminin	die/eine Frau	die/eine Frau	der/einer Frau	der/einer Frau
Plural		die/– Hunde	die/– Hunde	den/– Hunden	der Hunde

Nomen 1
Kasus: Nominativ, Akkusativ, Dativ, Genitiv

A1 · 1 Eine E-Mail: Markieren Sie den Akkusativ und den Dativ.

> **E-Mail senden**
>
> Hi Andy,
>
> na, wie geht's? Du, es gibt eine große Neuigkeit: Ich ziehe bei meinen Eltern aus! Ich habe jetzt endlich eine kleine Wohnung gefunden. Ich habe eine große Bitte: Am Wochenende möchte ich umziehen. Hast Du am Samstag Zeit? Könntest Du vielleicht helfen? Wir fangen so ab 9 Uhr an. Kemal und Robert kommen auch. Ich habe ja so viele Sachen! Aber das schwere Sofa habe ich schon meinem Bruder geschenkt ☺! Seiner Frau gefällt es so gut. Meinst Du, Du kannst mit Deinem VW-Bus kommen? Dann muss ich kein Auto mieten. Ruf doch kurz an oder schreib eine Mail. Hast Du eigentlich meine neue Telefonnummer? 0175/3999782.
>
> Tausend Dank und liebe Grüße
> Bine

A2 · 2 Akkusativ oder Dativ? Ordnen Sie zu.

	Akkusativ	Dativ
a Ich fahre zu meiner Freundin.		zu meiner Freundin
b Sie hat ihm aus dem Urlaub geschrieben.		
c Ich gehe nie ohne meinen Hund in den Park.		
d Nach einer Stunde ist er wieder gefahren.		
e Wir leben seit zwei Jahren in München.		
f Der Ring ist für meine Freundin.		
g Er ist durch die ganze Stadt gefahren.		
h Eltern machen sich immer Sorgen um ihre Kinder.		
i Er ist mit dem Fahrrad durch ganz Südamerika gefahren.		

A2 · 3 Was bestimmt den Kasus? Markieren Sie und kreuzen Sie an.

	Verb	Präposition	Nomen
a **Für wen** ist der Kuchen?	○	✗	○
b Wie gefällt **dir** mein neuer Mantel?	○	○	○
c Er hat sich den ganzen Tag nicht um **seine Freundin** gekümmert.	○	○	○
d Er ist seit **einer Woche** verheiratet.	○	○	○
e Es ist noch früh. Ich trinke noch **ein Bier**.	○	○	○
f **Wem** gehört der rote Mantel?	○	○	○
g **Peters** Vater ist Arzt von Beruf.	○	○	○
h Am Sonntag gehen wir mit **unseren Freunden** in die Berge.	○	○	○

1.04 Fragen Sie doch den Kollegen!

Fragen Sie doch den Kollegen! Ich habe keine Zeit.

Einige maskuline Nomen haben – außer im Nominativ Singular – die Endung -(e)n:
- der Kollege → den Kollegen
- der Student → den Studenten

	Nominativ	Akkusativ	Dativ	Genitiv
Singular	der Student	den Studenten	dem Studenten	des Studenten
Plural	die Studenten	die Studenten	den Studenten	der Studenten

auch so: bei indefinitem Artikel *(ein)*, Negationsartikel *(kein)* und Possessivartikel *(mein, dein, ...)*

Zur *n*-Deklination gehören maskuline Nomen auf:	Beispiele
-e	der Pole, der Grieche, der Kunde, der Junge, der Biologe, ...
-ent	der Patient, der Präsident, ...
-ant	der Praktikant, der Lieferant, ...
-ist	der Polizist, der Realist, ...
-at	der Automat, ...
einige einsilbige maskuline Nomen	der Mensch, der Herr*, ...

⚠ Diese Wörter haben ein zusätzliches *-s* im Genitiv Singular:
- der Name, der Friede, der Buchstabe, der Gedanke,
- **das** Herz (das einzige **neutrale** Wort mit *n*-Deklination)
→ des Namens, des Friedens, des Herzens, ...

⚠ * der Herr hat im Singular **kein** *-e*, sondern nur im Plural:
Singular: der Herr, den Herrn, dem Herrn, des Herrn
Plural: die Herren, die Herren, den Herren, der Herren

Nomen
n-Deklination 1

B1 1 n-Deklination oder „normale" Deklination? Ordnen Sie die Akkusativ-Form zu.

• ~~Tourist~~ • Affe • Arbeiter
• Vogel • Baum • Beruf
• Mann • Beamte • Deutsche
• Dozent • Hund • Kaffee
• Erfolg • Gedanke • Lieferant
• Japaner • Soldat • Student
• Tisch • Theologe

n-Deklination
• den Touristen

„normale" Deklination

B1 2 In der Kaffeeküche: Was ist richtig? Kreuzen Sie an. Hören Sie dann und vergleichen Sie.

♦ Du, stimmt es eigentlich, dass Kristina mit einem ○ Grieche ☒ Griechen (a) verheiratet ist?
◊ Ja klar, schon seit zwei Jahren. Er hat hier mal als ○ Praktikant ○ Praktikanten (b) gearbeitet.
♦ Echt? Witzig! Und sag mal, wie findest du denn unseren neuen ○ Kollege ○ Kollegen (c)?
◊ Den neuen? Unmöglich! Er weiß alles besser und dabei ist er gerade mal eine Woche hier.
♦ Ja, genau. Hast du gewusst, dass der noch ○ Student ○ Studenten (d) ist?
◊ Ach komm, das gibt's ja nicht! Warum hat der dann die Stelle bekommen?
♦ Keine Ahnung. Vielleicht kennt er hier jemanden?
◊ Mensch, na klar! Der hat doch den gleichen ○ Name ○ Namen (e) wie unser ○ Direktor ○ Direktoren (f): Zeller.
♦ Stimmt! Der heißt auch Zeller, Patrick Zeller! Na dann ist ja alles klar.
◊ Pst, da kommt er. Guten Morgen, ○ Herr ○ Herrn (g) Zeller.

B1 3 Kleine und große Nachrichten: Ordnen Sie zu und ergänzen Sie in der richtigen Form.

• Präsident • Fotograf • ~~Junge~~ • Friede • Zeuge • Herz

A Eltern überglücklich: Kleiner _Junge_ wieder gesund nach schwieriger Operation am offenen _____

B Dienstag live im ZDF: Die Wahl des nächsten amerikanischen _____ Die ganze Welt schaut zu. Wir sind in Washington und berichten laufend über die aktuellen Ergebnisse.

C Rund zwei mal fünf Meter groß sind die Werke des weltberühmten _____ Andreas Gursky, die zurzeit in München zu sehen sind. 46 Bilder werden im Haus der Kunst gezeigt, die bislang größte Ausstellung.

D Achtung! Am Sonntagabend wurde mein Auto komplett zerkratzt. Wer hat etwas gesehen? Ich suche einen _____. Bitte melden unter 0151/148 249 31.

E Der Manchester-Vertrag sorgte endlich für _____ in der lange umkämpften Region.

15

Test 1

S. 8 **1** • *der*, • *das* oder • *die*? Ergänzen Sie.

a • das Lernen f _____ Kleidung
b _____ Frühling g _____ August
c _____ Pension h _____ Freiheit
d _____ Päckchen i _____ Reparatur
e _____ Mittwoch j _____ Sekretärin / 9 PUNKTE

S. 8 **2** Welche Endung, welcher Artikel? Ordnen Sie zu und ergänzen Sie.

-ling -ismus -chen ~~-in~~ -ei -ion -heit -keit -schaft -ung -ur

a • die Friseurin g _____ Sehenswürdig_____
b _____ Hähn_____ h _____ Bäcker_____
c _____ Wirt_____ i _____ Gesund_____
d _____ Lieb_____ j _____ Bewerb_____
e _____ Operat_____ k _____ Sozial_____
f _____ Nat_____   / 10 PUNKTE

S. 10 **3** Singular oder Plural? Oder sogar beides?
a Kreuzen Sie an.

	Singular	Plural
1 Obst	☒	○
2 Hände	○	○
3 Brötchen	○	○
4 Schuhe	○	○
5 Uhr	○	○
6 Jacken	○	○

b Markieren Sie die Pluralmerkmale in a. / 5 PUNKTE

S. 10 **4** Inventur: Herr und Frau Müller müssen alles zählen. Notieren Sie, was im Laden steht.

drei Koffer, acht

/ 11 PUNKTE

16

Nomen
Kapitel 1.01 – 1.04

5 Die Liebe, die Liebe: Nominativ, Akkusativ, Dativ oder Genitiv?
Bestimmen Sie die markierten Formen.

a Eine Frau liebt einen Bäcker. — Akkusativ
b Dem Bäcker gefällt nur sein Hund.
c Der Hund träumt von den Katzen der Nachbarin.
d Die Nachbarin möchte den Lehrer aus dem Haus gegenüber kennenlernen.
e Am liebsten liest der Lehrer Bücher über die Liebe.
f Die Liebe kümmert sich leider wenig um die Wünsche der Menschen.
g Aber wären die Menschen ohne die Liebe nicht wie die Erde ohne die Sonne?

/ 7 PUNKTE

6 Familienleben: Hier ist alles durcheinander. Korrigieren Sie die Sätze.

a Vor der Katze wartet der Garten und möchte in die Tür.
   Die Katze _wartet vor der Tür und möchte in den Garten._
b Die Küche macht das Frühstück in der Mutter.
   In der Küche
c Der Kindergarten bringt den Vater in den Sohn.
   Der Vater
d Das Auto hat den Vater in der Tasche vergessen.
   Die Tasche
e Zum Supermarkt fährt der Bus mit der Mutter.
   Die Mutter
f Der Schule gefällt es in dem Sohn überhaupt nicht.
   Dem Sohn

/ 5 PUNKTE

7 An der Universität: n-Deklination oder nicht? Streichen Sie die Endung, wo nötig.

*Heute ist mein erster Tag als Biologiestudent(en) (a). Ich kenne hier keinen Biolog(en) (b), nur den Praktikant(en) (c) des Professors. Er steht da vorne am Kaffeeautomat(en) (d) neben einem Polizist(en) (e). Der Polizist(en) (f) ist bestimmt Grieche(n) (g). Er hat Ähnlichkeit mit meinem Nachbar(n) (h) und der ist nämlich Grieche(n) (i). Oh, da vorne stehen fünf ältere Herr(e)(n) (j) zusammen. Den einen Herr(e)(n) (k) kenne ich von Fotos. Hm, an seinen Name(n) (l) kann ich mich gerade nicht erinnern. Ich habe so viele Gedanke(n) (m) in meinem Kopf, dass ich heute Abend bestimmt nicht schlafen kann. Das weiß ich genau, da bin ich Realist(en) (n). ...
Hey, den Junge(n) (o) da hinten kenne ich doch, der war in meiner Klasse! Paul ... Paul, warte mal!*

/ 14 PUNKTE

/ 61 PUNKTE

Vergleichen Sie nun Ihre Lösungen mit dem Schlüssel auf Seite 189–190.

2.01 Siehst du **den** Stern?

Artikelwörter stehen vor einem Nomen. Sie richten sich in Genus (● der, ● das, ● die), Numerus (Singular/● Plural) und Kasus (Nominativ, Akkusativ, Dativ, Genitiv) nach dem Nomen.

Definiter Artikel

		Nominativ	Akkusativ	Dativ	Genitiv
Singular	maskulin	● der Schrank	● den Schrank	● dem Schrank	● des Schrank**s**[2]
	neutral	● das Auto	● das Auto	● dem Auto	● des Auto**s**[2]
	feminin	● die Frau	● die Frau	● der Frau	● der Frau
Plural		● die Sterne	● die Sterne	● den Ster**n**e**n**[1]	● der Sterne

Indefiniter Artikel

		Nominativ	Akkusativ	Dativ	Genitiv
Singular	maskulin	● ein Schrank	● ein**en** Schrank	● ein**em** Schrank	● ein**es** Schrank**s**[2]
	neutral	● ein Auto	● ein Auto	● ein**em** Auto	● ein**es** Auto**s**[2]
	feminin	● ein**e** Frau	● ein**e** Frau	● ein**er** Frau	● ein**er** Frau
Plural		● – Sterne	● – Sterne	● – Ster**n**e**n**[1]	● –

 [1] *-n* bei maskulinen und neutralen Nomen, deren Plural nicht auf *-s* oder sowieso auf *-n* endet:
  ● Stern – ● Sterne: Ich habe ein Kleid mit Ster**n**e**n**.
  ● Kind – ● Kinder: Ich spiele gern draußen mit den Kinder**n**.
[2] *-(e)s* bei maskulinen und neutralen Nomen. Einsilbige Wörter erhalten oft die Endung *-es*:
  ● des Mann**es**, ● des Brot**es**, …

A2 **1** Lesen Sie die Gespräche und ergänzen Sie die Formen der markierten Wörter in der Tabelle.

a ◆ Hallo Betty, gehst du eigentlich auch zu <u>der Party</u> von Svenja?
  ○ Ja, klar. <u>Die Partys</u> von Svenja sind immer super. Soll ich dich mitnehmen? Ich fahre mit <u>dem Auto</u>.
  ◆ Gern, aber ich kann auch mit <u>dem Bus</u> fahren.
  ○ Ach, <u>das Auto</u> ist doch bequemer. Ich hole dich so gegen halb acht ab, okay?
  ◆ Ja super, danke.

Artikelwörter
Indefiniter und definiter Artikel: Formen   2

b ▲ Entschuldigen Sie, gibt es hier in der Nähe <u>eine Apotheke</u>?
  ○ Ja, <u>Apotheken</u> haben wir hier viele. Da vorne, da ist <u>die Stadt-Apotheke</u>.
  ▲ Prima. Und sagen Sie, finde ich dann da auch <u>die Post</u>?
  ○ Nein, tut mir leid, da müssen Sie nach Potsdam fahren.

c ▲ Guten Tag, Müller ist mein Name. Ich muss leider <u>den Termin</u> morgen bei Dr. Schmelz absagen.
  ◆ Okay. Möchten Sie <u>einen neuen Termin</u> ausmachen?
  ▲ Ja bitte. Haben Sie Ende der Woche noch etwas frei?
  ◆ Nein, tut mir leid, <u>der nächste freie Termin</u> ist erst in zwei Wochen,
     am Donnerstag um 11 Uhr 15. Passt das?
  ▲ Oh je, so spät erst? Na gut, wenn es nicht anders geht. Dann komme ich eben am Donnerstag.

	Nominativ	Akkusativ	Dativ
maskulin	• _____ / ein	• _____ / • _____	• _____ / einem
neutral	• _____ / ein	das / ein	• _____ / einem
feminin	• _____ / eine	• _____ / • _____	• *der* / einer
Plural	• _____ / –	die / • _____	den / –

A2 2 Fehlerkorrektur: Korrigieren Sie, wo nötig.

> Liebe Nina,
> jetzt bin ich schon seit ~~einen~~ *einem* Monat (m.) in Deutschland. Wie Du ja weißt, mache ich in München eine Sprachkurs (m.). München ist ein tolle Stadt (f.). Ich habe noch nicht so viel gesehen, weil ich jeden Tag in der Schule (f.) gehe, aber abends gehe ich oft mit anderen Leuten aus dem Kurs (m.) weg. Meine besten Freunde sind zwei Frauen aus Thailand und eine Mann (m.) aus Frankreich. Wir gehen manchmal in eine Restaurant (n.) oder wir sehen einem Film (m.) im Kino oder wir gehen einfach nur im Englischen Garten spazieren. Es macht viel Spaß in die Schule (f.) und ich habe schon viel gelernt. So, ich muss jetzt wieder in die Schule (f.). Und vorher muss ich noch Hausaufgaben machen.
> Viele Grüße von Deiner Hanna

B1 3 Kino Kino: Ergänzen Sie die Filmtitel im Genitiv.

a • ein Geschenk – • der Himmel
  <u>Ein Geschenk des Himmels</u>
  (USA; 1951; Neuverfilmung 1995 mit Steve Martin)

b • im Namen – • der Vater
  _____
  (Irland, GB, USA; 1993, nominiert für 7 Oscars)

c • der Herr – • die Ringe
  _____
  (USA, Neuseeland; 2003; 11 Oscars)

d • das Leben – • die Anderen
  _____
  (Deutschland 2006; 1 Oscar: Bester ausländischer Film)

e • die Stadt – • die Blinden
  _____
  (Brasilien, Kanada, Japan; 2008; Literaturverfilmung)

f • der König – • die Löwen
  _____
  (USA; 1994; Walt-Disney-Klassiker)

2.02 Das ist **eine Studentin**. **Die Studentin** heißt Gitta.

Das ist eine Studentin.   Die Studentin heißt Gitta.   Gitta studiert Medizin.

Es gibt indefinite (•/• *ein*, • *eine*) und definite (• *der*, • *das*, • *die*) Artikelwörter. Manchmal ist aber auch kein Artikel nötig (Nullartikel).

Indefiniter Artikel + Nomen

Das Nomen ist (im Text / im Gespräch) neu oder unbekannt.	Das ist • eine Studentin. Sie kauft immer • ein Monatsticket für 30 Euro.
Definition	Tango ist • ein Tanz aus Argentinien.
Anzahl	Ich hätte gern • einen Kaffee und • ein Stück Kuchen.

Definiter Artikel + Nomen

Das Nomen ist schon einmal genannt worden. Eine ganz bestimmte Person oder Sache.	Das ist eine Studentin. • Die Studentin heißt Gitta. Wie heißt noch mal • die Schauspielerin aus • dem neuen „James Bond"-Film? Siehst du • das Auto da drüben?
Das Nomen ist allgemein bekannt.	• Die Sonne scheint.

Nullartikel

Ein Artikel wird nicht benutzt bei …	
Namen	Die Studentin heißt Gitta.
Firmennamen	Ihr Vater arbeitet bei Siemens.
Berufsbezeichnungen	Gitta möchte Ärztin werden.
Nationalitäten und Sprachen	Gitta ist Schwedin. Sie spricht Schwedisch.
Städten	Sie kommt aus Stockholm.
Ländern (ohne Artikel)	Das ist die Hauptstadt von Schweden. ⚠ Gittas Freund Urs kommt aus der Schweiz.
Kontinenten	Gitta möchte später gern als Ärztin in Afrika arbeiten.
unbestimmten Mengenangaben	Gitta isst gern Schokolade.
Nomen nach Gewichts-, Mengen-, Längenangaben	Sie hat gerade 400 Gramm Bonbons gekauft und sieben Schachteln Pralinen.
Materialangaben	Gittas Lieblingskette ist aus Gold.

Artikelwörter
Indefiniter, definiter Artikel und Nullartikel: Gebrauch 2

A1 1 Essgewohnheiten: • *der,* • *das,* • *die* oder •/• *ein,* • *eine,* • *einen,* ...? Ergänzen Sie.

a Also, ich esse jeden Tag • _ein_ Ei. • _____ Ei darf aber nur 3 Minuten kochen. Dann ist es richtig.
Fritz M., 22, Student

b Ich trinke seit 20 Jahren jeden Morgen • _____ Glas Wasser. • _____ Wasser muss aber richtig warm sein. Das ist gesund.
Sabine M., 58, Hausfrau

c Ich esse jeden Tag • _____ Apfel. Die Engländer sagen: An apple a day keeps the doctor away.
Peter S., 34, Lehrer

d Jeden Abend • _____ Gläschen Rotwein. Und dazu • _____ Stück Schokolade. Dann denke ich: Das war • _____ guter Tag.
Eva-Maria A., 78, Rentnerin

A2 2 Neu in der Stadt! Mit oder ohne Artikel? Kreuzen Sie an.

a  Hallo, ich heiße ☒ Lars ○ der Lars und bin 20 Jahre alt. Zurzeit mache ich ○ Ausbildung ○ eine Ausbildung in ○ Köln ○ dem Köln. Ich möchte ○ Industriekaufmann ○ der Industriekaufmann werden. Ich koche gern und mag ○ gutes Essen ○ das gute Essen. Am liebsten esse ich ○ Fisch ○ den Fisch. Ich mache aber auch gern ○ Sport ○ den Sport. Ich suche ○ Leute ○ die Leute für Aktivitäten in ○ den Ferien ○ Ferien und am Wochenende. Meldet Euch! tennis_lars@mailbox.de

b  Hallo! Mein Name ist ○ die Sabine ○ Sabine. Ich bin 48 Jahre alt, verheiratet und arbeite halbtags als ○ eine Sekretärin ○ Sekretärin. Mein Mann ist ○ Franzose ○ ein Franzose, wir sprechen zu Hause ○ Deutsch und Französisch ○ das Deutsch und das Französisch. In meiner Freizeit tanze ich gern, vor allem Mambo, das ist ○ Tanz ○ ein Tanz aus Kuba. Wer hat dazu auch Lust? Schreibt an: sabine@neuhof-family.de

A2 3 Millionen-Quiz: Ergänzen Sie den Artikel, wo nötig.
🔊 Hören Sie dann und vergleichen Sie.

Also, Herr Meierbüttel, hier kommt _____ 1-Million-Euro-Frage: Es ist _____ Tier. Es lebt in _____ Afrika und in _____ Asien. _____ Tier ist _____ zweitgrößte Tier der Welt. Es hat _____ große Ohren und _____ lange Nase. Es frisst nur _____ Pflanzen. Man kann auf _____ Rücken reiten, aber es ist kein Pferd.

Äh, also ...

2.03 Das ist **kein Ei**.

Das ist ein Ei.   Das ist kein Ei.

Nomen können verneint werden. Vor dem Nomen steht dann der Negativartikel *kein-*.

		Nominativ	Akkusativ	Dativ	Genitiv
Singular	maskulin	• kein Apfel	• kein**en** Apfel	• kein**em** Apfel	• kein**es** Apfels
	neutral	• kein Ei	• kein Ei	• kein**em** Ei	• kein**es** Eis
	feminin	• kein**e** Kartoffel	• kein**e** Kartoffel	• kein**er** Kartoffel	• kein**er** Kartoffel
Plural		• kein**e** Eier	• kein**e** Eier	• kein**en** Eier**n**[1]	• kein**er** Eier

⚠ [1] *-n* bei maskulinen und neutralen Nomen, deren Plural nicht auf *-s* oder sowieso auf *-n* endet.

Im Singular hat der Negativartikel die gleichen Endungen wie der indefinite Artikel (*ein, eine, …*).

A1 **1 Jana will heute nicht.** Ergänzen Sie • *(k)ein*, • *(k)eine*, • *(k)einen* oder –.

a „Brauchst du vielleicht noch ____eine____ Decke?" – Aber Jana will ____keine____ Decke.

b „Möchtest du _____ Tasse Tee?" – Aber Jana will _____ Tee.

c „Möchtest du vielleicht _____ Stück Kuchen essen?" – Aber Jana will jetzt _____ Kuchen.

d „Möchtest du etwas lesen? Soll ich dir _____ Buch bringen?" – Aber sie will auch _____ Buch lesen.

e „Möchtest du _____ Zeitschrift ansehen?" – Aber Jana will auch _____ Zeitschrift ansehen.

f „Möchtest du etwas malen? Soll ich dir _____ Stifte bringen?" – Aber Jana will _____ Stifte.

g „Möchtest du telefonieren? Soll ich dir das Telefon bringen?" – Aber Jana will auch _____ Telefon. Was?! Jana muss wirklich krank sein.

Artikelwörter
Negativartikel *kein* 2

A1 2 Verbinden Sie und ergänzen Sie.

a Ich gehe heute ins Kino. Kommst du mit?

b Papa, bitte kauf mir ein Eis!

c Sag mal, weißt du, wie spät es ist?

d Du, ich gehe jetzt joggen. Kommst du mit?

e Möchtest du auch ein Stück Kuchen?

Wie oft soll ich es noch sagen? Ich habe • _____ Geld dabei.

Tut mir leid, aber ich habe • _keine_ Zeit. Ich muss noch arbeiten.

Oh nee, dazu habe ich jetzt • _____ Lust. Ich liege gerade in der Badewanne.

Nein danke, ich habe überhaupt • _____ Hunger.

• _____ Ahnung. Vielleicht drei?

A2 3 Rätsel: Finden Sie Valentino Lerchenfall!

a Ergänzen Sie: • kein, • keine, • keinen.

Valentino Lerchenfall hat • _keine_ Brille, er trägt _____ Rucksack und _____ Schirm. Er trägt _____ Paket unter dem Arm und er isst auch _____ Eis. Er trägt _____ Mantel, er liest _____ Zeitung und er hat auch _____ Hund dabei.

b Wer ist Valentino Lerchenfall? Kreuzen Sie an.

○ 1 ○ 2 ○ 3 ○ 4

c Beschreiben Sie Valentino Lerchenfall.

Er hat ein ...

2.04 Wo ist denn **meine Brille**?

Herr Arnold sucht **seine** Brille.

*Maria? Wo ist denn **meine** Brille?*

Frau Arnold kennt **ihren** Mann.

***Deine** Brille, Otto? Sie ist auf **deinem** Kopf.*

Der Possessivartikel steht vor einem Nomen. Er zeigt, zu wem oder was etwas gehört.

Herr Arnold • sein e Brille

ich	meine Brille	wir	unsere Brille
du	deine Brille	ihr	eure Brille
er/es	seine Brille	sie	ihre Brille
sie	ihre Brille	Sie	Ihre Brille

Der Possessivartikel (mein, dein, …) hat dieselben Endungen wie der Negativartikel (kein).

		Nominativ	Akkusativ	Dativ	Genitiv
Singular	maskulin	• mein Mann	• mein**en** Mann	• mein**em** Mann	• mein**es** Mannes
	neutral	• mein Sofa	• mein Sofa	• mein**em** Sofa	• mein**es** Sofas
	feminin	• mein**e** Brille	• mein**e** Brille	• mein**er** Brille	• mein**er** Brille
Plural		• mein**e** Brillen	• mein**e** Brillen	• mein**en** Brillen	• mein**er** Brillen

auch so: dein-, sein-, ihr-, unser-, eu(e)r-, ihr-, Ihr-

 • eu**er** Bruder, aber: • eu**ren** Bruder, • eu**re** Schwester

---

A1 **1 Verbinden Sie und ergänzen Sie den Notizzettel.**

a   Ich lebe in Fürstenfeldbruck. — Ich freue mich sehr auf euren Besuch.
b   Schau mal, der Chef fährt Fahrrad.   Das ist unsere Katze. Haben
c   Max und Tim machen zurzeit   Sie sie vielleicht gesehen?
    jeden Abend eine Party.   Aber meine Firma ist in
d   Alex, hast du mich nicht gehört?   München.
e   Warum sieht Paula denn so   Ich glaube, ihre Eltern sind
    traurig aus?   in Urlaub.
f   Toll, dass ihr morgen kommt.   Mach deine Musik leise.
g   Wer ist Miezi?   Und sein Fahrrad ist ja rosa.
       Lustig!
    Ihre Großmutter ist sehr krank.

1 ich – mein
2 du – …
3 er/es – …
4 sie (Sg.) – …
5 wir – …
6 ihr – …
7 sie (Pl.) – …
8 Sie – Ihre

Artikelwörter
Possessivartikel: *mein, dein, ...* 2

A1 **2 Zwillinge mit ein paar kleinen Unterschieden: Ergänzen Sie.**

Hören Sie dann und sprechen Sie nach.

a *Ihre* Füße sind klein. — *Seine* Füße sind groß.
b _____ Mund ist nicht so groß. — _____ Mund ist etwas groß.
c _____ Haare sind blond und lang. — _____ Haare sind auch blond, aber kurz.
d _____ Nase ist ein bisschen klein. — _____ Nase ist ein bisschen groß.
e _____ Fahrrad hat vorne ein Licht. — _____ Fahrrad hat vorne kein Licht mehr.

A1 **3 Was ist richtig? Kreuzen Sie an.**

Rudi wohnt nicht mehr zu Hause. Seine Eltern besuchen ihn zum ersten Mal.

a Seht mal, das ist ○ meine ☒ mein Haus.
b Hier ist ○ meine ○ mein Bad. Super, oder?
c Da hinten ○ mein ○ meine neues Auto. Das kennt ihr auch noch nicht.
d Das sind Hasso und Rex, ○ mein ○ meine Hunde. Ich glaube, sie mögen euch.
e Darf ich vorstellen? Herr Knast, ○ mein ○ meine Nachbar. Er ist sehr nett.
f Und hier, Mama, Papa, habe ich auch ein gemütliches Sofa für ○ mein ○ meine Gäste. Na, möchtet ihr nicht ein paar Tage bleiben?

A2 **4 Ergänzen Sie. Hören Sie dann und vergleichen Sie.**

a ◆ Du, Magdalena, wo ist denn *dein* Mann? Er wollte doch auch mitkommen.
  ○ Er kommt gleich. Er wollte nur noch schnell _____ Schwester anrufen.

b ◆ Herr Schmidt, darf ich Ihnen _____ Frau vorstellen? ... Schatz, das ist Herr Schmidt, _____ Chef.

c ◆ Oh je, Anna, was ist denn mit _____ Bein passiert?
  ○ Gebrochen. Ich bin vom Fahrrad gefallen.

d ◆ Hallo, Herr Bader. Wir haben die letzten Tage oft an Sie gedacht. Wie geht es denn _____ Frau?
  ○ Viel besser, danke.

2.05 Manche Käfer sind blau.

Neben dem indefiniten Artikel (•/• ein, • eine) und dem definiten Artikel (• der, • das, • die) gibt es noch weitere Artikelwörter.

Artikelwort	Bedeutung	Beispiel
irgendein- irgendwelch-	unbestimmt, nicht näher bestimmt	Das ist nicht • irgendein Käfer. Das ist ein Hirschkäfer. Immer hörst du • irgendwelche Vorträge an. (Plural)
diese-	weist besonders auf eine Person oder Sache hin	• Dieser Käfer ist blau und hat keine Punkte.
jede-/alle	sämtliche Personen oder Sachen aus einer Gruppe	• Jeder Käfer ist anders. (nur Singular) • Alle Käfer haben sechs Beine. (nur Plural)
einige manche	mehrere, aber nicht viele, ein paar	• Einige Käfer sind ganz klein. (nur Plural) Und • manche Käfer sind blau.

Wie der indefinite Artikel (• • ein, • eine): irgendein-/irgendwelch-

		Nominativ	Akkusativ	Dativ	Genitiv
Singular	maskulin	• irgendein Käfer	• irgendeinen Käfer	• irgendeinem Käfer	• irgendeines Käfers
	neutral	• irgendein Kind	• irgendein Kind	• irgendeinem Kind	• irgendeines Kindes
	feminin	• irgendeine Frau	• irgendeine Frau	• irgendeiner Frau	• irgendeiner Frau
Plural		• irgendwelche Käfer	• irgendwelche Käfer	• irgendwelchen Käfern	• irgendwelcher Käfer

Wie der definite Artikel (• der, • das, • die): diese-, jede- (Sg.)/alle- (Pl.)/ einige- (Pl.), manche-

		Nominativ	Akkusativ	Dativ	Genitiv
Singular	maskulin	• dieser Käfer	• diesen Käfer	• diesem Käfer	• dieses Käfers
	neutral	• dieses Kind	• dieses Kind	• diesem Kind	• dieses Kindes
	feminin	• diese Frau	• diese Frau	• dieser Frau	• dieser Frau
Plural		• diese Käfer	• diese Käfer	• diesen Käfern	• dieser Käfer

Artikelwörter 2
Weitere Artikelwörter

A2 1 Anna feiert Geburtstag: Partygespräche. Ordnen Sie zu.
🔊 Hören Sie dann und vergleichen Sie.

dieses einigen dieser ~~alle~~ jedes diesen jede Diese alle Manche

a ◆ Sag mal, kennst du eigentlich _alle_ Gäste hier auf der Party?
  ○ Ja, aber ich kenne nicht alle gleich gut. _____ Leute sehe ich auch nur einmal im Jahr auf Annas Geburtstag.

b ◆ Und woher kennt sie die alle?
  ○ Na ja, mit _____ Leuten arbeitet sie zusammen und andere kennt sie noch von früher.

c ◆ Sag mal, wer ist denn _____ Mann? Der sieht ja interessant aus.
  ○ Den kennst du nicht? Den kennt doch _____ Frau in diesem Raum. Das ist Michael Herzbruch, Annas Bruder.

d ◆ Wo wart ihr eigentlich _____ Jahr im Urlaub?
  ○ Wir waren wieder in Griechenland, wie _____ Jahr. Es war wie immer wunderschön.

e ◆ Ich finde _____ Salat hier am besten. Den musst du unbedingt probieren.
  ○ Habe ich schon. Aber ich finde _____ Salate gleich lecker.

f ◆ Aua, ich kann kaum noch stehen. _____ Schuhe sind wunderschön, aber sie drücken mich so.

B1 2 Lauftreff „Rund um die Stadt": Ergänzen Sie.

Wer hat Lust zu laufen?

Wir sind nicht irgendein_e_ (a) Gruppe von Läufern. Wir sind wahrscheinlich der lustigste Lauftreff (im Moment 3 Männer, 2 Frauen) in ganz München. Wir laufen jed____ (b) Mal in einem anderen Stadtteil. An manch____ (c) Tagen ist die Strecke kürzer, an anderen Tagen länger. Aber keine Angst, wir nehmen das Laufen nicht zu ernst. Auch all____ (d) Anfänger sind herzlich willkommen. Ihr werdet sehen, nach einig____ (e) Trainingsläufen kommt jeder gut mit. Probiert es doch einfach mal aus. Wir freuen uns über jed____ (f) neuen Teilnehmer.

Dies____ (g) Woche starten wir wieder. Wir treffen uns am Donnerstag (15. März) um 16:45 Uhr hier am Vereinsheim.

Falls es irgendwelch____ (h) Fragen gibt, ruft mich an. Kontakt: Steff Künzell, Tel. 37 40 39

Test 2

1 Hochzeit! Was ist richtig? Kreuzen Sie an.

> E-Mail senden
>
> Liebe Tina,
>
> Du weißt ja, am Wochenende ist ☒ die Hochzeit ○ der Hochzeit (a) von meinem Bruder. Gestern bin ich in ○ der Stadt ○ die Stadt (b) gefahren und wollte mir ○ einem Kleid ○ ein Kleid (c) oder eine Hose kaufen. Puh, Du glaubst nicht, was mir da passiert ist. ○ In ein Geschäft ○ In einem Geschäft (d) hatte die Verkäuferin immer ○ eine andere Meinung ○ einer anderen (e) Meinung als ich. Mir hat zum Beispiel ein Rock und ○ einer Bluse ○ eine Bluse (f) gefallen, ihr gar nicht. ○ Einer Hose ○ Eine Hose (g) hat mir überhaupt nicht gepasst, ○ die Verkäuferin ○ der Verkäuferin (h) hat sie aber sehr gut gefallen. Es war schrecklich. Ich bin dann in kein anderes Geschäft mehr gegangen. Zu Hause hatte ich zum Glück ○ eine Idee ○ einer Idee (i): Könntest Du mir Deinen langen Rock für ○ das Fest ○ dem Fest (j) leihen? Eine schöne Bluse und ○ einer Jacke ○ eine Jacke (k) habe ich noch. ○ Den Rock ○ Der Rock (l), die Bluse und die Jacke würden super zusammenpassen.
>
> Bitte schreibe mir schnell ○ Deiner Antwort ○ Deine Antwort (m).
> Liebe Grüße
> Deine Susanne

/ 12 PUNKTE

2 Im Deutschkurs

a Was passt? Verbinden Sie.

1 • die Feier — • die Prüfung
2 • das Ergebnis   • der Lehrer
3 • der Kuli   • das Lehrbuch
4 • die Übung — • die Kursteilnehmer

b Schreiben Sie die Paare aus **a** mit dem Genitiv.

1 _die Feier der Kursteilnehmer_
2 ___
3 ___
4 ___

/ 6 PUNKTE

3 Ergänzen Sie: • der/ein-, • die/eine- oder – in der richtigen Form.

Achtung, Achtung, eine Durchsage!

a Der Ausgang Breitenbachstraße bleibt heute leider geschlossen. Bitte benutzen Sie • _den_ anderen Ausgang.

b _____ Passagier mit der Flugnummer 7737 soll sich an _____ Information bei Frau Muckler melden.

c Die Reisegruppe aus _____ Türkei, bitte kommen Sie zu Gleis 1. Dort steht Ihr Zug nach _____ Berlin bereit.

d Liebe Kunden von Air Cologne, draußen regnet es sehr stark. Wir schenken Ihnen deshalb einen Regenmantel aus _____ Plastikfolie. Bitte kommen Sie mit _____ Bordkarte zu Schalter 11.

e In _____ Hamburg sind es heute 24 Grad. _____ Sonne scheint. Wir wünschen Ihnen _____ schönen Tag.

f Trinken Sie gern _____ Tee? Unser Getränkestand im Erdgeschoss bietet heute eine Tasse Tee für nur einen Euro.

g Passagiere mit mehr als 20 Kilo _____ Gepäck müssen zu den Schaltern B–D kommen.

h Mein Name ist _____ Isabel Murmann. Ich bin Ihre Stewardess an Bord. Haben Sie _____ Fragen oder _____ Wünsche? Ich bin immer für Sie da.

/ 14 PUNKTE

Artikelwörter
Kapitel 2.01 – 2.05

S. 22   **4 Petras neue Wohnung: Ergänzen Sie: ein-/kein- und die Nomen.**

Seit August hat Petra _eine Wohnung_ (a). An den Wänden hat sie noch _keine Bilder_ (b). Sie hängt im Flur _____ (c) auf. _____ (d) mit _____ (e) steht in der Küche, aber noch _____ (f). Doch im Schlafzimmer steht schon _____ (g) und _____ (h). Bis jetzt hat sie auch noch _____ (i), bloß _____ (j). Von Walter bekommt sie nächste Woche _____ (k). Vor dem Haus gibt es _____ (l). Leider hält dort zurzeit _____ (m) _____, deshalb hat Petra sich _____ (n) gekauft. Gleich kommt Herbert mit _____ (o) Sekt, er mag nämlich _____ (p).

/ 14 PUNKTE

S. 24   **5 Korrigieren Sie, wo nötig.**

a Ich gehe nie ohne ~~Ihr~~ Handy aus dem Haus.   _mein_
b Entschuldigen Sie, ist das dein Schlüssel?   _____
c Herr Moser ruft nach ihrer Frau.   _____
d Jetzt räum meine Sachen endlich mal auf.   _____
e Katharina wartet auf seinen Freund.   _____
f Holt bitte eure Bücher raus.   _____
g Die Familie fährt mit Ihrem neuen Auto.   _____
h Wir zeigen euch mal eure Urlaubsfotos.   _____

/ 7 PUNKTE

S. 26   **6 Ordnen Sie zu und ergänzen Sie das Artikelwort in der richtigen Form.**

dies- ~~manch-~~ jed- alle dies- einig- irgendwelch-

a _Manche_ Menschen schlafen vor dem Fernseher ein, ich kann das nicht. Aber _____ Mensch ist anders.

b Ob du es glaubst oder nicht, in meiner Stadt heißen _____ Friseure Müller. _____ hier auf dem Bild heißt Walter Müller.

c In _____ Schwimmbädern muss man eine Bademütze tragen. Da gibt es _____ Regeln, aber ich kenne sie nicht so genau.

d _____ Mann fährt nach Rees. Das ist eine Stadt am Rhein. Sie ist nicht sehr bekannt.

/ 6 PUNKTE

/ 59 PUNKTE

Vergleichen Sie nun Ihre Lösungen mit dem Schlüssel auf Seite 190–191.

3.01 Das ist Bello. **Er** tanzt gern.

Das ist Bello.   Er tanzt gern.   Er lacht gern.   Er isst gern Schokoladenkuchen.

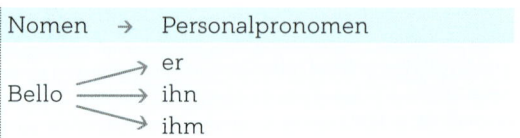

Das ist Bello. Er tanzt gern.
Ich liebe ihn.
Ich gebe ihm immer Schokoladenkuchen.

Formen

Nominativ	Akkusativ	Dativ
ich	mich	mir
du	dich	dir
er	ihn	ihm
es	es	ihm
sie	sie	ihr
wir	uns	uns
ihr	euch	euch
sie / Sie	sie / Sie	ihnen / Ihnen

Genitiv *(meiner, deiner, …)*: nur selten verwendet

Das Pronomen man (neutral, allgemein):
Hier muss **man** Hunde an die Leine nehmen.
= Hier müssen alle ihre Hunde an die Leine nehmen.

⚠ man ≠ Mann

man gibt es nur im Nominativ. Akkusativ: einen; Dativ: einem
Manche Hunde rennen **einem** einfach hinterher.

Wortstellung

	Dativ(-pronomen) (wem?)	Akkusativ (was?/wen?)
Du gibst	Bello	ein Halsband.
Du gibst	ihm	das Halsband.
	Akkusativpronomen (was?)	Dativ(-pronomen) (wem?)
Du gibst	es	ihm/Bello.

Pronomen
Personalpronomen: er, ihn, ihm, ... 3

A1 1 Rund um die Schule! Ergänzen Sie.

a Meine Kinder gehen schon zur Schule. _Sie_ sind jeden Tag bis 15 Uhr dort.
b _____ verstehe dieses Wort nicht. Kannst _____ mir bitte das Wörterbuch geben?
c Sabine ist heute nicht in der Schule. _____ hat Husten und Schnupfen.
d Entschuldigung, Frau Saller, können _____ das bitte noch mal erklären? Ich verstehe das nicht.
e Herr Müller ist im Krankenhaus. _____ kommt erst nächste Woche wieder in die Schule.
f Kinder, habt _____ eure Hausaufgaben schon gemacht?

A1 2 mich oder mir? dich oder dir? Akkusativ oder Dativ? Ergänzen Sie mündlich oder schriftlich.

		Für wen ist das Geschenk?	Wem gehört die Tasche?
a	(ich)	Für _mich_	_Mir_
b	(Eva)	Für _sie_	
c	(ihr)	Für	
d	(wir)	Für	
e	(du)	Für	
f	(Tim)	Für	
g	(Sie)	Für	
h	(Fritz und Emma)	Für	

A2 3 Small Talk auf der Party: Akkusativ oder Dativ? Ergänzen Sie.

a Das rote Kleid steht _____ wirklich gut, mein Schatz. – Danke!
b Ist das dein Glas? – Nein, das gehört nicht _____
c Wie gefällt _____ die Musik hier? – Ich finde _____ super, und du?
d Warum guckt der da drüben denn so komisch? – Ich glaube, _____ schmeckt das Essen nicht.
e Wo ist denn deine neue Freundin? – Ach, lass mich doch in Ruhe! Ich habe _____ seit zwei Stunden nicht mehr gesehen.
f Hey, Tim, lange nicht gesehen. Wie geht es _____ – Gut, danke, und _____
g Guten Abend. Ach herrje, Sie sind der Nachbar? Oh, hat man _____ denn nicht gesagt, dass es heute lauter wird? Warten Sie, ich hole mal den Gastgeber.

A2 4 Kurze Infos und Anfragen: Ergänzen Sie.

A
Hi Max,
Du hast doch die Handynummer von Sven!
Kannst Du _____ bitte mailen? Danke, Iris

B
Lieber Tobi,
Oskar war vorhin da. Er wollte seine DVD holen. Du sollst _____ heute Abend vorbeibringen. Papa

C
Hallo Bärbel, ich möchte mir morgen im Kino den Film „Willkommen bei den Sch'tis" ansehen. Mein Freund hat _____ sehr empfohlen. Kommst du mit?
LG, Astrid

D
Liebe Lilli, ich möchte so gern heute Abend zu Annas Party Dein schwarzes Kleid anziehen. Kannst Du _____ bitte bitte leihen?
☺ Danke, Johanna

3.02 Das ist **meiner**!

- ◆ Wem gehört denn • der Ball da?
- ○ Das ist mein**er**. Warum?
- ◆ Ich habe • meinen Stift vergessen.
- ○ Dann nimm doch mein**en**.

Nomen	→	Possessivpronomen
• mein Ball	→	meiner
• meinen Stift	→	meinen

Formen

		Nominativ		Akkusativ		Dativ	
Singular	maskulin	• Meiner	ist kaputt.	• meinen	nehmen.	mit	• meinem
	neutral	• Mein(e)s		• mein(e)s			• meinem
	feminin	• Meine		• meine			• meiner
Plural		• Meine	sind kaputt.	• meine			• meinen

auch so: dein-, sein-, ihr-, unser-, euer-/eur-, ihr-, Ihr-
Genitiv: nur selten verwendet

- • d**er** Ball → mein**er**
- • d**as** Handy → mein**(e)s**
- • d**ie** Brille → mein**e**
- • d**ie** Stifte → mein**e**

→ Possessivartikel, Seite 24

A2 **1** *meiner, deiner, seiner …*
Markieren Sie die Possessivartikel.
Ergänzen Sie die Possessivpronomen.

a Ich habe <u>meinen</u> Kuli vergessen. Kann ich *deinen* haben?
b Jörg will immer mein Fahrrad haben. _____ ist kaputt.
c Kann ich deinen Autoschlüssel nehmen? Ich finde _____ nicht.
d Unsere Kinder gehen normalerweise um 8 Uhr schlafen. Wann bringt ihr _____ ins Bett?
e He, was machen Sie da? Das ist mein Auto und nicht _____ .
f Mia spielt immer mit meinen Sachen. Aber ich darf nie mit _____ spielen.
Das ist nicht nett.

Pronomen 3
Possessivpronomen: *meiner, deiner, ...*

A2 2 Wem gehört was? Kreuzen Sie an.

a Ist das Peters Auto? – Ja, das ist ○ seine ☒ seins ○ seiner.
b Kann ich eine von euren Zigaretten haben? – Das sind nicht ○ unsers ○ unsere ○ unserer.
  Wir rauchen ja schon lange nicht mehr.
c Ist das Ingrids Mantel? – Nein, der rote ist ○ ihre ○ ihrs ○ ihrer.
d Entschuldigung, können wir unseren Ball wiederhaben? – Ach, das ist ○ eurer ○ euers ○ eure?
e Hallo, vergessen Sie Ihren Regenschirm nicht. – Danke, aber das ist nicht ○ meine ○ meins
  ○ meiner.

A2 3 Schön, von Dir zu hören! Ordnen Sie zu.

ihrer seins ~~meinen~~ unsere meins eurem

Liebe Christiane,

herzlichen Dank für Deinen lieben Brief. Hast Du eigentlich __meinen__ *(a) mit den Fotos bekommen?*
Und Ihr habt ein neues Auto gekauft? Toll, was denn für eins? _____ *(b) ist ja auch schon über 10 Jahre alt, aber Georg meint, es fährt noch wunderbar ...*
Na ja, er hat gut reden. Er hat _____ *(c) erst vor einem halben Jahr neu gekauft.*
Übrigens, wir haben jetzt endlich einen Hund! Sag mal, wie macht Ihr das eigentlich mit _____ *, (d) wenn Ihr im Urlaub seid? Könnt Ihr ihn denn zu Euren Nachbarn bringen?* _____ *(e) haben schon gesagt, dass sie ihn gern mal für eine Woche oder so nehmen würden.* _____ *(f) ist nämlich vor einem Jahr gestorben und da freuen sie sich, wenn mal wieder ein Hund im Haus ist.*

Ganz liebe Grüße von Deiner Barbara

B1 4 Unter Freunden: Ergänzen Sie in der richtigen Form. Hören Sie dann und sprechen Sie nach.

a ◆ Mit welchem Auto fahren wir? Mit __meinem__ oder mit __e_____ ?
  ○ Wir können gern mit __v_____ fahren.
b ◆ Guck mal, die Uhr habe ich von meinen Eltern zum Abitur bekommen.
  ○ Witzig, ich habe von __m_____ auch eine bekommen.
c ◆ Sind das deine Schlüssel?
  ▲ Nein, das sind Sabines. Sie lässt __i_____ immer überall liegen.
d ◆ Du, Ich brauche für meine Mutter noch ein Weihnachtsgeschenk. Hast du eine Idee?
  ▲ Also, ich schenke __m_____ immer ein Parfüm. Darüber freut sie sich jedes Mal.
e ◆ Auf Wiedersehen, Herr Huber, und bitte grüßen Sie auch Ihre Frau.
  ◆ Das werde ich tun. Grüßen Sie bitte auch __I_____

3.03 Ich habe einen Porsche. – Ich habe auch **einen**.

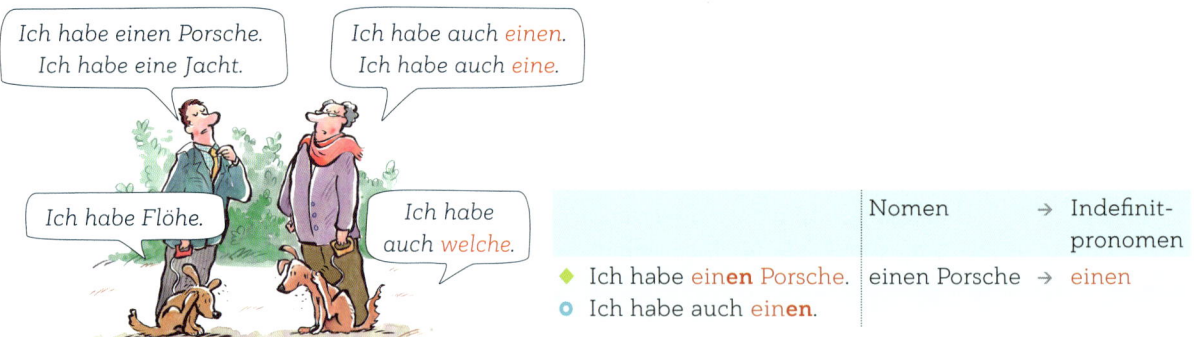

◆ Ich habe ein**en** Porsche.	Nomen	→ Indefinit-pronomen
○ Ich habe auch ein**en**.	einen Porsche	→ einen

	Bedeutung	Beispiel
(irgend)ein-	unbestimmt, nicht näher bestimmt	Ich habe eine Jacht. – Ich habe auch eine. Ich habe Flöhe. – Ich habe auch welche.
keine-	ein ↔ kein	Ich habe einen Porsche. – Ich habe leider keinen.
jede- / alle-	sämtliche Personen oder Sachen aus einer Gruppe	Jeder in unserem Team möchte im August Urlaub haben. Aber alle können eben nicht im August gehen.
viele-	eine große Anzahl, aber nicht alle	Viele gehen darum schon im Juli in Urlaub.
einige- manche-	mehrere, aber nicht viele; ein paar	Einige fahren sogar schon im Mai und manche erst im September.
wenige-	nicht sehr viele	Nur wenige machen gar keinen Sommerurlaub.
jemand	eine oder mehrere unbekannte Personen	Hauptsache, es geht jemand ans Telefon.

→ Weitere Artikelwörter, Seite 26

Formen

		Nominativ	Akkusativ	Dativ
Singular	maskulin	• einer / • keiner	• einen / • keinen	• einem / • keinem
	neutral	• eins / • keins	• eins / • keins	• einem / • keinem
	feminin	• eine / • keine	• eine / • keine	• einer / • keiner
Plural		• welche / • keine	• welche / • keine	• welchen / • keinen

auch so: irgendeiner (Plural: irgendwelche), jede- (Plural: alle), manche-, einige- (nur Plural), viele- (nur Plural), wenige- (nur Plural)

	Nominativ	Akkusativ	Dativ	jemand
maskulin neutral feminin	(irgend)jemand	(irgend)jemand(**en**)	(irgend)jemand(**em**)	↔ niemand

Genitiv *(jemandes)*: nur selten verwendet; kein Plural
(irgend)jemand und *niemand* steht im Akkusativ und Dativ oft ohne Endung.

In Wörterbüchern finden Sie oft:
jmd. = jemand (Nominativ)
jmdn. = jemanden (Akkusativ)
jmdm. = jemandem (Dativ)

> **lie|ben** [ˌliːbn̩], liebt, liebte, geliebt: **1.** ⟨tr.; hat⟩ jmdn. 1.) jmdn. sehr gern haben: ein Mädchen, einen Jungen, seine Eltern lieben;

> **ge|hö|ren** [ɡəˈhøːrən], gehört, gehörte, gehört: **1.** ⟨itr.; hat⟩ jmdm. g.⟩ jmds. Eigentum sein: das Buch gehört mir; wem gehört dieser Kugelschreiber?

Pronomen 3
Indefinitpronomen: *welche, viele, einige, ...*

A2 **1 Mutter und Tochter: Ordnen Sie zu.**

eins   eine   keins   keine   ~~welche~~   welche

- ◆ Möchtest du noch ein paar Tomaten mitnehmen?
- ○ Nein danke, Mama, ich habe _welche_ (a) zu Hause.
- ◆ Brauchst du vielleicht ein Brot?
- ○ Danke, Mama, ich habe gestern _____ (b) gekauft. Ich brauche _____ (c) mehr.
- ◆ Vielleicht eine Flasche Milch? Da ist noch _____ (d) im Kühlschrank.
- ○ Nein, Mama, du weißt doch, ich mag keine Milch.
- ◆ Möchtest du Obst mitnehmen? Wie wär's mit Äpfeln? Du isst doch so gern Äpfel.
- ○ Danke, ich brauche _____ (e), ich habe immer _____ (f) zu Hause. Wirklich, ich brauche nichts. Außer vielleicht … äh, du, Mamilein, sag mal, hättest du vielleicht ein bisschen Geld für mich?

A2 **2 Egal wer! Egal was! Ergänzen Sie *irgendein-* und *irgendwelche-* in der richtigen Form.**

a ◆ Ich gehe jetzt zur Eisdiele. Was für ein Eis möchtest du denn? Wie immer Vanille?
   ○ Ach, bring mir einfach _irgendeins_ mit.
b ◆ Könntest du mir einen Pulli leihen?
   ○ Einen dicken oder einen dünnen?
   ◆ Egal, einfach _____.
c ◆ Ich finde keinen Kugelschreiber.
   ○ Das gibt es doch nicht. _____ muss doch da sein. Guck doch mal in der Schublade.
d ◆ Sabine, wir brauchen für unsere Mitarbeiterwand noch ein Foto von dir.
   ○ Was denn für eins?
   ◆ Das spielt keine Rolle. Einfach _____. Du siehst doch auf jedem Foto gut aus.
e ◆ Könntest du mir ein paar Bücher für den Urlaub leihen?
   ○ Was liest du denn gern? Krimis oder lieber Romane?
   ◆ Ach, gib mir doch einfach _____. Ich lese alles gern.
f ◆ Du, die Musik ist aus. Kannst du bitte eine neue CD einlegen?
   ○ Was für eine CD willst du denn jetzt hören? Eine ruhige oder lieber eine rockige?
   ◆ Das ist mir egal, such einfach _____ aus.

B1 **3 Rede des Chefs auf der Jubiläumsfeier: Was ist richtig?**
🔊 Kreuzen Sie an. Hören Sie dann und vergleichen Sie.

Liebe Mitarbeiterinnen, liebe Mitarbeiter,
ich freue mich, Sie ☒ alle ○ jeder (a) hier zu unserem Firmenjubiläum begrüßen zu dürfen. ○ Viele ○ Keiner (b) unserer Mitarbeiter arbeiten schon seit 10, 20 oder sogar 30 Jahren bei uns. ○ Irgendjemand ○ Manche (c) von Ihnen kenne ich sogar noch als Lehrling. Das macht mich sehr stolz. Wir haben jetzt 211 Mitarbeiter und unsere Verkaufszahlen sind dieses Jahr erneut gestiegen, wofür ich ○ keinem ○ jedem (d) von Ihnen sehr herzlich danke. So etwas ist nur möglich, wenn ○ jeder ○ alle (e) in einer Firma ihr Bestes geben. Auch wir werden wieder alles dafür tun, dass ○ jeder ○ alle (f) seine Arbeit behält. Ich weiß, ○ einige ○ niemand (g) von Ihnen haben Angst, dass die Wirtschaftskrise auch unsere Firma betrifft. Natürlich: Auch bei uns werden sich Dinge ändern, aber nur ○ keine ○ wenige (h). ○ Jemand ○ Niemand (i) von Ihnen muss Angst haben. Nun wünsche ich uns ○ allen ○ jedem (j) ein schönes Fest!

3.04 Welches Eis? – **Das** da.

(Demonstrativ)Artikel + Nomen	→	Demonstrativpronomen
dieses / das Eis	→	dieses / das

Formen

		Nominativ	Akkusativ	Dativ
Singular	maskulin	• der • dies**er**	• den • dies**en**	• dem • dies**em**
	neutral	• das • dies**es**	• das • dies**es**	• dem • dies**em**
	feminin	• die • dies**e**	• die • dies**e**	• der • dies**er**
Plural		• die • dies**e**	• die • dies**e**	• denen • dies**en**

Genitiv *(m/n: dessen (Sg.), deren (Pl.); f: deren (Sg.), derer (Pl.):* nur selten verwendet
Die Demonstrativartikel haben die gleichen Endungen wie der definite Artikel *(der/das/die)* – außer im Dativ Plural.

→ Indefiniter und definiter Artikel, Seite 18

A1   **1**   • *der da*, • *das da*, •/• *die da!* **Kreuzen Sie an.**

a ◆ Welche Äpfel hätten Sie gern?
   ○ ○ Das   ○ Die   ○ Den   hier bitte.

b ◆ Suchen Sie etwas?
   ○ Ja, meinen Schlüssel.
   ◆ Meinen Sie vielleicht   ○ den   ○ die   ○ der   hier?

c ◆ Welches Kleid findest du schön?
   ○ ○ Die   ○ Das   ○ Der   da.

d ◆ Wer von den Jungen hat dir das Fahrrad weggenommen, Marie?
   ○ ○ Der   ○ Den   ○ Das   da, Papa.

Pronomen
Demonstrativpronomen: *das, dieses*

2 Typisch Frau! Ordnen Sie zu.

a ◆ Welche Hose soll ich anziehen?
b ◆ Welches T-Shirt gefällt dir am besten?
c ◆ Ach, ich ziehe doch lieber einen Rock an. Welchen findest du schöner?
d ◆ Und welche Kette soll ich nehmen?
e ◆ Welche Schuhe findest du besser?
f ◆ Welcher Mantel steht mir besser?

1 ○ Diesen. Der ist nicht so kurz.
2 ○ Dieser. Aber ich glaube, eine Jacke ist genug. Es ist ja warm draußen.
3 ○ Diese hier. Mit den anderen bist du ja größer als ich.
4 ○ Dieses mit dem runden Ausschnitt.
5 ○ Diese hier. Die ist so schön bunt.
6 ○ Diese da. Die ist sehr elegant.

a	b	c	d	e	f
6					

3 Ganz genau! Ergänzen Sie. Hören Sie dann und sprechen Sie nach.

a ◆ Kennen Sie diese Frau hier auf dem Foto?
○ Welche? **Die** mit den roten Haaren?
◆ Nein, ich meine **diese** hier.
○ _____ _____ mit den schwarzen Haaren? Nein, tut mir leid, _____ _____ kenne ich nicht.

b ◆ Ich hätte gern ein Stück Käse von _____ _____ hier.
○ Welchen meinen Sie denn? _____ _____ da?
◆ Nein, _____ meine ich nicht. Ich meine _____ hier.

c ◆ Ach, wie nett! Eine Postkarte von den Parks.
○ Wer ist denn das? Von _____ _____ habe ich ja noch nie was gehört.
◆ Ach komm. Das sagst du jedes Mal. Das sind die netten Leute aus Korea. _____ _____ habe ich doch vor vielen Jahren mal im Flugzeug kennengelernt.

d ◆ Welches Fahrrad möchtest du denn jetzt?
○ _____ _____ da mit der lustigen Klingel.

Test 3

1 Ein Anruf von Oma: Ergänzen Sie die Personalpronomen im Nominativ.

Pst, seid nicht so laut. Oma ist am Telefon. _Sie_ (a) kann doch alles hören. ... Das Päckchen? Jaja, _____ (b) ist schon angekommen. ... Ja, Mama, das Hemd ist super. _____ (c) steht Gerd sehr gut. Nein, die Hose für Max ist nicht zu groß. _____ (d) passt genau. ... Das Kleid, ähh, _____ (e) ist noch etwas lang für Susi. Aber _____ (f) wird ja noch größer. Nächstes Jahr passt _____ (g) bestimmt. ... Bello? Oh ja, _____ (h) freut sich sehr über den Pullover. Ja, Mama, die Kinder und ich, also _____ (i) alle haben dich auch sehr lieb. Die Kinder freuen sich sehr. _____ (j) grüßen dich. Mama, _____ (k) mach' jetzt Schluss. _____ (l) kommst doch morgen zu uns? Tschüs.

/ 11 PUNKTE

2 Vor dem Fernseher: Schreiben Sie Sätze *mit mir, dir, ihm, ...* oder *mich, dich, ihn, ...*

a ◆ Guck mal, schon wieder der Schauspieler da. Der spielt echt in jedem Film mit.
(überhaupt nicht mögen) _Ich mag ihn überhaupt nicht_.

b ◆ Und sieh mal, Sandra Bullock hat eine neue Frisur.
(nicht gefallen) _Sie_ _____.

c ◆ James Bond ist einfach so toll! (essen gehen möchten mit)
Ich _____.

d ◆ Hast du diese Chips von Pingels schon mal probiert?
(gestern gekauft haben) _Ich_ _____.

e ◆ Mensch, jetzt habe ich gerade was verpasst. Ist das Schiff untergegangen?
(nicht mehr sehen können) _Ich_ _____.

f ◆ Der Film war echt super. Oh, die zeigen ihn morgen noch einmal! Ich ruf mal Sabine an.
(unbedingt erzählen müssen) _Das_ _____.

g ○ Könnt ihr nicht endlich mal den Fernseher ausmachen?
(spielen möchten mit) _Wir_ _____.

/ 6 PUNKTE

3 Aufräumen: Ergänzen Sie die Tabelle.

a	ich	● der Kuli	Das ist _meiner_ .
b	du	● das Buch	Das ist _____ .
c	er / Klaus	● die Hemden	Das sind _____ .
d	es / das Kind	● das Fahrrad	Das ist _____ .
e	sie / Sabine	● der Hund	Das ist _____ .
f	wir	● die Creme	Das ist _____ .
g	ihr	● das Radio	Das ist _____ .
h	sie / die Eltern	● die Koffer	Das sind _____ .
i	Sie	● der Kalender	Das ist _____ .

/ 8 PUNKTE

Pronomen
Kapitel 3.01 – 3.04

S. 32 **4 Ein Pechtag: Ergänzen Sie *meiner, deiner, ...* in der richtigen Form.**

a ◆ Ich bin ganz nervös. Ich habe gleich meine Führerscheinprüfung.
  ○ Viel Glück. Sebastian hatte _seine_ gestern.
b ◆ Toll, ist das dein Auto?
  ○ Nein, es gehört Julia. Ich nehme _____, wenn _____ kaputt ist.
c ◆ Hast du schon wieder mein Parfüm genommen?
  ○ Ja, ich mag _____ viel lieber.
d ◆ Passen Sie doch auf Ihren Hund auf.
  ○ Ha! Passen Sie lieber auf _____ auf. Der hat zuerst gebellt.
e ◆ Mein Essen ist kalt.
  ○ _____ auch.

/ 4 PUNKTE

S. 34 **5 Rätsel: Finden Sie die Unterschiede und schreiben Sie wie im Beispiel.**

a Auf Bild A steht kein Radio auf dem Schrank. _Auf Bild B steht eins_.
b Auf Bild A gibt es eine Lampe. _Auf Bild B gibt es_
c Auf Bild A stehen Bücher im Regal. _____
d Auf Bild A sehe ich keine Blume. _____
e Auf Bild A kann ich einen Stuhl sehen. _____
f Auf Bild A hat Klaus ein Glas in der Hand. _____
g Auf Bild A stehen keine Sachen auf dem Schrank. _____

/ 5 PUNKTE

S. 34 **6 Postkarte aus Wien: Was ist richtig? Kreuzen Sie an.**

Liebe Kinder,
wir sind ☒ alle ○ einige (a) gut angekommen. Stellt Euch vor, ☒ jeder
○ jemand (b) hat ein eigenes Zimmer. ○ Niemand ○ Jemand (c) hatte
geglaubt, dass das mit fünf Einzelzimmern klappt. Das Hotel ist toll.
○ Einige ○ Keine (d) Zimmer haben sogar einen Balkon.
Auch die Stadt ist sehr interessant, obwohl wir bis jetzt nur ○ wenige ○ alle (e) Stunden Zeit für einen
Spaziergang hatten. ○ Jeder ○ Jemand (f) aus dem Hotel hat uns erzählt, dass es hier ○ welche
○ viele (g) Sehenswürdigkeiten in der Nähe gibt. Du weißt ja, ○ manche ○ irgendwelche (h) von uns
sind nicht so gut zu Fuß. Ja, so ist das eben, wenn ○ alle ○ viele (i) alte Leute zusammen verreisen.
○ Viele ○ Manche (j) liebe Grüße
Eure Großmutter Elsbeth

/ 8 PUNKTE

S. 36 **7 Carlos' Welt: Ergänzen Sie das Demonstrativpronomen.**

a Mama, schau mal, darf ich 👉 _die_ haben?
b 🧀👉 _____ mag ich nicht.
c Mit _____ 👉 habe ich gestern Fußball gespielt.
d Guck mal, Mami, _____ 👉 ist aber süß.
e Hahaha, _____ putzt ihre Fenster, dabei regnet es.
f In _____ 👉 will ich nicht einsteigen.

/ 5 PUNKTE

/ 47 PUNKTE

Vergleichen Sie nun Ihre Lösungen mit dem Schlüssel auf Seite 191.

4.01 ... einen **starken** Motor

Sein Auto ist alt und hat einen starken Motor ...   aber keine gute Bremse.

Mit Adjektiven kann man etwas näher beschreiben. Wenn Adjektive vor einem Nomen stehen, dann haben sie eine Endung.

Adjektiv mit *sein* → keine Endung	Sein Auto ist alt.
Adjektiv bei einem Verb → keine Endung	Er kann nicht gut fahren.
Adjektiv steht vor dem Nomen → Endung	Das Auto hat • einen starken Motor.
mehrere Adjektive hintereinander → gleiche Endung	Er kauft • ein neues, rotes, schnelles Auto.

	Nominativ	Akkusativ	Dativ	Genitiv
maskulin	• ein / • mein — alter Wagen	• einen / • meinen — alten Wagen	• einem / • meinem — alten Wagen	• eines / • meines — alten Wagens
neutral	• ein / • mein — altes Auto	• ein / • mein — altes Auto	• einem / • meinem — alten Auto	• eines / • meines — alten Autos
feminin	• eine / • meine — alte Tasche	• eine / • meine — alte Tasche	• einer / • meiner — alten Tasche	• einer / • meiner — alten Tasche
Plural	• – alte Autos / • meine alten Autos	• – alte Autos / • meine alten Autos	• – / • meinen — alten Autos	• – alter Autos / • meiner alten Autos

auch so: dein-, sein-, ihr-, unser-, euer/eur-, ihr-, Ihr-; kein-

⚠ 1) Adjektive auf *-el* und *-er* verlieren das *e*:   dunkel – • ein dunkler Wagen
   teuer – • ein teurer Wagen
2) *hoch* verliert das *c*:   hoch – • ein hohes Haus
3) Adjektive auf *-a* bekommen keine Endung: rosa – • eine rosa Brille

A2 1 Wie bitte? Ergänzen Sie mündlich oder schriftlich.

a ◆ Das ist aber ein schöner Tag heute.   *Wie bitte?*   ◆ Der Tag ist _schön_!
b ◆ Sie haben aber einen süßen Hund.   ◆ Ihr Hund ist _____!
c ◆ Ist das ein alter Hund?   ◆ Ist Ihr Hund schon _____?
d ◆ Das ist bestimmt ein ganz liebes Tier!   ◆ Ihr Hund ist bestimmt sehr _____!

Adjektive
Deklination nach indefinitem Artikel 4

A2 2 Ein Sommertag am See: Ergänzen Sie die Tabelle.

		maskulin	neutral	feminin	Plural
Nominativ	Es war … / Es waren …	• ein wunderbar**er** Sommertag.	• ein lustig____ Picknick.	• eine schön____ Wanderung.	ganz • toll____ Stunden.
Akkusativ	Zum Picknick haben wir … mitgebracht.	• einen gemischt____ Salat	• ein frisch____ Brot	• eine gut____ Flasche Rotwein	• kühl____ Getränke
Dativ	Wir haben den Tag … verbracht.	an • einem klein____ See	in • einem nett____ Strandbad	auf • einer groß____ Decke	mit • gut____ Freunden

A2 3 Verabredungen: Ergänzen Sie die Endungen, wo nötig.

a
Hi Johanna, ich kann heute leider doch nicht. Ich muss auf meinen klein **en** Bruder aufpassen. Er ist krank — und meine Eltern sind im Theater. Möchtest Du vielleicht zu uns kommen? Das wäre schön____. Birte

Hi Birte, ja klar. Ist 18 Uhr ok? Wir können uns ja vielleicht meinen neu____ Film ansehen: „Babel"! Ich habe ihn zu meinem letzt____ Geburtstag bekommen. Tschüs, J.

Super. Es gibt dann auch ein lecker____ Essen. Ciao, B.

b
Hallo Marc, gehst Du mit mir in „Africa Africa"? Es gibt noch Karten. Man muss sie aber schnell____ kaufen, sonst sind sie wieder weg. Man bekommt sie bei einer speziell____ Internetseite. Kannst Du das machen? Danke, Eva

Liebe Eva, schon erledigt. Ich habe zwei Karten für nächsten Freitag. Es wird bestimmt ein schön____ Abend. Gehen wir danach noch etwas essen? Ich kenne da ein nett____ Restaurant. Ganz lieb____ Grüße, Marc

A2 4 *dunkel, sauer, teuer, hoch*: Ergänzen Sie in der richtigen Form.

a Er wohnt in einer _dunklen_ Straße. (dunkel)
b Puh, das ist aber ein _____ Apfel. (sauer)
c Leider kann ich mir so ein _____ Auto nicht leisten. (teuer)
d Wahnsinn, so ein _____ Haus habe ich noch nie gesehen. (hoch)

B1 5 Was macht dich glücklich? Ergänzen Sie.

a Der Anruf einer gut____ Freundin, wenn es mir nicht gut geht.
b Ich liebe es, mitten im Winter trotz kalt____ Temperaturen Eis zu essen.
c Das Lachen meines klein____ Sohnes. Da vergesse ich alle Sorgen.
d Dass ich innerhalb eines halb____ Jahres zweimal Urlaub gemacht habe. Das macht mich glücklich.
e Mich am Ende einer lang____ Arbeitswoche abends auf die Couch zu legen und klassische Musik zu hören.

4.02 … der **tolle** Strand

„… der tolle Strand,
das gute Essen und
die schönen Berge.
Nur eins stört wirklich:
diese vielen Touristen!"

		Nominativ	Akkusativ	Dativ	Genitiv
Singular	maskulin	der tolle Strand	den tollen Strand	dem tollen Strand	des tollen Strandes
	neutral	das gute Essen	das gute Essen	dem guten Essen	des guten Essens
	feminin	die gute Luft	die gute Luft	der guten Luft	der guten Luft
Plural		die schönen Berge	die schönen Berge	den schönen Bergen	der schönen Berge

auch so nach: diese-, jede-, manch-, welche-, dies-

Verwendung → Adjektivdeklination nach indefinitem Artikel, Seite 40

A2 1 In Petershofen ist nicht viel los: Ergänzen Sie.

In der Hauptstraße ist/sind …

maskulin
- der neu_e_ Kindergarten.
- der nett_____ Spielplatz.

neutral
- das italienisch_____ Schuhgeschäft.
- das klein_____ Rathaus.

feminin
- die alt_____ Post.
- die hübsch_____ Dorfkirche.

Plural
- die zwei günstig_____ Gaststätten.
- die zwei gut_____ Bäckereien.

A2 2 Vielen Dank für … Schreiben Sie.

Das war in den Paketen:
a • die bunte Kette von Anna
b • der leckere Geburtstagskuchen von Iris
c • die schönen Ohrringe von Gaby
d • der gute Wein von Robert
e • das tolle Buch von Magdalena

Sie bedankt sich für …
die bunte Kette.

Adjektive
Deklination nach definitem Artikel 4

A2 3 Jan arbeitet gern … Schreiben Sie. Hören Sie dann und sprechen Sie nach.

a in – diese schöne Stadt: in dieser schönen Stadt
b mit – der lustige russische Kollege ____
c bei – diese bekannte Firma ____
d in – dieses internationale Team ____
e an – die neuen PCs ____
f mit – der nette Chef ____

A2 4 Neu in der Stadt: Ergänzen Sie.

◆ Wie gefällt es dir denn in der neu _en_ Wohnung (a)?
○ Ach, ganz gut, aber in der alt____ Wohnung (b) habe ich mich wohler gefühlt.
◆ Warum denn das?
○ Na ja, da hatte ich die zwei groß____ Zimmer (c) mit den hoh____ Decken (d)
und dann noch die schön____ Wohnküche (e) mit dem nett____ klein____ Balkon (f).
Aber hier habe ich nur diese klein____ Wohnung (g) gefunden.
◆ Und wie ist die neu____ Arbeit (h)? Hast du nett____ Kollegen (i)?
○ Ja, sehr. Vor allem meine Zimmerkollegin ist toll. Sie hat mir gleich am ersten Tag die
ganz____ Firma (j) erklärt. Also, alles in allem bin ich zufrieden.

B1 5 Anzeigen: Formen Sie um.

A

Bitte melden!
Katze zugelaufen!
Wo ist der Besitzer
dieser kleinen schwarzen Katze
(diese kleine schwarze Katze)?
Bitte melden Sie sich!

B

ARD 20:15 Uhr:
Der Besuch ____
(die alte Dame). Fernsehfilm

C

Endlich!
Nach zwei Jahren Renovierung ist es so weit:
Am 18. November ist Wiedereröffnung
____
(das schöne Schwimmbad) im Münchner Süden.
Kommen Sie und genießen Sie …

D

Traurig und allein?
Oder einfach mal anders Silvester feiern?
Wir feiern ab 20 Uhr gemeinsam den letzten Tag
____
(das alte Jahr) und begrüßen zusammen den ersten
Tag ____ (das neue Jahr). Wir essen, trinken und tanzen.
Gemeinde der Himmelfahrtskirche, Tel: 089 / 72 14

E

Achtung! Nicht vergessen!
Nächste Woche ist unser großer Ausflug.
Die Eltern ____
(die teilnehmenden Kinder) treffen sich am Dienstagabend
um 19 Uhr im Kindergarten.

4.03 schönes Wetter

heiße Würstchen   frischer Kuchen   schönes Wetter

		Nominativ	Akkusativ	Dativ	Genitiv
Singular	maskulin	• frischer Kuchen	• frischen Kuchen	• frischem Kuchen	• frischen Kuchens
	neutral	• schönes Wetter	• schönes Wetter	• schönem Wetter	• schönen Wetters
	feminin	• scharfe Wurst	• scharfe Wurst	• scharfer Wurst	• scharfer Wurst
Plural		• heiße Würstchen	• heiße Würstchen	• heißen Würstchen	• heißer Würstchen

⚠ kein Artikelwort → Endung am Adjektiv:

der Kuchen – frischer Kuchen

bei dem Wetter – bei schönem Wetter

Verwendung → Adjektivdeklination nach indefinitem Artikel, Seite 40

A2 1 Preiswerte Angebote: Markieren Sie die Adjektivendungen und ergänzen Sie die Tabelle.

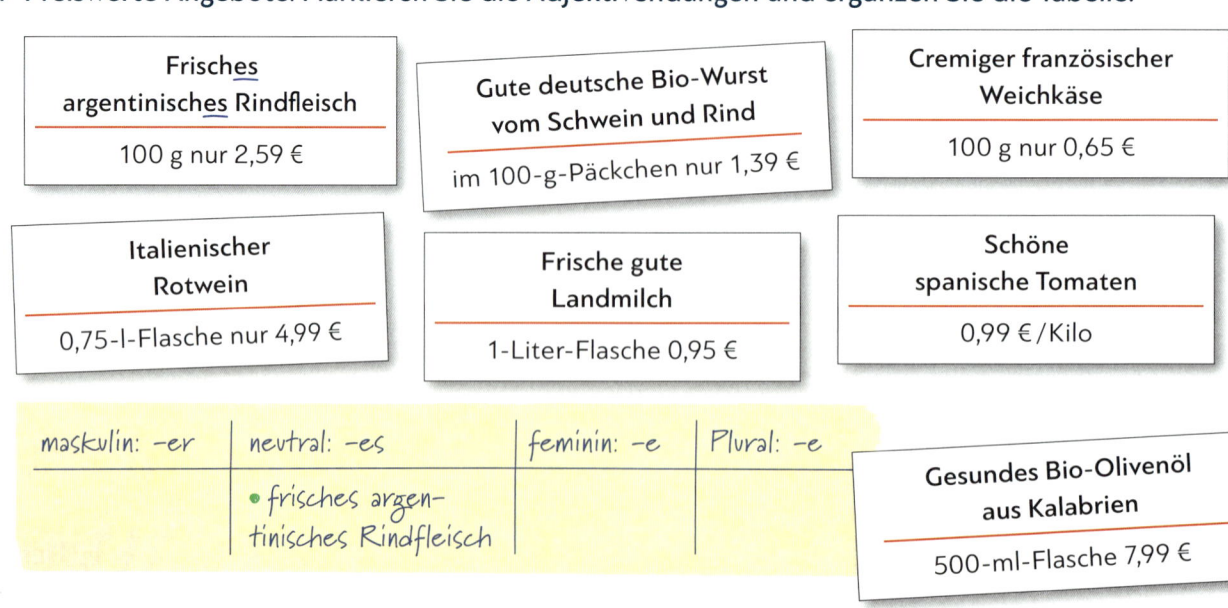

Frisch<u>es</u> argentinisch<u>es</u> Rindfleisch
100 g nur 2,59 €

Gute deutsche Bio-Wurst vom Schwein und Rind
im 100-g-Päckchen nur 1,39 €

Cremiger französischer Weichkäse
100 g nur 0,65 €

Italienischer Rotwein
0,75-l-Flasche nur 4,99 €

Frische gute Landmilch
1-Liter-Flasche 0,95 €

Schöne spanische Tomaten
0,99 €/Kilo

Gesundes Bio-Olivenöl aus Kalabrien
500-ml-Flasche 7,99 €

maskulin: -er	neutral: -es	feminin: -e	Plural: -e
	• frisches argentinisches Rindfleisch		

Adjektive
Deklination nach dem Nullartikel 4

2 Gute Wünsche: Was sagt man wann?
Ordnen Sie zu und ergänzen Sie wie im Beispiel.

Begrüßung und Abschied   ~~Nach der Arbeit~~   An Feiertagen und Festen
Bei Krankheit   In einem Brief   Vor einer Reise

A
Nach der Arbeit
Schön __es__ Wochenende
Schön_____ Feierabend

B
_____
Herzliche_____ Grüße
Schön_____ Grüße an Ihre Frau!

C
_____
Fröhlich_____ Weihnachten!
Froh_____ Ostern!
Schön_____ Feiertage!
Gut_____ neu_____ Jahr!
Herzlich_____ Glückwunsch zum Geburtstag!

D
_____
Gut_____ Flug
Gut_____ Reise
Schön_____ Ferien
Gut_____ Fahrt
Hoffentlich habt ihr gut_____ Wetter!
Angenehm_____ Aufenthalt
Schön_____ Zeit

E
_____
Gut_____ Besserung

F
_____
Gut_____ Morgen
Gut_____ Tag
Gut_____ Abend
Gut_____ Nacht

3 Wie möchten Sie wohnen? Ergänzen Sie.

a
Ich träume von einem Haus mit groß_____ Garten. Das wäre wunderbar.
R. Luber, München

b
Renoviert_____ Altbauwohnung mit hoh_____ Decken oder modern_____ Neubau mit hell_____ Zimmern? Das ist uns egal. Hauptsache im Stadtzentrum!
G. Wormer und T. Friedrich, Stuttgart

c
Ich hätte gern ein kleines, einfaches Häuschen auf dem Land. Außer warm_____ Wasser und gesund_____ Essen brauche ich nicht viel.
P. Simpel, Dresden

4 Mietangebote: Ergänzen Sie. Hören Sie dann und vergleichen Sie.

a
Toll __e__ 2-Zimmer-Whg. (54 m²) in zentral_____, ruhig_____ Umgebung. EBK, Parkett. 500 € kalt. Von privat.

b
Studenten-WG sucht nett_____ Mitbewohner ab Anfang nächst_____ Monats für klein_____, aber sonnig_____ Zimmer. 200 € warm.

c
Träumen Sie auch vom eigenen Häuschen in der Stadt? Klein_____, hübsch_____ Haus für 1–2 Personen mit groß_____, wild_____ Garten. Von privat.

d
Möbliert_____ Ferienappartement. Groß_____ Schlafzimmer mit neu_____ Couch, hell_____, freundlich_____ Küche. Garten. Ideal für klein_____ Familie. Mtl. 250 €.

4.04 Mein Fisch ist **größer**!

groß   größer   am größten

> Mit Adjektiven kann man etwas vergleichen. Dazu benutzt man die Adjektive im Komparativ (*größer*) oder im Superlativ (*am größten*).

Steigerung:
+ 🐟
+ + 🐟
+ + + 🐟

Dein Fisch ist groß,
aber meiner ist größ**er**
und Papas Fisch ist **am** größ**ten**.

Vergleich:
+ 🐟 = + 🐟

Dein Fisch ist **(genau)so** groß **wie** meiner.
Der Fisch war nicht **so** groß, **wie** ich erwartet hatte.

Vergleich mit Nebensatz
→ Nebensätze, ab Seite 148

Vergleich:
+ + 🐟 ≠ + 🐟

Mein Fisch ist größ**er als** deiner.
18 Kilo! Der Fisch ist doch schwer**er, als** ich gedacht habe.

Vergleich mit Nebensatz

Komparativ attributiv
→ Adjektive, ab Seite 40

Haben Sie keine größer**en** Fische?

Superlativ attributiv
→ Adjektive, ab Seite 40

Die größ**ten** Fische bekommt man bei „Fisch Hein".

Adjektiv +	Komparativ ++	Superlativ +++
	Adjektiv + **-er**	**am** + Adjektiv + **-sten**
klein	kleiner	am kleinsten
jung	jünger	am jüngsten
alt	älter	am ältesten
gesund	gesünder	am gesündesten
teuer	teurer	am teuersten
hoch	höher	am höchsten
nah	näher	am nächsten
dunkel	dunkler	am dunkelsten
gut	besser	am besten
gern	lieber	am liebsten
viel	mehr	am meisten

Bei einsilbigen Adjektiven oft:
a → ä, o → ö, u → ü
-d, -t, -s, -ß, -sch, -x, -z + **-esten**

⚠ am größten

Adjektive
Steigerung und Vergleich 4

A2 1 *schnell, schneller, am schnellsten:* Ergänzen Sie mündlich oder schriftlich.

a kalt — *kälter*   *am kältesten*   f groß
b schön   g praktisch
c gern   h voll
d gut   i nett
e sauber   j viel

A2 2 Ordnen Sie zu und ergänzen Sie in der richtigen Form mit *so ... wie* oder *als*.

~~teuer~~ viel klein ~~gern~~ lang sauer gern viel schön

a Ein Auto ist *teurer als* ein Fahrrad.
b Schokolade oder Eis? Das mag ich beides gern. Ich mag Eis *so gern wie* Schokolade.
c Eine Maus ist _____ ein Elefant.
d Eine Schlange ist _____ ein Regenwurm.
e Der Computer kostet 599 Euro. Der Laptop auch. Der Computer kostet _____ der Laptop.
f Eine Zitrone ist _____ eine Orange.
g In New York wohnen _____ Menschen _____ in München.
h Ich trinke abends _____ Tee _____ Kaffee. Sonst kann ich nicht schlafen.
i Das gelbe T-Shirt finde ich schön. Das blaue aber auch. Ich finde das gelbe T-Shirt _____ das blaue.

A2 3 Ein Fragebogen: Ergänzen Sie.

a	Was isst du *am liebsten* (gern)	Gemüse, Obst und Schokolade.
b	Welches Land findest du _____ ? (schön)	Mein Heimatland.
c	Welche Filme findest du _____ ? (interessant)	Dokumentarfilme über andere Länder.
d	Welcher Sport interessiert dich _____ ? (wenig)	Boxen.

B1 4 Männer! Ergänzen Sie mündlich oder schriftlich.

Ich habe ...   Ich habe ...
a ein schnelles Auto.   ein *schnelleres* Auto.
b eine teure Uhr.   eine _____ Uhr.
c ein großes Haus.   ein _____ Haus.
d einen intelligenten Sohn.   einen _____ Sohn.

B1 5 In der Stadt: Ergänzen Sie im Superlativ.

a In der Pizzeria Europa gibt es die *beste* (gut) Pizza. Nicht vergessen: Montag ist Pizzatag.
b Malermeister Heinz Pinsel: Der _____ (nett), _____ (schnell) und _____ (preiswert) Maler weit und breit. Anruf genügt!
c Im Cinema laufen immer die _____ (aktuell) Kinofilme.
d Fit & Well – das _____ (toll) Sportstudio mit den _____ (modern) Fitness-Geräten aus den USA.

4.05 kochend oder gekocht?

kochen
→ kochend (Partizip Präsens)
→ gekocht (Partizip Perfekt)

das kochende Wasser   der gekochte Schinken

Das Partizip Präsens und das Partizip Perfekt kann man als Adjektive verwenden. Man dekliniert sie dann auch wie Adjektive.

Partizip Präsens als Adjektiv	Ich lege den Schinken in das kochende Wasser.	Das Wasser kocht gerade. Etwas passiert jetzt oder gleichzeitig.
Partizip Perfekt als Adjektiv	Ich hätte gern 200 Gramm gekochten Schinken.	Der Schinken wurde gekocht. Etwas ist schon passiert/beendet.

		Beispiele
Partizip Präsens als Adjektiv Infinitiv + **d** + Adjektivendung	kochen → kochend-	das kochende Wasser
Partizip Perfekt als Adjektiv Partizip Perfekt + Adjektivendung	kochen → gekocht- braten → gebraten-	der gekochte Schinken die gebratenen Nudeln

→ Adjektivdeklination, ab Seite 40, und Perfekt, ab Seite 58

B1 **1 Anzeigen und mehr: Markieren Sie das Partizip Präsens und das Partizip Perfekt.**

A
Hallo Frau Stieler,
leider kann ich morgen nicht zu unserem vereinbarten Treffen kommen. Könnten wir den Termin um eine Woche verschieben?
Mit freundlichen Grüßen
Barbara Zimmer

B
Winterschlussverkauf
Alle reduzierten Stiefel jetzt noch mal 20% günstiger.
Jetzt zugreifen und sparen!

C
Möbliertes 1-Zimmer-Appartement
zu vermieten. Zentrumsnah.
Tel: 030/6 58 11 42

D
M.A.M.A.
DAS Magazin für werdende Mütter.

E
Bitte langsam fahren!
Spielende Kinder!

F
Liebe Frau Wilke,
Frohe Weihnachten und alles Gute für das kommende Jahr.
Ihre Familie Reitberger

Adjektive
Partizip als Adjektiv 4

B1 **2** *sinkend – gesunken:* Was bedeutet das Gleiche? Kreuzen Sie an.

a Berliner Zoo: Gestiegene Besucherzahlen wegen Eisbärenbaby Kurt.
  → ○ Die Zahl der Besucher steigt.   → ☒ Die Zahl der Besucher ist gestiegen.

Kurt ist erwachsen! Trotzdem steigende Besucherzahlen!
  → ○ Die Zahl der Besucher steigt.   → ○ Die Zahl der Besucher ist gestiegen.

b Die Ratten verlassen das sinkende Schiff.
  → ○ Das Schiff sinkt jetzt.   → ○ Das Schiff ist schon gesunken.

Das gesunkene Schiff liegt seit 300 Jahren auf dem Meeresboden.
  → ○ Das Schiff sinkt jetzt.   → ○ Das Schiff ist schon gesunken.

B1 **3** Im Park: Was sehen Sie? Ordnen Sie zu und ergänzen Sie in der richtigen Form.

schlafen spielen ~~weinen~~ baden lesen blühen

a ● ein _weinendes_ Kind
b ● einen _____ Mann
c ● _____ Kinder
d ● eine _____ Frau
e ● _____ Hunde
f ● _____ Bäume

B1 **4** Eine eilige E-Mail vom Chef: Ordnen Sie zu und ergänzen Sie in der richtigen Form.

unbezahlt ~~bestellt~~ reserviert benutzt vereinbart

E-Mail senden

Guten Morgen Frau Rasch,

ich bin heute in Frankfurt, daher meine Bitten schnell per E-Mail.
Könnten Sie bitte als Erstes das _____ (a) Geschirr von gestern aus
dem Konferenzsaal räumen? Dann bitte gleich den für heute _____ (b)
Termin bei meinem Zahnarzt absagen. Und sehen Sie bitte nach, ob das _bestellte_ (c)
Material von der Firma Groß schon angekommen ist. Überweisen Sie bitte heute auch
noch die _____ (d) Rechnung an Paul & Co. Zum Schluss noch eine
große Bitte: Könnten Sie bitte die _____ (e) Theaterkarten für meine
Frau und mich in der Stadt abholen? Ganz herzlichen Dank. Bis morgen.

Rainer Binder

4.06 Er ist **der Richtige**.

Da ist Holger Quast.
Er hat schon wieder eine Neue!
Das ist die Vierte in diesem Jahr, oder?
Nein. Die Fünfte.
Bist du sicher, mein Kind?
Ganz sicher, Mama! Er ist der Richtige.

Adjektive und Partizipien können auch als Nomen verwendet werden. Sie werden wie Adjektive dekliniert und großgeschrieben.

Adjektiv als Nomen	Er hat schon wieder • eine Neue.	• eine neu**e** Freundin
	Meine Schwester hat auch schon wieder • einen Neu**en**.	• einen neu**en** Freund

Weitere häufig verwendete Beispiele:
ein Angestellter, eine Angestellte   ein Deutscher, eine Deutsche
ein Erwachsener, eine Erwachsene   ein Jugendlicher, eine Jugendliche
ein Reisender, eine Reisende   ein Verwandter, eine Verwandte

→ Adjektivdeklination, ab Seite 40

Formen

		Nominativ	Akkusativ	Dativ	Genitiv
Singular	maskulin	• ein Neuer	• einen Neuen	• einem Neuen	• eines Neuen
		• der Neue	• den Neuen	• dem Neuen	• des Neuen
	neutral	• ein Neues	• ein Neues	• einem Neuen	• eines Neuen
		• das Neue	• das Neue	• dem Neuen	• des Neuen
	feminin	• eine Neue	• eine Neue	• einer Neuen	• einer Neuen
		• die Neue	• die Neue	• der Neuen	• der Neuen
Plural		• – Neue	• – Neue	• – Neuen	• – Neuer
		• die Neuen	• die Neuen	• den Neuen	• der Neuen

Adjektive
Adjektiv als Nomen 4

B1 1 Nicht immer das Gleiche ... Ergänzen Sie. Hören Sie dann und vergleichen Sie.

a Warum kommst du so spät? Es ist doch immer das _Gleiche_ mit dir. — gleich
b Anna ist erst fünf Jahre alt? Ich dachte, die _____ wäre schon acht. — klein
c Weißt du was? Mein Bruder ist seit letzter Woche arbeitslos. Das _____ ist nur, dass seine Frau auch arbeitet und relativ viel verdient. — gut
d Sabine heiratet? Wer ist denn der _____ ? — glücklich
e Rosa hat endlich einen Freund. Das _____ ist nur, dass der Mann bald beruflich in eine andere Stadt zieht. — dumm

B1 2 Kurz notiert: Ordnen Sie zu und ergänzen Sie in der richtigen Form.

arbeitslos ~~berufstätig~~ deutsch jugendlich verletzt verwandt

A **Erfreulich!** Die Bundesagentur für Arbeit gibt bekannt: Immer mehr _Berufstätige_ , immer weniger _____ .

B **Sommerfest im Kindergarten Regenbogenland** am 18. Juli ab 15 Uhr. Freunde und _____ sind herzlich eingeladen!

C **Therme Aqua and Soul in Werding Neu:** An jedem ersten Sonntag im Monat freier Eintritt für Familien, Kinder und _____ bis 14 Jahre.

D **Achtung Eis und Schnee!** Durch den plötzlichen Wintereinbruch gab es auf Österreichs Straßen wieder viele Unfälle mit vielen _____ .

E **Interkultureller Stammtisch in der Versöhnungskirche Milbertshausen:** Jeden Donnerstag (19:30 – 21 Uhr) für _____ und Bürger mit nicht-deutschem Pass. Alle sind herzlich eingeladen.

B1 3 Wer ist das? Ein Silbenrätsel: Bilden Sie Partizipien, ordnen Sie zu und ergänzen Sie in der richtigen Form.

~~an~~ be be ~~ge~~ kannt fort ken ~~stellt~~ ge trun schrit ver wandt ten

a Ich arbeite in einem Supermarkt. Ich bin •_Angestellter_ / •_Angestellte_ .
b Ich kenne Carsten und Vera, aber sie sind keine guten Freunde von mir, sondern Carsten ist ein _____ ♂ und Vera ist eine _____ ♀.
c Ich habe sehr viele Tanten, Onkel, Cousinen und Cousins, aber Christoph ist mein Lieblings-_____ ♂ und Tina meine Lieblings-_____ ♀.
d Jemand, der zu viel Alkohol getrunken hat und nicht mehr gerade gehen kann, ist ein _____ ♂/eine _____ ♀.
e Der Kurs B1 ist nicht für Anfänger geeignet, sondern nur für einen _____ ♂ oder eine _____ ♀.

Test 4

1 Puh, was für ein Pech! Ergänzen Sie die Adjektive in der richtigen Form. (S. 40)

a Gestern hatte ich wirklich einen _schlechten_ Tag. (schlecht)
b Ich musste in einem _____ Badezimmer duschen. (kalt)
c Auf dem Weg zur Arbeit bin ich in eine _____ U-Bahn gestiegen. (falsch)
d Natürlich bin ich zu spät zu einem _____ Termin gekommen. (wichtig)
e Meine Kollegin hat mir einen _____ Blick zugeworfen. (unfreundlich)
f Auf dem Weg nach Hause habe ich dich mit deiner _____, _____ Freundin gesehen. (neu, unsympathisch)
g Aber meine Mutter sagt: „Was auch passiert, setz eine _____ Brille auf und lach." (rosa)

/ 7 PUNKTE

2 Eine Karte aus dem Urlaub: Welche Lösung (a, b oder c) passt am besten? Kreuzen Sie an. (S. 42)

> 0 Stanley,
> ich bin wieder in Deutschland! Viele Grüße aus der 1 Stadt Bad Münstereifel. „Bad" heißen in Deutschland alle Kurorte. Die besonders 2 Luft oder das besonders 3 Wasser dort hilft bei Krankheiten. Wusstest Du das? Heute ist das Wetter 4. Zum Glück, denn bei dem 5 Regen in den 6 Tagen konnte ich wenig unternehmen. Erst heute habe ich mir die sehr, sehr 7 Häuser aus dem Mittelalter angesehen. Die Altstadt ist wirklich 8. Die 9 Leute aus der Reisegruppe sind sehr nett. Nur mit dem 10 Essen habe ich immer noch ein Problem. Es schmeckt mir nicht so gut.
> Viele Grüße, auch an die anderen aus unserem Deutschkurs,
> Dein Yafet

	a	b	c
0	○ Liebe	☒ Lieber	○ Liebes
1	○ schön	○ schöne	○ schönen
2	○ sauber	○ saubere	○ sauberer
3	○ klare	○ klares	○ klaren
4	○ sonniges	○ sonnig	○ sonnigen
5	○ pausenloser	○ pausenlosem	○ pausenlosen
6	○ letzten	○ letzte	○ letzter
7	○ alt	○ alte	○ alten
8	○ wunderschöne	○ wunderschöner	○ wunderschön
9	○ andere	○ anderen	○ anderes
10	○ deutschen	○ deutsches	○ deutsch

/ 10 PUNKTE

3 Sie haben in Ihrer Wohnung aufgeräumt und möchten einige Sachen verkaufen. (S. 44)
Schreiben Sie auf Seite 53 Zettel für das Schwarze Brett im Supermarkt.

a Wohnzimmertisch (klein) mit Beistelltisch aus Holz (gleich), nur 30 Euro
b Schreibtischstuhl (neu) und Schreibtischlampe (hell) für 25 Euro
c Katzen (süß) mit Tragetasche (passend) an Kinder (klein) zu verschenken
d Abzugeben: Kostüm (teuer, modern) mit Flecken (klein)
e Verkaufe: 30 Weingläser (schön) und 10 Flaschen Wein (gut), Preis 300 Euro

Adjektive
Kapitel 4.01 – 4.06

a _Kleiner Wohnzimmertisch mit Beistelltisch aus gleichem Holz, nur 30 Euro._
b _____
c _____
d _____
e _____

/ 8 PUNKTE

S. 46 **4** *viel, mehr, am meisten:* **Ergänzen Sie.**

a Meine Schwester isst immer _mehr_ als ich. (viel)
b Am _____ esse ich Kartoffelchips. (gern)
c Mama sagt, Äpfel sind viel _____ als Schokolade. Leider. (gesund)
d Meine Oma ist so _____ wie deine, über 80 Jahre! (alt)
e Der Baum in unserem Garten ist aber _____ als der in eurem Garten. (hoch)
f Ich bin genauso _____ wie du. (groß)
g Mein Vater kocht aber _____ als deiner. (gut)

/ 6 PUNKTE

S. 48 **5 Eine Führung in der Bibliothek: Ergänzen Sie in der richtigen Form.**

Hier direkt am Eingang können Sie die _bestellten_ Bücher   (bestellt-)
abholen und die _____ zurückgeben.   (gelesen-)
Mäntel und _____ Taschen geben Sie bitte an der   (mitgebracht-)
Garderobe ab.
Wegen der _____ Besucher und _____ (lesend-, lernend-)
Schüler müssen Sie hier leise sein. An den _____ (bereitgestellt-)
Schreibtischen können Sie arbeiten, bis die Bibliothek schließt.
Hallo! Hallo, Sie da! _____ und _____ (essend-, trinkend-)
Besucher sehen wir hier nicht gern.

/ 7 PUNKTE

S. 50 **6 Ordnen Sie zu und ergänzen Sie in der richtigen Form.**

erwachsen ~~richtig~~ verwandt reisend verletzt

a Petra hat fünf _Richtige_ im Lotto.
b Viele _____ spielen zu wenig mit ihren Kindern.
c An Geburtstagen gibt es die meisten Geschenke von den _____
d Der _____ wartete über 30 Minuten auf den Krankenwagen.
e Der Dieb trägt den Koffer des _____ davon.

/ 4 PUNKTE

/ 42 PUNKTE

Vergleichen Sie nun Ihre Lösungen mit dem Schlüssel auf Seite 193.

5.01 Was **machst du** heute Abend noch?

Hallo, ich bin Holger. Was machst du heute Abend noch?

Sprechen Sie mit mir?

Das Präsens *(ich bin, du machst, Sie sprechen ...)* hat folgende Bedeutungen:	
jetzt	Holger sitzt in der Kneipe und trinkt ein Bier.
bis heute	Holger wohnt schon 40 Jahre in Duisburg.
Das ist immer gültig.	Duisburg ist eine Stadt in Deutschland.
Zukunft	Holger geht heute Abend allein nach Hause.

→ Futur, Seite 68

Regelmäßige Verben

	„normale" Verben kommen	Verben mit -d/-t arbeiten	Verben mit -s/-ß heißen	Verben auf -ern/-eln klettern	sammeln
ich	komm**e**	arbeit**e**	heiß**e**	klettere	sammle
du	komm**st**	arbeit**est**	hei**ßt**	kletter**st**	sammel**st**
er/es/sie	komm**t**	arbeit**et**	heiß**t**	kletter**t**	sammel**t**
wir	komm**en**	arbeit**en**	heiß**en**	kletter**n**	sammel**n**
ihr	komm**t**	arbeit**et**	heiß**t**	kletter**t**	sammel**t**
sie/Sie	komm**en**	arbeit**en**	heiß**en**	kletter**n**	sammel**n**

Verben mit Vokalwechsel

	e → ie sehen	e → i helfen	a → ä fahren
ich	seh**e**	helf**e**	fahr**e**
du	sieh**st**	hilf**st**	fähr**st**
er/es/sie	sieh**t**	hilf**t**	fähr**t**
wir	seh**en**	helf**en**	fahr**en**
ihr	seh**t**	helf**t**	fahr**t**
sie/Sie	seh**en**	helf**en**	fahr**en**

Besondere Verben

	sein	haben	werden
ich	bin	hab**e**	werd**e**
du	bist	hast	wirst
er/es/sie	ist	hat	wird
wir	sind	hab**en**	werd**en**
ihr	seid	habt	werdet
sie/Sie	sind	hab**en**	werd**en**

auch so: e → ie: empfehlen, lesen, ...
e → i: sprechen, treffen, ...
a → ä: schlafen, schlagen, ...

→ Liste der unregelmäßigen Verben, ab Seite 178

Verben
Gegenwart: Präsens 5

A1 **1 Kurze Informationen: Was ist richtig? Kreuzen Sie an.**

a Er ○ heißen ○ heiße ☒ heißt Ricardo Yañez.
b Sie ○ sind ○ seid ○ bist aus China.
c Ich ○ studierst ○ studiere ○ studiert in Hamburg.
d Wir ○ leben ○ lebt ○ lebst seit drei Jahren in Madrid.
e Ihr ○ arbeitet ○ arbeiten ○ arbeitest in Dresden.
f Du ○ habe ○ hast ○ habt zwei Kinder.
g Sie ○ spricht ○ sprichst ○ spreche schon gut Deutsch.

A1 **2 *haben oder sein*? Das ist hier die Frage. Ergänzen Sie in der richtigen Form.**

a ◆ _____ du schon lange hier? ○ Nein, ich _____ erst seit 5 Minuten hier.
b ◆ _____ du Geschwister? ○ Ja, ich _____ drei Brüder.
c ◆ Was _____ er von Beruf? ○ Er _____ Programmierer.
d ◆ _____ ihr morgen im Büro? ○ Nein, wir _____ morgen nicht da.
e ◆ _____ Sie heute Abend zu Hause? ○ Ja, heute Abend _____ ich zu Hause.
f ◆ _____ Frau Wotan Kinder? ○ Nein, sie _____ keine Kinder.
g ◆ Wo _____ Tom und Pia ihr Büro? ○ Sie _____ ihr Büro im zweiten Stock.
h ◆ _____ das Auto alt? ○ Ja, es _____ schon 15 Jahre alt.

A1 **3 Interview: Was machen Sie in Ihrer Freizeit?**
a Welche Verben können einen Vokalwechsel haben? Markieren Sie.

A Christian P., 24: In meiner Freizeit? Da sehe ich gern fern. Und ich schlafe morgens lange. Unter der Woche muss ich immer so früh aufstehen.

C Rena V., 44: Ich arbeite viel und habe wenig Freizeit. Abends nehme ich dann oft ein heißes Bad. Das ist wunderbar!

B Robert A., 54: Ich arbeite viel und habe keine Familie. Also treffe ich in meiner Freizeit oft meine Freunde. Ich helfe auch gern anderen Menschen. Neben mir wohnt eine alte Frau. Für sie gehe ich oft einkaufen.

D Stefan K., 34: Leider habe ich nicht so viel Zeit. Aber am Wochenende koche ich gern und oft. Ich esse nämlich sehr gern.

b Machen Sie eine Tabelle mit den markierten Verben.

	ich	du	er/sie
sehen	sehe	siehst	sieht

A1 **4 Sonntagnachmittag um vier: Was machen die Leute?**
🔊 Schreiben Sie Sätze. Hören Sie dann und sprechen Sie nach.

a Peter – schlafen – vor dem Fernseher
b Herr Zimmer – Zeitung – lesen – auf der Terrasse
c Rosalie – einen Brief – schreiben – an ihre Tante
d Tim – seine Freunde – treffen – in der Stadt
e Frau Zimmer – eine Tasse Tee – trinken

a Peter schläft vor dem Fernseher.

5.02 Der Zug **kommt an**.

Lovestory oder Kurzes Glück

Um 15 Uhr kommt der Zug an.

Herr Meier steigt aus. Frau Herzl holt ihn ab.

Um 18 Uhr kommen sie zum Bahnhof zurück.

Herr Meier steigt ein. Der Zug fährt ab.

Viele Verben haben eine Vorsilbe, z. B. *an-, aus-, ab-, zurück-, ein-, be-*.
Viele Vorsilben sind trennbar: an|kommen   Einige Vorsilben sind nicht trennbar: bekommen
Um 15 Uhr kommt der Zug an.   Frau Herzl bekommt Besuch.

---

kommen
ankommen
bekommen
herkommen
mitkommen
zurückkommen

A Trennbare Vorsilben

ab-	ab|fahren	hin-	hin|fahren	vorbei-	vorbei|fahren
an-	an|kommen	los-	los|fahren	weg-	weg|fahren
auf-	auf|stehen	mit-	mit|bringen	weiter-	weiter|fahren
aus-	aus|steigen	nach-	nach|denken	zu-	zu|machen
ein-	ein|steigen	um-	um|steigen	zurück-	zurück|kommen
her-	her|kommen	vor-	vor|ziehen	zusammen-	zusammen|packen

→ Partizip Perfekt, Seite 62

B Nicht trennbare Vorsilben

be-	besuchen	er-	erzählen	ver-	verstehen
ent-	entscheiden	ge-	gefallen	zer-	zerstören

Verben mit nicht trennbaren Vorsilben haben oft eine völlig andere Bedeutung als die gleichen Verben ohne Vorsilbe: *verstehen* hat nichts mit *stehen* zu tun.

Wortstellung

		Position 2		Ende			Position 2		Ende
Präsens	Er	steigt	um 12 Uhr	aus.	Sie	bekommt	ein Geschenk.	
	Er	kann	im Zug	nachdenken.	Sie	kann	sich alles	erzählen.
Perfekt	Jetzt	ist	er leider	weggefahren.	Er	hat	Frau Herzl oft	besucht.

→ Wortstellung, ab Seite 138

Verben
Trennbare / nicht trennbare Verben 5

A1 1 Brief an eine Freundin

a Markieren Sie die trennbaren Verben und die nicht trennbaren Verben.

Liebe Lina,
seit drei Wochen bin ich jetzt schon in London und es gefällt mir total gut hier! Meine Au-pair-Familie ist sehr nett und ich muss nicht so viel arbeiten :-). Also: Um halb sieben stehe ich auf und mache das Frühstück. Dann räume ich die Wohnung auf. Dreimal pro Woche besuche ich einen Sprachkurs. Der macht echt Spaß! Um 16 Uhr hole ich die Kinder von der Schule ab und wir sprechen über die Hausaufgaben. Das ist immer lustig, denn ich verstehe nicht alles und die Kinder müssen mir viel erklären. Abends habe ich frei. Manchmal gehe ich dann mit ein paar Freundinnen weg oder sehe fern. Und wie geht es Dir? Schreib mir bald und vergiss mich nicht! Deine Bine

b Machen Sie eine Tabelle.

trennbare Verben	nicht trennbare Verben	Infinitiv
	gefällt	gefallen
stehe ... auf		aufstehen

A1 2 Wo sind denn alle? Ergänzen Sie.

◆ Wie _sieht_ es denn hier _aus_? Wo sind denn alle? (aussehen)
○ Herr Meier ist am Flughafen. Er _____ Herrn León _____.
   Das Flugzeug _____ um 11 Uhr 15 _____. (abholen, ankommen)
◆ Aha, und Frau Röttger?
○ Sie _____ gerade im Supermarkt _____. Wir haben keine Milch und keinen Kaffee mehr. (einkaufen)
◆ Was? Jetzt? Und Frau Knopp?
○ Sie zeigt dem neuen Praktikanten die Firma. Der _____ doch heute _____. (anfangen)
◆ Stimmt, das habe ich ja völlig vergessen. Wissen Sie was, Frau Berger? Ich gehe jetzt zum Essen.
   _____ Sie _____ ? Ich _____ Sie _____. (mitkommen, einladen)

A2 3 Trennbar oder nicht? Ergänzen Sie in der richtigen Form.
🔊 Hören Sie dann und vergleichen Sie.

a anrufen   ○ _Ruf_ bitte Herrn Müller _an_.
             ◆ Schon wieder? Ich habe ihn doch schon zweimal _____.
b erklären   ○ Frau Walter, bitte _____ Sie mir noch mal die trennbaren Verben _____.
             ◆ Ach, Rita, die habe ich doch schon so oft _____.
c wegfahren ○ _____ ihr im Sommer auch wieder _____?
             ◆ Nein, wir sind dieses Jahr schon im Winter _____.
d beginnen   ○ Wann _____ denn der Film _____?
             ◆ Der hat schon vor einer halben Stunde _____.

B1 4 Ordnen Sie die Vorsilbe zu.   an hin her mit

a Ich gehe einkaufen. Kommst du _____?
b Du gehst auch zu Petras Party? Und wie kommst du da _____?
c Weißt du, wann Hannes am Bahnhof _____ kommt?
d Georg, kannst du mal bitte _____ kommen? Ich möchte dich etwas fragen.

5.03 Und er **hat** es **geglaubt**.

Und er hat es geglaubt.

Fliegen ist ganz einfach, hat sie gesagt.

Mit dem Perfekt (hat gesagt, hat geglaubt) sagt man, was in der Vergangenheit passiert ist.

Vergangenheit: gestern, letzte Woche, …	Sie hat gesagt, Fliegen ist ganz einfach. sie hat gesagt = **Perfekt** von *sagen*

So bildet man das Perfekt mit *haben* (hat gesagt):

	haben +	Partizip Perfekt
ich	habe	
du	hast	
er/es/sie	hat	**ge**macht, **ge**frühstückt,
wir	haben	**ge**trunk**en**, **ge**gess**en**, …
ihr	habt	
sie/Sie	haben	

Infinitiv → Partizip Perfekt	Formen	Beispiel	auch so
machen → **ge**mach**t**	ge-…-(e)t	Was hast du **ge**mach**t**?	**Regelmäßige Verben:** arbeiten → **ge**arbeite**t** fragen → **ge**frag**t**
nehmen → **ge**nomm**en**	ge-…-en	Warum hast du nicht den Bus **ge**nomm**en**?	**Unregelmäßige Verben:** helfen → **ge**h**o**lfen schreiben → **ge**schr**ie**ben
denken → **ge**dach**t**	ge-…-t	Was hast du dir dabei **ge**dach**t**?	**Mischverben:** bringen → **ge**brach**t** kennen → **ge**kann**t** brennen → **ge**brann**t** wissen → **ge**wuss**t**

Lernen Sie die unregelmäßigen Verben, die Sie oft brauchen. Eine Übersicht finden Sie ab Seite 178.

Wortstellung

	Position 2		Ende
Er	hat	es	geglaubt.

→ Wortstellung, ab Seite 138

Verben
Vergangenheit: Perfekt (1)   5

1 Regelmäßige Verben: Ergänzen Sie die Perfektform mündlich oder schriftlich.

a kaufen → ich _habe gekauft_
b hören → ich _____
c warten → ich _____
d lachen → ich _____
e tanzen → ich _____
f wohnen → ich _____

2 Ich will aber nicht! Schreiben Sie Sätze im Perfekt.

a ◆ _Hast du schon deine Hände gewaschen_ ? ○ Ich will meine Hände nicht waschen!
b ◆ _____ ? ○ Ich will nicht frühstücken!
c ◆ _____ ? ○ Ich will meinen Tee nicht trinken!
d ◆ _____ ? ○ Ich will Tante Lisa nicht schreiben!
e ◆ _____ ? ○ Ich will meine Hausaufgaben nicht machen!

3 Alles Perfekt! Was passt? Verbinden Sie und ergänzen Sie.

a ◆ Was sprichst du besser? Spanisch oder Englisch?
b ◆ Ich muss Frau Maier vor dem Urlaub noch unseren Schlüssel bringen.
c ◆ Sagt mal, wisst ihr eigentlich: Oli und Suse heiraten morgen.
d ◆ So, dieses Spiel will ich gewinnen!

○ Was? Die heiraten morgen? Nein, das haben wir nicht _____.
○ Früher habe ich mal sehr gut Spanisch _____. Aber ich denke, heute spreche ich besser Englisch.
○ Dieses Spiel? Du hast doch schon die ganze Zeit _____.
○ Das musst du nicht. Den habe ich ihr gestern schon _____.

4 Post aus dem Urlaub

a Ergänzen Sie die Perfektformen. Hören Sie dann und vergleichen Sie.

Liebe Stefanie,
morgen ist unser super Sommerurlaub leider schon vorbei. Aber die 14 Tage hier auf Gran Canaria waren wirklich toll. In der ersten Woche _____ wir ein Auto _____ (mieten) (1). Damit _____ wir ein paar schöne Ausflüge _____ (machen) (2). Ich _____ gar nicht _____ (wissen) (3), dass die Insel so schön ist. Wir _____ fast ganz Gran Canaria _____ (sehen) (4). In den zwei Wochen _____ Martin und ich auch sehr nette Leute _____ (treffen) (5). Mit ihnen _____ wir am Strand oft Volleyball _____ (spielen) (6) oder wir _____ abends noch zusammen draußen _____ (sitzen) (7). Und das Essen ist hier auch so lecker. Ich _____ die ganze Zeit nur _____ (essen) (8). Und weißt Du was? Ich _____ fünf Bücher _____ (lesen) (9). Super, oder? Am schönsten ist aber: Ich _____ keine Minute an die Arbeit _____ (denken) (10)!!! Ich hoffe, dass Ihr auch so schöne Ferien hattet. Ganz liebe Grüße und bis bald! Deine Anne

b Schreiben Sie eine Tabelle mit den Verben aus dem Brief. Ist das Verb regelmäßig, unregelmäßig oder ist es ein Mischverb? Kreuzen Sie an.

	Infinitiv	Präsens	Perfekt	regelmäßig	unregelmäßig	Mischverb
1	mieten	er mietet	hat gemietet	x		

5.04 Wer **ist** über das Bett **gelaufen**?

Wer hat den Fisch gegessen?
Wer hat die Milch getrunken?

Wer ist über das Bett gelaufen? Hä?

Schneewittchen vielleicht?

So bildet man das Perfekt mit *sein* (ist gelaufen):

	sein +	Partizip Perfekt
ich	bin	
du	bist	
er/es/sie	ist	ge**rann**t, ge**fahr**en,
wir	sind	ge**lauf**en, ge**blieb**en ...
ihr	seid	
Sie/sie	sind	

Wann verwendet man das Perfekt mit *haben*, wann mit *sein*?

A Perfekt mit *sein*

Ortswechsel A → B	Wer ist über das Bett gelaufen?	fahren → gefahren fliegen → geflogen gehen → gegangen kommen → gekommen ...
Zustandswechsel	Sie ist gerade erst eingeschlafen.	aufwachen → aufgewacht aufstehen → aufgestanden aussteigen → ausgestiegen ...
andere Verben	Wie ist denn das passiert?	sein → gewesen bleiben → geblieben werden → geworden geschehen → geschehen passieren → passiert sterben → gestorben gelingen → gelungen

B Perfekt mit *haben*

die meisten Verben	Die Katze hat den Fisch gegessen.
alle reflexiven Verben (Verben mit *sich*)	Die Katze hat sich versteckt.

→ Liste der unregelmäßigen Verben, ab Seite 178
→ Perfekt (3), Seite 62

Verben
Vergangenheit: Perfekt (2) 5

1 Fragenpuzzle: Schreiben Sie Sätze. Hören Sie dann und vergleichen Sie.

a ◆ _____ ?
(Wann – du – gestern Abend – nach Hause – kommen)
○ Erst sehr spät. _____ (Ich – zu Fuß – gehen)
_____ (Der Bus – nicht mehr – fahren)

b ○ Warum _____ ?
(Ralf – so früh aus dem Urlaub – zurückkommen)
◆ _____ .
(er – krank werden – und zurückfliegen)

c ○ _____ ?
(ihr – mit dem Auto nach Portugal – fahren)
◆ Nein, _____ (wir – fliegen) Mit dem Auto dauert das zu lange.

2 Morgens im Büro: Ergänzen Sie: haben oder sein und das Partizip Perfekt.

Lydia: Guten Morgen, Vera, na, _habt_ ihr gestern noch lange _gearbeitet_ ? (arbeiten)

Vera: Ja leider, bis 12 Uhr nachts! Aber wir _____ mit allem fertig _____. (werden)

Lydia: Echt? Super! Ich war gestern noch im Kino. Robert _____ mich _____. Danach _____ wir noch in die WunderBar _____. War total nett. ☺ Du, gehen wir heute zusammen Mittagessen? (einladen, gehen)

Vera: Ich _____ vorhin mit Sven _____.
Wir treffen uns um 12 im Café Savigny. Kommst du mit? (sprechen)

Lydia: Au ja, im Savigny _____ ich schon mal _____.
Mmmmh! Holst du mich ab? (essen)

Vera: Ok. Bis später. ☺

3 Eine Reise nach Istanbul: Ordnen Sie zu und ergänzen Sie haben oder sein und das Verb in der richtigen Form.

~~nehmen~~ frühstücken kaufen abfahren einsteigen bringen
gehen sehen schlafen spielen lesen ankommen

Wir _haben_ ein Taxi _genommen_ (a). Das Taxi _____ uns zum Bahnhof _____ (b).
Dort _____ wir uns ein paar Zeitschriften _____ (c). Dann _____ wir in den Zug _____ (d). Um 5:30 Uhr _____ der Zug _____ (e).
Im Speisewagen _____ wir _____ (f). Den ganzen Tag _____ wir Karten _____ (g), aus dem Fenster _____ (h) oder Zeitung _____ (i). In den Zugbetten _____ wir schlecht _____ (j).
Aber wir _____ gut in Istanbul _____ (k). Und am Morgen _____ wir gleich zur Hagia Sophia _____ (l).

5.05 Er **hat** schrecklich **ausgesehen**.

Dann ist ein Vampir gekommen. Er hat schrecklich ausgesehen.

Oh! Und wie haben Sie reagiert?

Ich habe ganz fest die Augen zugemacht.

Und das hat geholfen?

Nein!

So bildet man das Partizip Perfekt der trennbaren Verben, der nicht trennbaren Verben und der Verben auf -ieren:

Infinitiv → Partizip Perfekt	Formen	Beispiel
zu✂machen → zu**ge**mach**t** aus✂sehen → aus**ge**seh**en**	**Trennbare Verben** regelmäßig: Vorsilbe + **ge**-...-(e)t unregelmäßig: Vorsilbe + **ge**-...-en	Ich habe ganz fest die Augen zugemacht. Er hat schrecklich ausgesehen.
begegnen → begegne**t** erschrecken → erschrock**en**	**Nicht trennbare Verben:** regelmäßig: Vorsilbe + ...-t unregelmäßig: Vorsilbe + ...-en	Sie ist einem Vampir begegnet. Der Mann ist erschrocken.
reagieren → reagier**t**	**Verben auf -ieren:** ...-t	Wie haben Sie reagiert?

→ Trennbare/nicht trennbare Verben, Seite 56
→ Liste der unregelmäßigen Verben, ab Seite 178

⚠ Verben auf *-ieren* bilden das Perfekt immer mit *haben*:
telefonieren: Ich **habe** gestern mit meinem Vater telefoniert.
Es gibt eine Ausnahme: passieren: Das **ist** letzte Woche passiert.

Notieren Sie die Verbformen mit Varianten und Beispielen. Die Grundform des Partizips bleibt auch bei den Varianten gleich:

suchen — ge<u>such</u>t   Ich habe meinen Hund gesucht.
versuchen — ver<u>such</u>t   Nein, das habe ich noch nie versucht.
untersuchen — unter<u>such</u>t   Der Arzt hat mich sehr lange untersucht.

Verben
Vergangenheit: Perfekt (3) 5

1 Trennbar oder nicht trennbar?
Kreuzen Sie an und ergänzen Sie das Partizip Perfekt.

	trennbar	nicht trennbar	Partizip Perfekt
a mitbringen	☒	○	hat mitgebracht
b bestehen	○	○	
c umsteigen	○	○	
d aufschreiben	○	○	
e gehören	○	○	
f erreichen	○	○	
g anfangen	○	○	
h stattfinden	○	○	
i verlieren	○	○	
j entschuldigen	○	○	

2 Tschüs, Mama! Ergänzen Sie das Verb im Partizip Perfekt.
Hören Sie dann und sprechen Sie nach.

a ◆ Räum bitte noch dein Zimmer auf. ○ Das habe ich doch schon aufgeräumt.
b ◆ Kaufst du bitte noch ein? ○ Ich habe doch schon _____
c ◆ Bringst du bitte noch den Müll weg? ○ Ich habe ihn schon _____
d ◆ Und mach die Musik aus, wenn du gehst. ○ Mama, die habe ich schon _____
e ◆ Zieh dich warm an. Heute Abend wird es kalt. ○ Schau mich an, ich habe mich doch warm _____.
f ◆ Na, dann. Verpass den Bus nicht! ○ Den habe ich gerade _____

3 Kurze Gespräche: Bilden Sie Verben, ordnen Sie zu und ergänzen Sie in der richtigen Form.

ab ~~an~~ mit an ein
bringen ziehen stellen fallen ~~rufen~~

a ◆ Hat Herr Klöbner von Techno Consult schon angerufen?
○ Ja, vor ein paar Minuten. Sie sollen ihn bitte gleich zurückrufen.
b ◆ Hallo Oma, hast du mir was _____?
○ Ja, mein Schatz. Schau mal in meine Tasche. Da ist etwas für dich drin.
c ◆ Mensch, Catarina, du hast dich ja immer noch nicht _____. Jetzt beeil dich mal.
○ Aber ich finde meine Jacke nicht! Weißt du, wo sie ist?
d ◆ Du siehst aber müde aus. Bist du zu spät ins Bett gegangen?
○ Nein, aber mir sind heute Nacht so viele wichtige Sachen _____. Da konnte ich nicht mehr schlafen.
e ◆ Jetzt ist es so schön warm. Ich glaube, wir brauchen die Heizung nicht mehr.
○ Ja, ich habe sie auch schon _____.

5.06 Da **kam** der Frosch in ihr Schlafzimmer.

Da kam der Frosch in ihr Schlafzimmer. Sie nahm den Frosch und sagte ...

Nichts hat sie gesagt! Sie hat mich einfach an die Wand geworfen!

Mit dem Präteritum *(sagte, kam)* und dem Perfekt *(hat gesagt, ist gekommen)* sagt man, was in der Vergangenheit passiert ist.

Gegenwart	Vergangenheit	
Präsens	Präteritum	Perfekt
Sie nimmt den Frosch und sagt ...	Sie nahm den Frosch und sagte ...	Sie hat den Frosch genommen und gesagt ...

Wann verwendet man eher das Perfekt, wann das Präteritum?

Das Perfekt
- hört man oft in Gesprächen
- liest man oft in einem persönlichen Brief

Das Präteritum
- hört man oft in Nachrichten
- liest man oft in der Zeitung, in Büchern, in Biografien, in Geschichten
- hört man in der gesprochenen Sprache oft bei den Verben:
  sein (war), haben (hatte), werden (wurde), wollen (wollte), sollen (sollte), müssen (musste), dürfen (durfte), können (konnte)

Formen Präteritum

	Typ 1 regelmäßig		Typ 2 unregelmäßig		Mischverben	Besondere Verben		
	lachen	arbeiten	kommen	gehen	denken	sein	haben	werden
ich	lachte	arbeitete	kam	ging	dachte	war	hatte	wurde
du	lachtest	arbeitetest	kamst	gingst	dachtest	warst	hattest	wurdest
er/es/sie	lachte	arbeitete	kam	ging	dachte	war	hatte	wurde
wir	lachten	arbeiteten	kamen	gingen	dachten	waren	hatten	wurden
ihr	lachtet	arbeitetet	kamt	gingt	dachtet	wart	hattet	wurdet
sie/Sie	lachten	arbeiteten	kamen	gingen	dachten	waren	hatten	wurden

⚠️ Die Verben auf *-ieren* sind immer regelmäßig (Typ 1):
telefonieren → er telefonier**te**, probieren → er probier**te**

Wortstellung

	Position 2	
Die Prinzessin	nahm	den Frosch in die Hand.

→ Wortstellung, ab Seite 138

Verben
Vergangenheit: Präteritum **5**

1 Leben im Ausland – Nina (20) erzählt: Ergänzen Sie *haben* oder *sein* im Präteritum.

– Nina, du _____ (a) viele Jahre in Venezuela. Warum?
Meine Eltern _____ (b) sechs Jahre in Caracas als Lehrer an der Deutschen Schule.
Und wir Kinder _____ (c) natürlich dabei.
– Toll. Erzähl mal: Wie _____ (d) das für dich und deine Geschwister? _____ (e) das immer nur schön oder _____ (f) ihr vielleicht auch mal Schwierigkeiten?
Na ja, vor allem in den ersten Wochen _____ (g) ich oft sehr traurig und ich _____ (h) auch Angst. Meine Freundinnen _____ (i) ja alle in Deutschland.
Aber später _____ (j) es für meine Geschwister und mich toll. Das Wetter, die Menschen, die Musik. Dann _____ (k) wir ja auch Freunde und die Schule hat auch mehr Spaß gemacht.
– Und _____ (l) du Probleme mit der Sprache? Ihr _____ (m) ja auf der Deutschen Schule.
_____ (n) ihr da auch Spanischunterricht?
Ja, natürlich. Also, die Sprache haben wir alle schnell gelernt. In der Schule und mit Freunden.
Nach einem Jahr _____ (o) das kein Problem mehr.

2 Neuanfang

a Lesen Sie den Text und markieren Sie alle Präteritum-Formen.

Mit Mitte 50 kündigte Heiner K. (67) seinen gut bezahlten Job und fing noch einmal von vorne an – als Landwirt.
Meine Frau und ich waren schon 58, als wir uns den Bauernhof kauften. Aber wir wollten noch mal was Neues erleben. Unser Leben bestand vorher nur aus Stress. Oft dachte ich: Wie schön wäre es, auf dem Land mit vielen Tieren zu leben. Zwei Jahre dauerte die Suche. Dann fanden wir unseren Traum-Hof. Es war Liebe auf den ersten Blick und wir entschieden uns sofort, ihn zu kaufen.

b Machen Sie eine Tabelle mit den Präteritum-Formen aus dem Text. Ist das Verb regelmäßig, unregelmäßig oder ist es ein Mischverb? Ordnen Sie zu.

Infinitiv	regelmäßig	unregelmäßig	Mischverb
kündigen	er kündigte		
anfangen		er fing an	
...			

3 Mini-Krimi: Markieren Sie das Verb und ergänzen Sie die Präteritum-Form.
Hören Sie dann und vergleichen Sie.

Frau Reinhard sitzt abends im Wohnzimmer und sieht fern. Um 22 Uhr 30 wird sie müde und beschließt, ins Bett zu gehen. Sie putzt sich die Zähne. Dann legt sie sich ins Bett. Sie macht das Licht aus. Plötzlich hört sie leise Schritte. Sie hat große Angst. Sie denkt: „Ein Einbrecher!" Auf einmal landet etwas Schweres neben ihr. Sie schreit laut. Dann bemerkt sie ein leises Schnurren! Es ist nur die Katze ihres Nachbarn ...

saß (1) _____ (2) _____ (3) _____ (4) _____ (5)
_____ (6) _____ (7) _____ (8) _____ (9) _____ (10)
_____ (11) _____ (12) _____ (13) _____ (14)

5.07 So **hatte** ich das aber nicht **gemeint**.

Ich sollte den Kuchen doch probieren.

So hatte ich das aber nicht gemeint.

Das Plusquamperfekt *(hatte gemeint)* verwendet man, wenn etwas vor einem anderen Ereignis in der Vergangenheit passiert ist.

Präteritum oder Perfekt Das ist passiert:	Plusquamperfekt Das war zuerst/vorher:
Sie suchte den Kuchen.	Aber er hatte ihn aufgegessen.
Abends entschuldigte er sich.	Sie war den ganzen Tag sehr wütend auf ihn gewesen.
zum Vergleich: Präsens	Perfekt oder Präteritum
Sie sucht den Kuchen.	Er hat ihn aufgegessen. / Er aß ihn auf.

→ Plusquamperfekt bei *nachdem*, *bevor* und *als*: Temporalsatz, Seite 152

Formen

	hatte +	Partizip Perfekt	war +	Partizip Perfekt
ich	hatte		war	
du	hattest	gemacht	warst	gefahren
er/es/sie	hatte	gearbeitet	war	gelaufen
wir	hatten	getrunken	waren	geflogen
ihr	hattet	gegessen	wart	…
sie/Sie	hatten	…	waren	

→ Perfekt und Partizip Perfekt, Seite 58–60

Wortstellung

	Position 2		Ende
Er	hatte	den Kuchen	aufgegessen.
Sie	war	den ganzen Tag wütend	gewesen.

→ Wortstellung, ab Seite 138

Verben
Vergangenheit: Plusquamperfekt 5

B1 1 Was war zuerst? Was war danach? Kreuzen Sie an.

	zuerst	danach
a Frau Heine hatte ihren Schlüssel auf der Straße verloren.	☒	○
Sie suchte ihn überall.	○	☒
b Anne musste zum Bankautomaten.	○	○
Sie hatte ihr gesamtes Bargeld in der Stadt ausgegeben.	○	○
c Willi hatte den ganzen Tag nichts gegessen.	○	○
Er hatte abends großen Hunger.	○	○
d Jens musste ein Taxi nehmen.	○	○
Er hatte den letzten Bus verpasst.	○	○

B1 2 Ein Kriminalfall. Ergänzen Sie im Plusquamperfekt.

Kriminalkommissar Brunner sah sich das Foto immer wieder an. Wer war nur diese Frau?
Er _____ sie schon einmal _____ (sehen) (a). Nur wo?
Er konnte sich einfach nicht daran erinnern. Plötzlich fiel es ihm wieder ein. Sie _____
vor zwei Jahren auf der Hochzeit seines besten Freundes _____ (sein) (b).
Er _____ sich sogar mit ihr _____ (unterhalten) (c), weil sie
gerade aus Australien _____ (zurückkommen) (d).
Sie _____ fünf Jahre zuvor wegen eines Mannes dorthin _____
(ziehen) (e), aber die Beziehung _____ nicht _____
(funktionieren) (f). Tja, und jetzt war sie verschwunden …

B1 3 „Super, Kathrin!" Wie hatte Kathrin sich auf die Prüfung vorbereitet? Schreiben Sie.

a im Unterricht besser aufpassen — *Sie hatte im Unterricht besser aufgepasst*.
b immer die Hausaufgaben machen — _____.
c mit ihrer Mutter Englisch üben — _____.
d vor der Prüfung englische Musik hören — _____.

B1 4 Schatz unterm Gebüsch. In welchem Tempus stehen die Verben? Markieren Sie.

Der 11-jährige Jan P. <u>machte</u> letzte Woche beim Spielen einen besonderen Fund. Schon von Weitem <u>hatte</u> er etwas im Gras <u>gesehen</u>, und als er näher kam, entdeckte er eine Handtasche. Er lief damit zu seinen Eltern. Sie öffneten die Tasche und fanden rund 7000 Euro und diverse Kreditkarten. Die Eltern riefen sofort die Polizei und die konnte dann auch die Besitzerin der Tasche finden. Es stellte sich heraus, dass sie Diabetikerin war und einen Zuckerschock gehabt hatte. Dabei ging ihre Handtasche verloren. Die Frau wusste hinterher nicht mehr, wo das gewesen war. Der Junge bekam 500 Euro Finderlohn. Happy End für beide.

machte: Präteritum
hatte … gesehen: Plusquamperfekt

B1 5 Perfekt oder Plusquamperfekt? Kreuzen Sie an?

a Er freute sich sehr. Denn er bekam noch zwei Karten für das Fußballspiel, obwohl man ihm schon Wochen vorher gesagt ○ hat, ☒ hatte, dass es keine mehr geben würde.
b Puh, gestern war ein langer Tag. Ich ○ habe ○ hatte 17 Stunden gearbeitet.
c Fast hätten wir das Flugzeug verpasst! Wir ○ sind ○ waren schon fast am Flughafen angekommen und erst da haben wir bemerkt, dass wir die Tickets vergessen ○ haben. ○ hatten.

67

5.08 Was **machst** du **morgen**? – Ich **werde** ans Meer **gehen**.

Was machst du morgen?

Ich werde ans Meer gehen.

Es gibt zwei Möglichkeiten, um Zukünftiges auszudrücken: Präsens + Zeitangabe oder Futur I.

A Präsens (+ Zeitangabe, z.B. *morgen, am Wochenende*)

Zukunft
(Das passiert sicher.)

Morgen schwimme ich im Meer.
Nächstes Jahr baue ich ein neues Schiff.

B Futur I

Vorhersage/Vermutung,
oft auch mit *wohl, vermutlich, wahrscheinlich, …*
Aufforderung
Versprechen
Vorsatz/Plan

In 20 Jahren werden wir bestimmt wieder zu Hause sein.
Wir werden heute wohl nicht im Restaurant essen.
Du wirst morgen endlich die Hütte putzen.
Ich werde dich nie verlassen.
Und morgen werde ich mal wieder Fisch kochen.

Formen

	werden	Infinitiv
ich	werde	
du	**wirst**	
er/es/sie	**wird**	essen, gehen, kommen, …
wir	werden	
ihr	werdet	
sie/Sie	werden	

→ *werden*, Seite 84

Wortstellung

	Position 2		Ende
Ich	werde	dich nie	verlassen.

→ Wortstellung, ab Seite 138

B1 **1 Alles klar? Ordnen Sie zu.**

Vorhersage: _____ /Vermutung: *A* /Vorsatz: _____ /Versprechen: _____ /Aufforderung: _____

A
Er wird wohl heute nicht mehr kommen.

B
Keine Sorge. Nächsten Monat werden Sie in Ihr Haus einziehen.

C
Lupo! Wirst du wohl sofort herkommen!

Verben
Zukunft: Präsens und Futur 5

D
Nur noch heute. Ab morgen werde ich ganz bestimmt weniger essen.

E
... und am Wochenende werden wir dann viel Sonnenschein haben mit Temperaturen bis 25 Grad.

B1 2 Bald 18: Gute Vorsätze! Kreuzen Sie an.

a Ich ○ wirst ○ werde von zu Hause ausziehen.
b Tim und Frida ○ werden ○ werde eine große Party machen.
c Linus ○ wird ○ wirst sich ein Auto kaufen.
d Sabine ○ wirst ○ wird einmal um die Welt reisen.
e Und du? Was ○ werdet ○ wirst du machen, wenn du 18 bist?

B1 3 Versprochen! Ergänzen Sie *werden* in der richtigen Form.

a Ich _werde_ immer an dich denken.
b Du _____ mir so fehlen.
c Ich _____ dir jeden Tag schreiben.
d Ich _____ dich jeden Abend anrufen.
e Wir _____ uns bald wiedersehen.
f _____ er mich auch nicht vergessen?

B1 4 Wettervorhersage: Schreiben Sie Sätze mit *werden*.

a Am Wochenende – die Temperaturen – bis auf 10 Grad – sinken
b In ganz Deutschland – es – regnen
c Am Wochenanfang – die Temperaturen – wieder auf 18 bis 20 Grad – steigen
d Die ganze Woche – die Sonne – scheinen

> a Am Wochenende werden die Temperaturen bis auf ...

B1 5 Wo ist denn nur Tanja?

Ordnen Sie zu und ergänzen Sie das Verb und *werden* in der richtigen Form.

~~stehen~~   kommen   sein   brauchen

a Sie _wird_ bestimmt im Stau _stehen_.
b Ihre Kinder _____ vielleicht wieder krank _____.
c Ihr Mann _____ wohl das Auto _____ und sie muss mit dem Bus kommen.
d Sollen wir sie mal anrufen? – Ach was, Tanja _____ bestimmt gleich _____ ... Schaut, da kommt sie schon.

B1 6 Letzte Warnung! Sonst ... Formen Sie den Imperativ um. Schreiben Sie die Sätze neu.
🔊 Hören Sie dann und sprechen Sie nach.

a Hör sofort auf damit! _Du wirst sofort damit aufhören_ !
b Fahren Sie hier weg. Sie _____ !
c Komm jetzt endlich her! Du _____ !
d Macht sofort die Musik leiser! Ihr _____ !

5.09 Ich **kann** nicht **warten**.

Kann ich bitte hier rein?

Sie können doch kurz warten, oder?

Nein! Ich kann nicht warten.

So. Jetzt können Sie rein.

Verwendung von *können*

Möglichkeit	Sie können doch kurz warten.
	Es wird schon hell. Ich kann nicht warten.
Fähigkeit	Vampire können nachts gut sehen.
	Sie können nachts nicht schlafen.
Erlaubnis	So, jetzt können Sie reingehen.
Verbot	Einen Moment noch. Sie können jetzt hier nicht reingehen.
Bitte	Können Sie bitte zur Seite gehen?
Höfliche Bitte	Könnten Sie (bitte) zur Seite gehen?
Vorschlag, oft mit *doch*	Sie können/könnten doch auch morgen hier weiterarbeiten.

	Präsens	Präteritum	Konjunktiv II
ich	kann	konnte	könnte
du	kannst	konntest	könntest
er/es/sie	kann	konnte	könnte
wir	können	konnten	könnten
ihr	könnt	konntet	könntet
sie/Sie	können	konnten	könnten

Wortstellung

Das Perfekt von *können (hat gekonnt/können)* wird selten benutzt. Besser und üblicher ist das Präteritum.
können wird oft auch ohne Infinitiv verwendet: Sie kann gut Deutsch (sprechen).

	Position 2		Ende
Sie	können	doch kurz	warten.
Sie	können	hier gleich rein.	

→ Wortstellung, ab Seite 138

A1 **1 Können Sie das? Kreuzen Sie an.**

a Du ☒ kannst ○ kann ○ könnt gern zum Essen bleiben.
b Ich ○ kannst ○ könnt ○ kann dich nicht verstehen.
c ○ Können ○ Könnt ○ Kannst Sie mir bitte die Tür öffnen?
d ○ Können ○ Könnt ○ Kann ihr mir nächsten Samstag beim Umzug helfen?
e Er ○ kann ○ können ○ kannst nicht schwimmen.
f Wir ○ kann ○ könnt ○ können dich im Auto mitnehmen.

Verben
Modalverben: können 5

A1 2 Ich kann das. Schreiben Sie Sätze.

a kannst – bitte für mich – du – zur Apotheke – gehen – ?
b ich – ein bisschen – kann – Deutsch – .
c ihr – bitte leise – könnt – sein – ?
d du – kannst – mir bitte – das Buch – leihen – ?
e euch – wir – können – mitnehmen – .
f kann – sie – nicht – lesen – .
g wir – können – gehen – jetzt – ?

a Kannst du bitte für mich zur Apotheke gehen?

A1 3 Wer kann, der kann. Ergänzen Sie *können* in der richtigen Form.

A _____ du gut kochen? Teeny-TV sucht junge Hobbyköche für Dokumentation. Bei Interesse: info@hobbykoch.de

B Dipl.-Klavierlehrerin gibt Klavierunterricht für Kinder und Erwachsene: Ich _____ auch zu Ihnen ins Haus kommen.

C Liebe Frau Albrecht, meine Tochter hat Fieber und _____ heute leider nicht in die Schule gehen.

D Sie möchten Urlaub machen? Sie _____ aber Ihren Hund nicht mitnehmen? Hundepension Bello hat noch Plätze frei.

A1 4 Wie sagt man es höflicher? Lösen Sie die Übung mündlich oder schriftlich. 🔊

a Helfen Sie mir!
b Gib mir mal das Salz.
c Kann ich noch ein Stück Kuchen haben?
d Paul, Anna, kommt mal bitte!

a Könnten Sie mir bitte helfen?

A2 5 Was passt zusammen?

a Verbinden Sie die Sätze.

1 Entschuldigung, Sie können hier nicht rauchen.
2 Sag mal, kannst du mir kurz helfen?
3 Du kannst aber gut Englisch.
4 Ich kann nicht mit euch schwimmen gehen.

Hast du mal in den USA gelebt?
Hier ist überall Rauchverbot.
Die Tasche ist so schwer.
Mein Arm ist gebrochen.

b Was bedeuten die Sätze 1–4? Lesen Sie sie noch einmal und ordnen Sie zu.

Möglichkeit	Fähigkeit	Erlaubnis/Verbot	Bitte
		Satz 1	

A2 6 Ich konnte …, du konntest … Ergänzen Sie *können* in der richtigen Form.

a ◆ Herr Meier, Frau Imrich hat gerade angerufen und den Termin für heute Nachmittag abgesagt.
   ○ Schon wieder? Zu den letzten beiden Terminen _____ sie auch schon nicht kommen.
   ◆ Das ist nicht ganz richtig. Letzte Woche _____ Sie nicht, weil Sie krank waren.

b ◆ Du Nicola, meine Mutter kommt morgen für zwei Wochen zu uns.
   ○ Wie bitte? Das glaube ich jetzt nicht. _____ du mir das nicht früher sagen?
   ◆ Nein, das _____ ich leider nicht. Sie hat mich auch gerade erst angerufen.

5.10 Ich **will** aber ein Eis.

Ich möchte zwei Kugeln Eis.

Wie bitte?

Ich hätte gern Vanille und Schokolade.

Hören Sie, ...

Ich will spazieren gehen und Eis essen.

... wir haben kein Eis.

Ich will aber ein Eis.

Dann gehen Sie in die Eisdiele!

Und ich will nach Hause.

Verwendung von *möchten/wollen*

Bitte (höflich)	Ich möchte zwei Kugeln Eis.
	Oft auch: Ich hätte gern zwei Kugeln Eis.
Wunsch	Ich will/möchte nach Hause.
Plan	Wir wollen Dörte am Wochenende zum Eis einladen.

| | Präsens | | Präteritum |
	wollen	„möchten"	wollen/„möchten"
ich	will	möchte	wollte
du	willst	möchtest	wolltest
er/es/sie	will	möchte	wollte
wir	wollen	möchten	wollten
ihr	wollt	möchtet	wolltet
sie/Sie	wollen	möchten	wollten

Das Perfekt von *wollen* wird selten benutzt. Besser und üblicher ist das Präteritum.
wollen/möchten kann oft auch ohne Infinitiv verwendet werden: Ich will nach Hause (gehen).

Wortstellung

	Position 2		Ende
Wir	wollen/möchten	heute Eis	kaufen.

→ Wortstellung, ab Seite 138

Verben
Modalverben: wollen/möchten   5

A1 **1 Ein Restaurantbesuch. Was ist richtig? Kreuzen Sie an.**

a Ich   ○ möchte   ○ möchtest   ○ möchten   bitte ein Bier.
b ○ Willst   ○ Wollt   ○ Wollen   du mal meine Pizza probieren?
c ○ Möchte   ○ Möchtest   ○ Möchtet   du noch etwas bestellen?
d ○ Will   ○ Wollen   ○ Wollt   ihr auch noch eine Nachspeise?
e Ich   ○ will   ○ willst   ○ wollen   jetzt gern nach Hause.
f Wir   ○ möchte   ○ möchten   ○ möchtet   bitte zahlen.

A1 **2 Pläne: Schreiben Sie Sätze.**

a Ich – morgen Abend – zu Hause bleiben – will – .
b Wir – im Sommer – wollen – nach Italien – .
c Er – immer nur – Sport machen – im Urlaub – will – .
d am Wochenende – Möchtet – ihr – mit uns – einen Ausflug – machen – ?
e Meine Freundin – abends nie – möchte – weggehen – .
f Sie – Möchten – zum Essen – kommen – nächste Woche – zu uns – ?

> a Ich will morgen Abend zu Hause bleiben.

A2 **3 Kurze Gespräche: Ergänzen Sie *wollen* im Präteritum.**

a Aua! – Entschuldigung, das _wollte_ ich nicht.
b Wer war denn dieser Mann gerade? – Ein Kunde. Er _____ sich beim Chef über dich beschweren.
c Hier bitte, Ihr Bier. – Aber wir _____ doch Wein.
d Morgen fängt mein Französischkurs an. – Französisch? _____ du nicht Englisch lernen?
e Wir haben uns eine Ferienwohnung in Südtirol gekauft. – Aber ihr _____ doch eine in der Schweiz kaufen? – Ja, stimmt, aber die waren so teuer und wir _____ nicht so viel Geld ausgeben.

A2 **4 Plan? Wunsch? Höflichkeit? Kreuzen Sie an.**

a wollen   Plan   Wunsch
   1 Am Wochenende wollen wir ins Schwimmbad gehen.   ☒   ○
   2 Mama, ich will so gern einen Hund haben.   ○   ○
   3 Ich will ab jetzt mehr Sport machen.   ○   ○

b „möchten"   Wunsch   Höflichkeit
   1 Möchtet ihr noch etwas trinken?   ○   ○
   2 Im Sommer möchten wir so gern in die Schweiz fahren.   ○   ○
   3 Ich möchte Sie nicht stören, Herr Rudolf, aber …   ○   ○

5.11 Ich **muss** das nur noch schnell **fertig machen**.

Darf ich etwas fragen?

Ja, gleich. Ich muss das nur noch schnell fertig machen.

Verwendung von *müssen* und *dürfen*

müssen	
Vorschrift / Regel / Aufgabe	Wir müssen die Bäume regelmäßig schneiden.
	Eine Säge muss man sauber machen.
Notwendigkeit	Ich muss das nur schnell fertig machen.
	Ich müsste mal mit dem Chef sprechen.
dürfen	
Erlaubnis	Ich darf hier auf dem Baum sitzen.
Verbot	Du darfst nicht an diesem Ast sägen.
Höfliche Frage	Darf ich Sie etwas fragen?
	Oft auch: Kann ich Sie etwas fragen?

müssen und *dürfen* können oft auch ohne Infinitiv verwendet werden: Ich muss jetzt los.

⚠️ Statt *müssen* kann man auch *brauchen* verwenden, aber nur, wenn *müssen* negativ oder mit Einschränkung gebraucht wird:

nicht / nur	müssen	nicht / nur	brauchen + zu
Er muss das nicht machen.		Er braucht das nicht zu machen.	
Er muss mich nur anrufen.		Er braucht mich nur anzurufen.	

auch so nach kein-: Er muss keine Prüfung machen. → Er braucht keine Prüfung zu machen.

	Präsens		Präteritum		Konjunktiv II	
	müssen	dürfen	müssen	dürfen	müssen	dürfen
ich	muss	darf	musste	durfte	müsste	dürfte
du	musst	darfst	musstest	durftest	müsstest	dürftest
er/es/sie	muss	darf	musste	durfte	müsste	dürfte
wir	müssen	dürfen	mussten	durften	müssten	dürften
ihr	müsst	dürft	musstet	durftet	müsstet	dürftet
sie/Sie	müssen	dürfen	mussten	durften	müssten	dürften

Das Perfekt von *müssen* (hat gemusst/müssen) und *dürfen* (hat gedurft/dürfen) wird selten benutzt. Besser und üblicher ist das Präteritum.

Wortstellung

	Position 2		Ende
Ich	muss	dir etwas	sagen.
Wir	dürfen	hier nicht	sitzen bleiben.

→ Wortstellung, ab Seite 138

Verben
Modalverben: *müssen* und *dürfen* 5

A1 1 *müssen* oder *dürfen*? Ergänzen Sie in der richtigen Form.

◆ Mama, _____ (a) ich heute Nachmittag dein Auto haben?
○ Ja, aber vorher _____ (b) du bitte noch einkaufen gehen.
◆ Aber das geht nicht. Ich _____ (c) pünktlich in einer Stunde beim Training sein. Ich _____ (d) nicht zu spät kommen.
○ Na, dann _____ (e) du dich beeilen.
◆ Ach Mensch, immer _____ (f) ich helfen. Lisa _____ (g) nie etwas machen.

A1 2 Autofahren in Deutschland: Was muss man? Was darf man (nicht)?
Kreuzen Sie an und ordnen Sie zu.

~~haben~~ trinken mitnehmen telefonieren

a Als Autofahrer ☒ muss ○ darf man natürlich einen Führerschein _haben_ .
b Als Fahrer ○ müssen ○ dürfen Sie immer die Autopapiere _____ .
c Sie ○ müssen ○ dürfen als Fahrer auch nicht mit dem Handy _____ .
d Ganz klar: Als Fahrer ○ muss ○ darf man keinen Alkohol _____ .
Und jetzt: Gute Fahrt!

A2 3 Endlich eine neue Arbeit: *Musste* oder *durfte (nicht)*? Ergänzen Sie.

An meinem alten Arbeitsplatz …
a _____ die Mitarbeiter nicht privat telefonieren.
b _____ man keine Jeans anziehen.
c _____ ich immer Kaffee kochen.
d _____ wir abends lange arbeiten.
e _____ ihr mich nicht im Büro besuchen.

B1 4 *dürfte* oder *durfte*? *müsste* oder *musste*? Was ist richtig? Kreuzen Sie an.

a Entschuldigen Sie, ○ dürfte ○ durfte ich Sie etwas fragen? Ich ○ musste ○ müsste mal ganz kurz telefonieren. Könnten Sie mir vielleicht Ihr Handy leihen?
b Als ich klein war, ○ musste ○ müsste ich immer früh ins Bett gehen. Meine Brüder ○ durften ○ dürften immer länger aufbleiben. Das hat mich geärgert.
c Nächste Woche ○ musste ○ müsste ich beruflich wieder nach Berlin fliegen. Aber ich habe keine Lust. Ich ○ musste ○ müsste da nämlich letzte Woche auch schon hin. Wenn wenigstens meine Freundin mitfliegen ○ durfte ○ dürfte!

B1 5 Anzeigen: Wo kann man *müssen* durch *brauchen* ersetzen? Schreiben Sie die Texte neu.

A
Sie möchten abnehmen?
Bei uns müssen Sie keine langweilige Diät machen.
Sie müssen auch keinen Sport machen.
Aber: Sie müssen uns vertrauen!

B
Agentur Filmwelt sucht DICH. Du hast Lust, bei einem Film in Berlin mitzumachen? Du musst kein Schauspieler sein und du musst auch keine Filmerfahrung haben. Du musst uns nur eine kurze Mail mit deinem Foto senden. Schreib an

5.12 Was **soll** ich jetzt für Sie **spielen**?

Oh danke! Was soll ich jetzt für Sie spielen?

Nichts mehr. Sie sollen aufhören.

Verwendung von *sollen*

Aufforderung durch eine andere Person (Eine andere Person hat das gesagt.)	Ich soll nichts mehr spielen, hat er gesagt.
Ratschlag/Vorschlag	Sie sollen/sollten besser aufhören.
Hilfe anbieten	Soll ich das für Sie tun?
	Oft auch: Kann/Darf ich das für Sie tun?

	Präsens	Präteritum	Konjunktiv II
ich	soll	sollte	sollte
du	sollst	solltest	solltest
er/es/sie	soll	sollte	sollte
wir	sollen	sollten	sollten
ihr	sollt	solltet	solltet
sie/Sie	sollen	sollten	sollten

Das Perfekt von *sollen* (hat gesollt/sollen) wird selten benutzt. Besser und üblicher ist das Präteritum.

Wortstellung

	Position 2		Ende
Ihr	sollt	doch keine Äpfel	essen.

→ Wortstellung, ab Seite 138

A1 **1 Was ist richtig? Kreuzen Sie an.**

a Ich habe leider am Wochenende keine Zeit. Da ○ sollst ☒ soll ○ sollen ich zu meinen Großeltern fahren.
b Sie ○ sollt ○ sollen ○ sollst bitte Frau Rösler zurückrufen.
c Du, der Hausmeister hat gesagt, wir ○ sollt ○ sollen ○ soll unsere Fahrräder nicht im Hof abstellen.
d ○ Sollt ○ Soll ○ Sollen wir heute Abend essen gehen? Dann müssen wir nicht kochen.
e Was macht ihr denn noch hier? Ihr ○ soll ○ sollen ○ sollt doch Zähne putzen!
f So, Frau Sanders, von diesem Medikament ○ soll ○ sollst ○ sollen Sie morgens und abends eine Tablette nehmen, hat der Doktor gesagt.
g Du siehst aber müde aus. ○ Sollst ○ Soll ○ Sollen ich dir einen Kaffee machen?

Verben
Modalverben: *sollen* 5

A1 2 Frau Meier war in der Schule beim Elternabend. Was hat die Lehrerin gesagt?
🔊   Ergänzen Sie mündlich oder schriftlich.

Die Lehrerin hat gesagt:

a Max muss mehr lesen. — Max soll mehr lesen.
b Alle Eltern müssen mit den Kindern mehr üben. — Alle Eltern
c Schicken Sie ihn nicht zu spät ins Bett. — Wir
d Er muss seine Hausaufgaben allein machen. — Er
e Es muss aber auch noch Zeit für die Freunde bleiben. — Es
f Max muss auch Zeit zum Spielen haben. — Max

A2 3 Tipps fürs Vorstellungsgespräch: Schreiben Sie.

> So wird Ihr Vorstellungsgespräch erfolgreich:
>
> 1 Kommen Sie pünktlich!
> 2 Bereiten Sie sich auf das Gespräch und mögliche Fragen vor.
> 3 Informieren Sie sich vorher über die Firma.
> 4 Ziehen Sie saubere und gepflegte Kleidung an.
> 5 Sprechen Sie im Vorstellungsgespräch nicht zu schnell.
> 6 Bleiben Sie in jedem Fall natürlich und Sie selbst.
>
> Viel Erfolg!

1 Sie sollten pünktlich kommen.

A2 4 Oje, ich sollte doch … Korrigieren Sie die Fehler.

a Oje, ich ~~sollten~~ *sollte* ja gestern bei Frau Vogel anrufen. Das habe ich völlig vergessen.

b Wie sieht es denn hier aus? Du sollte doch dein Zimmer aufräumen.

c Wo wart ihr denn? Ihr solltest pünktlich um acht zu Hause sein und jetzt ist es gleich neun Uhr.

d Ich bin wirklich sauer auf Tom. Er solltet nur den Müll wegbringen, und jetzt ist er schon zwei Stunden weg.

5.13 Herr Meier **wird angerufen**.

Herr Meier wird angerufen.   Ruhe! Hier wird nicht telefoniert!

Das Passiv wird benutzt, wenn die Tätigkeit selbst wichtig ist und nicht die Person, die es tut (*Herr Meier wird angerufen.*), oder wenn man strenge Aufforderungen ausdrücken möchte (*Hier wird nicht telefoniert.*).

Aktiv: Die Firma ruft Herrn Meier an.
         Nominativ   Akkusativ

Passiv: Herr Meier wird (von der Firma) angerufen.
         Nominativ   (von + Dativ)

Bei Sätzen ohne Akkusativobjekt benutzt man *es*:
Die Leute telefonieren. → **Es** wird telefoniert.

Wenn im Satz eine weitere Angabe ist, kann diese an den Anfang gesetzt werden. *Es* fällt dann weg:
Die Leute telefonieren **im Kino**. → Im Kino wird telefoniert.

Formen

	Passiv Präsens		Passiv Präteritum		Passiv Perfekt		
ich	werde		wurde		bin		
du	wirst		wurdest		bist		
er/es/sie	wird	angerufen	wurde	angerufen	ist	angerufen	
wir	werden	fotografiert	wurden	fotografiert	sind	fotografiert	worden
ihr	werdet		wurdet		seid		
sie/Sie	werden		wurden		sind		

→ *worden* oder *geworden?*, Seite 84
→ Partizip Perfekt, ab Seite 58

Wortstellung

		Position 2		Ende
Präsens	Er	wird	jedes Mal im Kino	angerufen.
Präteritum	Er	wurde	jedes Mal im Kino schon	angerufen.
Perfekt	Er	ist	wieder im Kino	angerufen worden.

→ Wortstellung, ab Seite 138

Verben
Passiv 5

A2 1 Der unglückliche Herr Reichmann: Aktiv oder Passiv? Kreuzen Sie an.

	Aktiv	Passiv
a Herr Reichmann hat viele Angestellte.	☒	○
b Das Essen wird von einem Koch eingekauft und gekocht.	○	○
c Eine Waschfrau wäscht und bügelt seine Wäsche.	○	○
d Sein Schloss wird für ihn aufgeräumt und geputzt.	○	○
e Nur eine passende Frau wird noch gesucht.	○	○

A2 2 Arbeitsalltag

a Herr Poller erzählt von seiner Arbeit. Markieren Sie das Passiv.

> *Montags haben wir immer unser Mitarbeitertreffen. Da erzählt dann jeder, wie weit er mit seinen Arbeiten ist. Dann wird die Arbeit für diese Woche besprochen: Welche neuen Projekte werden in dieser Woche begonnen? Wie wird die Arbeit verteilt? Wer macht was und wann? Das wird dann alles von einem Kollegen notiert. Am Schluss werden noch offene Fragen und Probleme diskutiert.*

b Schreiben Sie Herrn Pollers Bericht im Aktiv. Hören Sie dann und vergleichen Sie.

Montags haben wir immer unser Mitarbeitertreffen. Da erzählt dann jeder, wie weit er mit seinen Arbeiten ist. Dann besprechen wir ...

A2 3 Quiz: Schreiben Sie Fragen im Passiv. Kennen Sie die Antworten?

a In welchen Ländern – Deutsch als Landessprache – sprechen?
b In welcher deutschen Stadt – jedes Jahr das Oktoberfest – feiern?
c Wie – das Oktoberfest – noch nennen?
d Welche Sprachen – in der Schweiz – sprechen?
e In welcher österreichischen Stadt – die leckeren Mozartkugeln – produzieren?
f Wo – die Kuckucksuhren – bereits seit vielen hundert Jahren – herstellen?

Mozartkugel

Kuckucksuhr

a *In welchen Ländern wird Deutsch als Landessprache gesprochen?*

B1 4 Nach der Renovierung: Ergänzen Sie im Präteritum.

Liebe Esther,
ich hoffe, es geht Euch gut! Bei uns war furchtbar viel los in den letzten Monaten. Unsere Wohnung _wurde_ namlich _renoviert_ (renovieren) (a). Und das, während wir dort gewohnt haben! Im Bad _____ alles neu _____ (machen) (b), alle Türen und Wände _____ frisch _____ (streichen) (c) und im Flur _____ ein neuer Teppich _____ (verlegen) (d). Und dann _____ uns auch noch für drei Tage das Wasser _____ (abstellen) (e). Ich sage Dir: ein komplettes Chaos. Aber jetzt sieht es wieder toll aus bei uns. Wann kommst Du uns besuchen?
Liebe Grüße, Karena

5.14 Das **musste** jetzt auch mal **gesagt werden**.

Hier muss endlich mal sauber gemacht werden. Das da kann alles weggeworfen werden.

Diesen Raum hier nicht vergessen! Und wenn es Probleme gibt: Ich will über alles genau informiert werden, verstanden?

Das musste jetzt auch mal gesagt werden.

Das Passiv (*Das Büro wird sauber gemacht.*) kann man mit Modalverben verwenden:
Das Büro muss/soll/kann jetzt sauber gemacht werden.

→ Passiv, Seite 78

		Position 2		Ende
Präsens	Hier	muss	endlich mal sauber	gemacht werden.
Präteritum	Das da	kann	alles	weggeworfen werden.
	Das	musste	jetzt auch mal	gesagt werden.
	Der Laden	konnte	gestern nicht mehr	aufgeräumt werden.

auch so: wollen, sollen, „möchten", dürfen

Das Passiv Perfekt mit Modalverben wird selten benutzt.

→ Modalverben, ab Seite 70
→ Wortstellung, ab Seite 138

B1 **1 Pflegehinweise für Ihren Pullover**

a Markieren Sie die Passivformen.

Um lange Freude an Ihrem Cashmo-Pullover zu haben, beachten Sie bitte die folgenden Pflegehinweise:

1 Ihr Cashmo-Pullover <u>kann</u> mit der Hand in warmem Wasser und Wollwaschmittel <u>gewaschen werden</u>.
2 Er darf auf keinen Fall im Trockner getrocknet werden.
3 Zum Trocknen muss er flach auf ein Handtuch gelegt und vorsichtig in Form gezogen werden.
4 Nach dem Trocknen darf der Cashmo-Pullover nur auf niedrigster Stufe gebügelt werden.
5 Flecken müssen schnell mit kaltem Wasser behandelt werden.

Verben
Passiv mit Modalverben 5

b Wie muss man den Pullover pflegen? Schreiben Sie im Aktiv.

> 1 Man kann den Pullover mit der Hand in warmem Wasser und Wollwaschmittel waschen.
> 2 Man darf ihn auf keinen Fall …

B1 2 Was muss noch alles vor der Abreise gemacht werden?

Ergänzen Sie mündlich oder schriftlich.

a Die Koffer noch packen. (müssen) — *Die Koffer müssen noch gepackt werden.*
b Den Schlüssel zu den Nachbarn bringen. (müssen)
c Die Blumen noch einmal gießen. (müssen)
d Die Medikamente aus der Apotheke holen. (können)
e Die Ausweise nicht vergessen. (dürfen)
Jetzt kann der Urlaub beginnen!

B1 3 Erlaubt oder verboten? Was darf man hier (nicht) machen?

Was muss man machen? Schreiben Sie im Passiv.

A Hunde an die Leine nehmen!
B Bei Verlassen des Büros bitte **Kaffeemaschine ausschalten**
C RAUCHEN ERLAUBT!
D (Verbot: Essen und Trinken)
E Langsam fahren! Kinder!

A Hier müssen Hunde an die Leine genommen werden.

B1 4 Besuch vom neuen US-Präsidenten: Was musste man davor machen? Schreiben Sie.

> *Der US-amerikanische Präsident war in Baden-Baden und sprach auf dem Marktplatz zu den Menschen. Es herrschte die höchste Sicherheitsstufe. Wie hat die Stadt sich auf den Besuch vorbereitet?*
>
> a Man musste alle Bäume auf dem Marktplatz entfernen.
> b Natürlich durfte man keine Fahrräder oder Autos im Zentrum abstellen.
> c Man musste öffentliche Mülleimer und private Briefkästen abbauen.
> d Im Stadtzentrum konnte man private Wohnungen zum Teil nur mit Polizeibegleitung verlassen.
> e Während des Besuchs durfte man im Stadtzentrum keine Fenster und Türen öffnen.

a *Auf dem Marktplatz mussten alle Bäume entfernt werden.*
b Natürlich
c Öffentliche Mülleimer
d Im Stadtzentrum
e Während des Besuchs

5.15 Lass mich mal probieren!

Lass mich mal probieren!

Hey! Lass das!

lassen hat verschiedene Bedeutungen:

A *lassen* mit Infinitiv

etwas (nicht) erlauben	Er lässt seinen Freund die Pommes frites nicht probieren.
etwas nicht selbst machen, etwas in Auftrag geben	Er lässt sich eine Pizza liefern.
etwas nicht verändern (oft mit: liegen, stehen, sitzen, hängen)	Sie lassen die leere Tüte einfach liegen.
freundliche Aufforderung	Lass uns noch schnell bei der Pommesbude vorbeigehen!
man kann etwas (nicht) machen	Pommes lassen sich ganz leicht selbst zubereiten: Man muss nur Kartoffeln schneiden und …

B *lassen* ohne Infinitiv

aufhören	Lass das!
nicht von einer Stelle entfernen	Er lässt sein Geld zu Hause.

Formen

	Präsens	Präteritum	Perfekt	
ich	lasse	ließ	habe	
du	lässt	ließt	hast	
er/es/sie	lässt	ließ	hat	lassen/
wir	lassen	ließen	haben	gelassen
ihr	lasst	ließt	habt	
sie/Sie	lassen	ließen	haben	

lassen oder *gelassen* im Partizip Perfekt?

gelassen	lassen
lassen als einziges Verb	*lassen* und ein zweites Verb
Ich habe meine Tasche zu Hause gelassen.	Ich habe meine Tasche im Bus liegen lassen.

Wortstellung

	Position 2		Ende
Morgen	lässt	er seinen Freund vielleicht	probieren.
Er	lässt	sein Geld zu Hause.	

→ Wortstellung, ab Seite 138

Verben
lassen 5

A2 1 Otto ist unselbstständig! Schreiben Sie Sätze mit *lassen*.
🔊 Lösen Sie die Übung mündlich oder schriftlich.

a Er wäscht seine Wäsche nicht selbst. *Er lässt seine Wäsche waschen.*
b Er macht sein Bett nicht selbst. _____
c Er räumt sein Zimmer nicht auf. _____
d Er kocht nicht für sich. _____

A2 2 Darf ich mal …? Schreiben Sie Sätze mit *lassen*.

a Timo fragt seinen Vater: Darf ich heute Abend mit deinem Auto fahren?
(Ja) *Der Vater lässt Timo mit seinem Auto fahren.*
b Rosa fragt ihre Mutter: Darf ich heute Abend deine Stiefel anziehen?
(Nein) Die Mutter _____.
c Sabine fragt ihre Freundin Anja: Darf ich mal mit deinem Fahrrad fahren?
(Ja) Anja _____.

A2 3 Ganz einfach anders: Schreiben Sie die Sätze neu mit *können* oder *dürfen*.

a Pizza lässt sich ganz einfach selbst machen.
   Pizza kann man ganz einfach selbst machen.
b Wir lassen unsere Kinder nur am Wochenende fernsehen.
   Unsere Kinder _____.
c Dieses Buch lässt sich ganz leicht lesen.
   Dieses Buch _____
d Meine Eltern lassen mich in den Ferien mit meinen Freunden wegfahren.
   Ich _____

B1 4 Hast du das gewusst? Schreiben Sie Sätze mit *lassen* im Perfekt.

a Birte und Kurt – sich scheiden   *Birte und Kurt haben sich scheiden lassen.*
b Oliver – sich die Nase operieren   _____
c Unser Nachbar – sich die Haare färben   _____
d Mein Sohn – sich von einem Freund – das Autofahren zeigen   _____

B1 5 *lassen* oder *gelassen*? Kreuzen Sie an.

a Hast du das Auto schon waschen ☒ lassen ○ gelassen? Es sieht immer noch so schmutzig aus.
b Mist! Ich habe meine Handtasche im Flugzeug ○ lassen ○ gelassen.
c Das Essen im Restaurant war schrecklich. Wir haben es stehen ○ lassen ○ gelassen.
d Er hat die Regale nicht im Geschäft gekauft. Er hat sie machen ○ lassen ○ gelassen

B1 6 Zeitungsüberschriften. Ergänzen Sie *lassen* im Präteritum.

A
Unglaublich.
Mutter _____ Vierjährige drei Stunden allein zu Hause.

B
Deutschland-Premiere von Operation Walküre.
Tom Cruise _____ sich feiern.

C
Aus Roger Ciceros erfolgreichstem Album:
„Ich Idiot _____ dich gehen".

D
Glück im Unglück
Zwei Berliner Bankräuber _____ Tasche mit 100.000 Euro zurück.

5.16 Die Fernseher **werden** immer größer.

Die Fernseher werden größer.

Die Preise werden günstiger.

Aber es wird immer der gleiche Quatsch gezeigt.

Verwendung von werden

werden + Nomen	Später werde ich mal Schauspieler oder Verkäufer.
werden + Adjektiv	Die Fernseher werden immer größer.
Passiv → ab Seite 78	Es wird immer der gleiche Quatsch gezeigt.
Futur → Seite 68	Sie wird bestimmt bald einen neuen Fernseher kaufen.

	Präsens	Präteritum	Perfekt	
ich	werde	wurde	bin	
du	wirst	wurdest	bist	
er/es/sie	wird	wurde	ist	worden/
wir	werden	wurden	sind	geworden
ihr	werdet	wurdet	seid	
sie/Sie	werden	wurden	sind	

Perfekt: *worden* oder *geworden*?

Aktiv	Passiv
werden als einziges Verb	*werden* und ein zweites Verb
sein + geworden (Partizip Perfekt)	sein + 2. Verb (Partizip Perfekt) + worden
Die Preise sind günstiger geworden.	Es ist nur Quatsch gezeigt worden.

Wortstellung

	Position 2		Ende
Später	werde	ich mal Schauspielerin.	
Es	wird	der gleiche Quatsch	gezeigt.
Sie	wird	bald einen neuen Fernseher	kaufen.

→ Wortstellung, ab Seite 138

Verben
werden 5

A2 1 *werden*: Ordnen Sie zu und ergänzen Sie in der richtigen Form.

<del>schön ... werden</del> alt ... werden gesund ... werden Friseurin ... werden
glücklich ... werden Bürgermeister ... werden

a Seit drei Wochen scheint die Sonne. Morgen _wird_ es bestimmt wieder _schön_.
b Meine Tochter macht sich die Haare jeden Tag anders. Sie _____ sicher mal _____.
c Schau mal, wieder ein graues Haar. Tja, wir _____ eben alle _____.
d Dein neuer Freund ist sehr nett. Hoffentlich _____ ihr zusammen _____.
e Gute Besserung, Herr Wittke. Hoffentlich _____ Sie bald wieder _____.
f Unser Nachbar _____ der neue _____ von Frankfurt.

B1 2 Warum? Schreiben Sie Antworten mit *wurde-*.

a ◆ Unser Auto ist schon wieder kaputt.
  ○ Warum das denn? _Es wurde doch erst vor Kurzem repariert._ (es / erst vor Kurzem / reparieren)
b ◆ Warum habt ihr uns nichts von der kaputten Fensterscheibe bei Meiers erzählt?
  ○ Das waren wir nicht.
  ◆ Ach hört doch auf. _____ (ihr / von einem Nachbarn / sehen)
c ◆ Warum war Hans denn schon so lange nicht mehr im Büro?
  ○ Er ist im Krankenhaus. _____ (er / letzte Woche / operieren)
d ◆ Sind Herr und Frau Rösler schon abgefahren?
  ○ Ja, _____ (sie / heute Morgen / abholen)

B1 3 *worden* oder *geworden*? Was ist richtig? Kreuzen Sie an.

a Autos sind in den letzten Jahren immer größer ○ worden ☒ geworden.
  Leider sind sie aber nicht umweltfreundlicher ○ worden ○ geworden.
b Die Suppe ist doch gut ○ worden ○ geworden, findest du nicht?
  Das Rezept ist letzte Woche im Kochmagazin vorgestellt ○ worden ○ geworden.
c Stell dir vor, gestern ist mein Geldbeutel gestohlen ○ worden ○ geworden.
d Mir ist gestern nach dem Essen in der Kantine so schlecht ○ worden ○ geworden,
  dass ich von meinem Kollegen zum Arzt gebracht ○ worden ○ geworden bin.
e Was ist denn mit Rudi? Ist er krank? Er ist so dünn ○ worden ○ geworden.

B1 4 Aus der Zeitung: Passiv oder Futur? Markieren Sie und kreuzen Sie an.

		Passiv	Futur
a	**Landtagswahl.** Nächste Woche <u>werden</u> die Bürger <u>entscheiden</u>.	○	☒
b	**Die Deutschen bekommen wieder mehr Kinder.** Die Familienministerin sagt, dieser Trend wird sich in den kommenden Jahren fortsetzen.	○	○
c	Unter www.kfz.com werden mehr als 31.000 Fahrzeuge aller Art angeboten. Gleich reinklicken!	○	○
d	**Am Sonntag beginnt wieder die Sommerzeit.** Sonntag früh werden die Uhren um eine Stunde von zwei auf drei Uhr vorgestellt.	○	○
e	**Bello macht Urlaub.** In Freising bei München wurde eine Luxus-Hotelkette für Hunde eröffnet. Das Geschäft blüht.	○	○

5.17 Ich **wäre** wirklich gern **verheiratet**.

Könnte ich bitte noch ein Bier haben, Schatzi?

Würdest du mir bitte noch ein Brötchen bringen, Schatzi?

Jetzt hätte ich gern meine Zeitung, Schatzi.

Ich wäre wirklich gern verheiratet.

Den Konjunktiv II – Gegenwart verwendet man bei:

Höflichen Bitten	Könnte ich bitte noch ein Bier haben?
	Würdest du mir bitte noch ein Brötchen bringen?
Wünschen	Ich wäre wirklich gern verheiratet.
	Jetzt hätte ich gern meine Zeitung.
	Ich würde gern mal wieder ganz in Ruhe auf dem Sofa liegen.
Ratschlägen	Du solltest mal was unternehmen.
Vorschlägen	Wir könnten doch mal wieder tanzen gehen.

	haben	sein	werden	können	sollen
ich	hätte	wäre	würde	könnte	sollte
du	hättest	wär(e)st	würdest	könntest	solltest
er/es/sie	hätte	wäre	würde	könnte	sollte
wir	hätten	wären	würden	könnten	sollten
ihr	hättet	wär(e)t	würdet	könntet	solltet
sie/Sie	hätten	wären	würden	könnten	sollten

Wortstellung

	Position 2		Ende
Er	würde	gern mal wieder richtig	ausschlafen.
Jetzt	hätte	ich gern meine Zeitung.	

→ Wortstellung, ab Seite 138

A1 **1 Höfliche Bitte:** Ergänzen Sie die richtige Endung. Hören Sie dann und sprechen Sie nach.

a Könnt _en_ Sie mir bitte helfen?
b Entschuldigung, würd_____ Sie uns bitte die Rechnung bringen?
c Es regnet so. Könnt_____ ihr mich vielleicht im Auto mitnehmen?
d Könnt_____ Herr Michalski mich bitte zurückrufen?
e Könnt_____ ich bitte das Salz haben?
f Würd_____ du bitte die Musik leiser machen?

Verben 5
Konjunktiv II: Wünsche, Bitten, Ratschläge, Vorschläge

A1 2 Bitte, bitte! Welche Sätze sind besonders höflich? Kreuzen Sie an.

besonders höflich

a Helfen Sie mir! ○
b Könntest du mich heute Abend bitte anrufen? ☒
c Kann ich bei Ihnen mitfahren? ○
d Würdet ihr mich morgen mit dem Auto mitnehmen? ○
e Leihst du mir dein Fahrrad? ○
f Würdest du mir vom Bäcker ein Brot mitbringen? ○

A2 3 Das wäre schön … Jana träumt. Ergänzen Sie mündlich oder schriftlich.

a Ich bin im Büro. — Ich _____ jetzt lieber in Italien.
b Ich habe so viel Arbeit. — Ich _____ gern weniger Arbeit.
c Ich gehe erst um 18 Uhr nach Hause. — Ich _____ lieber jetzt schon nach Hause gehen.
d Ich arbeite immer allein. — Ich _____ lieber mit einer Kollegin arbeiten.
e Hier haben wir nur schlechten Kaffee. — Ich _____ jetzt gern einen richtigen Cappuccino.

B1 4 Kummerkasten: Frau Dr. Sommerfeldt gibt Ratschläge. Ordnen Sie zu.

könntest … informieren   ~~würde … machen~~   solltest … gehen   könntest … vereinbaren   wäre   hättest

Ich habe gerade mein Abitur gemacht. Jetzt weiß ich nicht, wie es weitergehen soll. Soll ich studieren oder einen Beruf lernen? Meine Eltern sagen jeden Tag, dass ich mich endlich entscheiden muss. Das würde ich ja gern, aber ich weiß einfach nicht, was ich tun soll. Können Sie mir helfen? Larissa B., Köln

Liebe Larissa, erst einmal: Herzlichen Glückwunsch! An Deiner Stelle *würde* ich jetzt zwei, drei Wochen nichts *machen*. Erhol Dich einfach. Das _____ bestimmt gut für Dich nach diesem Stress. Danach _____ Du Dich im Internet über verschiedene Berufe _____. Du _____ auch einen Termin bei der Studienberatung _____. Vielleicht _____ Du ja Lust, für ein Jahr ins Ausland zu gehen? Dann arbeitest Du, lernst eine Sprache und sammelst gleich Auslandserfahrung. Auf jeden Fall _____ Du mal zur Arbeitsagentur _____. Die Leute dort können Dir am besten weiterhelfen. Viel Glück!

B1 5 Eine E-Mail an die Mitarbeiter: Ergänzen Sie. Manchmal gibt es mehrere Möglichkeiten.

E-Mail senden   Verbesserungsvorschlag

Liebes Team,
in letzter Zeit hat öfter Büromaterial gefehlt. Meine Bitte an Euch: _____ (a) Ihr bitte immer alles gleich in eine Liste eintragen, wenn Ihr etwas verbraucht habt? Sabrina, es _____ (b) schön, wenn Du diese Liste vorbereiten und im Kopierraum aufhängen _____ (c). Und _____ (d) Du dann die fehlenden Sachen immer gleich bestellen? Ich denke, Du _____ (e) sie bei Papier Fritz bestellen, die sind am billigsten. Zum Schluss: Wir _____ (f) doch mal wieder zusammen weggehen. _____ (g) Ihr nächsten Mittwoch Zeit? Einen schönen Tag noch!
Christine

5.18 **Wenn** ich seinen Bauch **hätte** ...

Auch wenn ich seinen Bauch hätte, würde ich kein solches Hemd anziehen.

Wenn du bloß seinen Bauch hättest!

Bauch, Schatz? Welchen Bauch denn?

Ach komm! Tu doch nicht so, als ob du ihn nicht gesehen hättest.

Mit dem Konjunktiv II (Gegenwart und Vergangenheit) beschreibt man alles, was nicht wirklich, also nicht real ist oder was nicht wirklich passiert ist.

Irreale Bedingungen	Auch wenn ich seinen Bauch hätte, würde ich kein solches Hemd anziehen. Hättest du früher mehr Sport gemacht, wärst du nicht so dick geworden.
Irreale Wünsche	Wenn ich *(doch) nur* so aussehen würde wie er! / Würde ich *(doch) nur* ... Ach, wenn ich ihn *(doch) bloß* nicht geheiratet hätte! / Ach, hätte ich ihn *(doch) bloß* nicht ... Wenn ich *doch* noch einmal jung wäre! / Wäre ich *doch* noch ...
Irreale Vergleiche	Ich fühle mich, als ob ich jung und schlank wäre. Sie tut so, als ob sie den tollen Mann nicht gesehen hätte.

Formen: Gegenwart

→ Konjunktiv II: Wünsche, Bitten ..., Seite 86

Formen: Vergangenheit

	hätte/wäre +		Partizip Perfekt	
ich	hätte		wäre	
du	hättest	gelacht	wär(e)st	gelaufen
er/es/sie	hätte	getanzt	wäre	gefahren
wir	hätten	geschrieben	wären	geflogen
ihr	hättet	gelacht	wär(e)t	geblieben
Sie/sie	hätten	...	wären	...

Wortstellung

Hauptsatz vor Nebensatz

Hauptsatz	Nebensatz		
Ich würde jeden Tag joggen,	wenn	ich so einen Bauch	hätte.

Nebensatz vor Hauptsatz

Nebensatz			Hauptsatz
Wenn	ich so einen Bauch	hätte,	würde ich jeden Tag joggen.
Hätte	ich so einen Bauch,		würde ich jeden Tag joggen.*

* Man kann *wenn* auch weglassen, dann steht das Verb des Nebensatzes auf Position 1.

→ Wortstellung, ab Seite 138

Verben 5
Konjunktiv II: Irreale Wünsche, Bedingungen, Vergleiche

B1 1 Wenn, wenn, wenn … Ergänzen Sie *wäre, hätte, würde* in der richtigen Form.

a Es ist Donnerstag. Ach, wenn doch nur schon Wochenende _wäre_ .
b Ich habe nicht viel Zeit. Aber wenn ich mehr Zeit _____, ich öfter zu meiner Oma fahren.
c Susanna ist nicht krank. Aber sie sieht so aus, als ob sie krank _____.
d Wir haben nur eine kleine Wohnung. _____ wir doch bloß eine größere Wohnung!
e Ihr habt kein Haus. Aber wenn ihr ein Haus _____, ihr dann einen Hund kaufen?
f Es _____ so schön, wenn du hier _____. Leider bist du nicht hier.

B1 2 Es war aber anders. Kreuzen Sie an und ergänzen Sie das Verb in der richtigen Form.

a Wenn sie ihre Kreditkarte dabeigehabt hätte, ○ wäre ○ hätte sie die Schuhe _gekauft_ . (kaufen)
b Ich hätte ihn noch getroffen, wenn er pünktlich _____ ○ wäre ○ hätte. (kommen)
c Er sah so aus, als ob er drei Tage nicht _____ ○ wäre ○ hätte. (schlafen)
d Wenn sie vorsichtiger gefahren wäre, ○ wäre ○ hätte das nicht _____. (passieren)
e ○ Wäre ○ Hätte ich doch nur bequemere Schuhe _____! (anziehen)

B1 3 Alles irreal: Schreiben Sie Sätze.
Ergänzen Sie dann irrealer Wunsch, irreale Bedingung oder irrealer Vergleich?

a Leider hast du mich gestern nicht angerufen.
   Wenn du mich doch bloß gestern angerufen hättest!   _Irrealer Wunsch_
b Ihr wart gestern nicht zu Hause. Ich habe euch nicht besucht.
   Wenn ihr _____.
c Rita ist 27. Sie sieht aus wie 18.
   Rita sieht aus, _____.
d Er ist auf die Party gegangen. Er hat Sabine kennengelernt.
   _____

B1 4 Geschichten, die das Leben schreibt. Schreiben Sie im Konjunktiv II.

A Ein Koch fand auf der Straße einen Euro. Er kaufte sich ein Lotterielos. Er gewann zwei Millionen Euro. Er zog mit seiner Frau nach Südfrankreich und kaufte ein altes Schloss auf dem Land. Dort eröffnete er ein Luxus-Restaurant.

Wenn der Koch keinen Euro gefunden hätte, hätte er sich kein Lotterielos gekauft. Dann hätte er nicht …

B Eine junge Frau hatte vor ihrem Haus eine Autopanne. Ein netter Mann aus einem Büro gegenüber half ihr. Die Frau lud den Mann zum Kaffeetrinken ein. An dem Tag verliebten sie sich ineinander. Sechs Monate später heirateten sie und waren das ganze Leben zusammen glücklich.

Wenn die junge Frau …

5.19 Geh zum Supermarkt!

> Geh zum Supermarkt!
> Hol Brötchen!
> Bring Getränke mit!

> Da fehlt noch was, Boss. Was sagt man?

> LOS JETZT!

Den Imperativ verwendet man bei:	
Befehlen/Aufforderungen	Geh zum Supermarkt!
	Geh doch endlich!
Bitten	Gehen Sie bitte zum Supermarkt!
Ratschlägen, Tipps	Sprich doch mal mit deinem Chef.
Anweisungen	Machen Sie Vorschläge. Schreiben Sie und sprechen Sie.

Durch *bitte, doch, mal, doch mal* werden die Sätze freundlicher:
Geh **doch mal** zum Supermarkt. / Nimm **doch** Tabletten gegen deine Kopfschmerzen.

Formen

du: Komm~~st du~~? → Komm!
ihr: Kommt ~~ihr~~? → Kommt!
Sie: Kommen Sie? → Kommen Sie!

		du	ihr	Sie
„normale" Verben	kommen	Komm!	Kommt!	Kommen Sie!
Verben auf *-ten / -den*	arbeiten	Arbeite!	Arbeitet!	Arbeiten Sie!
Verben mit Vokalwechsel*				
e → i	lesen	Lies!	Lest!	Lesen Sie!
a → ä	fahren	Fahr!	Fahrt!	Fahren Sie!
trennbare Verben	zu|hören	Hör zu!	Hört zu!	Hören Sie zu!
besondere Verben	sein	Sei ruhig!	Seid ruhig!	Seien Sie ruhig!
	haben	Hab Geduld!	Habt Geduld!	Haben Sie Geduld!

* Eine Liste der wichtigsten unregelmäßigen Verben finden Sie ab Seite 178.

A1 1 Frau Hoffmann reist in die Karibik.
a Markieren Sie den Imperativ.

> „So, jetzt hört noch mal alle gut zu. Max, steh bitte immer um sechs Uhr auf und mach für alle das Frühstück. Iss mit den Kindern und bring sie dann zur Schule. Sei bitte pünktlich. Kinder, steht um Viertel vor sieben auf. Und macht immer eure Hausaufgaben! Frau Strohmeier, bitte bringen Sie Stefan am Dienstag zum Sport. Bei Fragen rufen Sie meinen Mann an. Vielen Dank. Kinder, seid lieb zu Papa! Max, bitte vergiss den Hund nicht – der muss zweimal am Tag raus – und ruf mich mal an! Oh, da kommt mein Taxi. Tschüs, ihr Lieben …

Verben
Imperativ 5

b Ergänzen Sie die Tabelle.

Infinitiv	du	ihr	Sie
zuhören	hör zu	hört zu	hören Sie zu
			stehen Sie auf
			machen Sie
		esst	essen Sie
		bringt	
			seien Sie
		ruft an	
		vergesst	vergessen Sie

A1 2 Einfache Tipps zum Glücklichsein. Schreiben Sie Sätze.

(1) Sagen Sie jeden Morgen: „Heute ist ein guter Tag."
(2) _____
(3) _____
(4) _____
(5) _____
(6) _____

(1) jeden Morgen sagen: „Heute ist ein guter Tag."
(2) jeden Tag lachen
(3) viel Obst und Gemüse essen
(4) genug schlafen
(5) ein Hobby suchen
(6) ein bisschen Sport machen
10 Minuten am Tag reichen schon.

A1 3 Aufforderungen! Ordnen Sie zu und ergänzen Sie in der richtigen Form. Hören Sie dann und sprechen Sie nach.

~~kommen~~ anziehen fahren essen sagen

a Luise, wo warst du denn? Jetzt _komm_ aber mal her.
b _____ das bitte noch einmal. Ich habe euch nicht verstanden.
c Dir ist kalt? Dann _____ doch einen Pullover _____ .
d Kinder, _____ doch jetzt keine Schokolade! Das Mittagessen ist gleich fertig.
e Schatz, ich weiß, du fährst super Auto, aber bitte _____ ein bisschen langsamer.

A2 4 Liebeskummer: Ergänzen Sie in der richtigen Form.

E-Mail senden

Liebe Chrissy,
das tut mir ja so leid, dass ihr euch getrennt habt. Aber jetzt _____ (denken) (a) mal an Dich. _____ (vergessen) (b) Stefano und _____ (treffen) (c) Dich mit Deinen Freundinnen. _____ (arbeiten) (d) nicht zu viel oder _____ (nehmen) (e) Dir doch gleich ein paar Tage Urlaub und _____ (kommen) (f) zu uns nach Lüneburg. Ich würde mich sehr freuen! _____ (schreiben) (g) mir bald, ob und wann Du uns besuchen kommst. :-)
Ganz liebe Grüße
Deine Jane

5.20 Ich bringe den ‚Kurier'.

Ich bin Bello. Ich bringe den ‚Kurier'.

Ich heiße Walter. Ich lese den ‚Kurier'.

Ich heiße Annemarie. Ich hasse den ‚Kurier'.

Das Subjekt im Satz (= wer/was tut etwas?) steht immer im Nominativ:

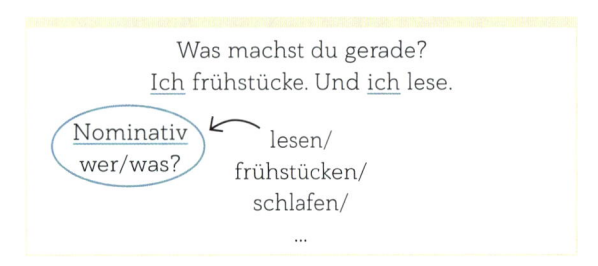

Was machst du gerade?
Ich frühstücke. Und ich lese.

Nominativ wer/was? ← lesen/ frühstücken/ schlafen/ ...

Viele Verben haben noch eine Ergänzung, oft im Akkusativ:

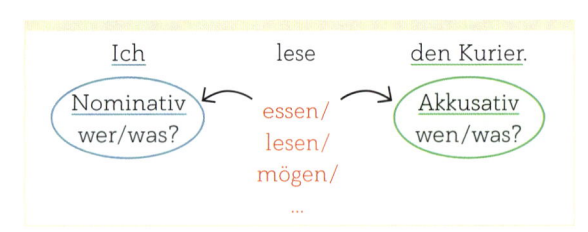

Ich lese den Kurier.

Nominativ wer/was? ← essen/ lesen/ mögen/ ... → Akkusativ wen/was?

Die Verben *sein, heißen, werden* und *bleiben* haben einen zweiten Nominativ:

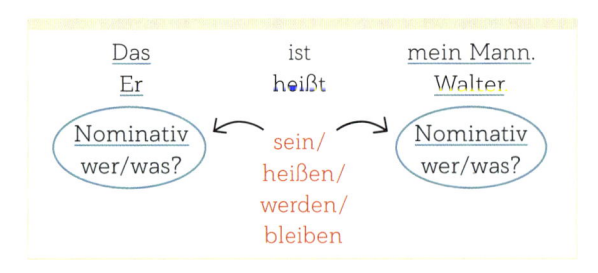

Das   ist   mein Mann.
Er   heißt Walter

Nominativ wer/was? ← sein/ heißen/ werden/ bleiben → Nominativ wer/was?

Formen

→ Kasus, Seite 12

Wortstellung

	Position 2	
Ich	lese	den Kurier jeden Morgen.
Jeden Morgen	lese	ich den Kurier.
Den Kurier	lese	ich jeden Morgen.

→ Wortstellung, ab Seite 138

Verben mit Ergänzung: Nominativ und Akkusativ 5

A1 1 Markieren Sie: Nominativ und Akkusativ.

a *Das ist meine Tochter. Sie ist 36 Jahre alt. Sie heißt Marion. Sie ist verheiratet und hat zwei Kinder. Ich sehe meine Tochter leider nicht so oft. Sie wohnt in Berlin und hat einen interessanten Job. Aber bald besuche ich sie.*

b *Und hier siehst du meinen Schwiegersohn Marco. Er ist Pilot. Marion und er bauen zurzeit ein Haus. Es ist bald fertig und wird sicher sehr schön.*

c *Und das sind ihre Kinder. Lena ist 7 Jahre alt und Lukas ist 9. Sie haben einen Hund und einen Vogel. Die beiden bekommen oft Besuch. Lena liest sehr gern Comics und Lukas macht viel Sport. Warte, und hier habe ich noch Bilder von Berti. Das ist mein Sohn ...*

A1 2 Sommerferien in Florenz. Ergänzen Sie den Nominativ (wer? was?) und die Akkusativ-Ergänzung (wen? was?).

		wer/was?	wen/was?
a	Meine Freundin und ich haben Urlaub.	Meine Freundin und ich	Urlaub
b	Wir sind in Florenz.		—
c	Wir machen dort einen Italienischkurs.		
d	Florenz ist wirklich eine tolle Stadt.		
e	Wir mögen sie sehr.		
f	Am Vormittag lernen wir Italienisch.		
g	Unser Lehrer heißt Flavio.		
h	Meine Freundin mag ihn.		
i	Am Nachmittag besichtigen wir die Stadt.		
j	Und abends essen wir gern italienische Spezialitäten.		
k	Das italienische Essen schmeckt so gut.		

5.21 Die Schuhe **gefallen mir**. Aber sie **passen mir** nicht.

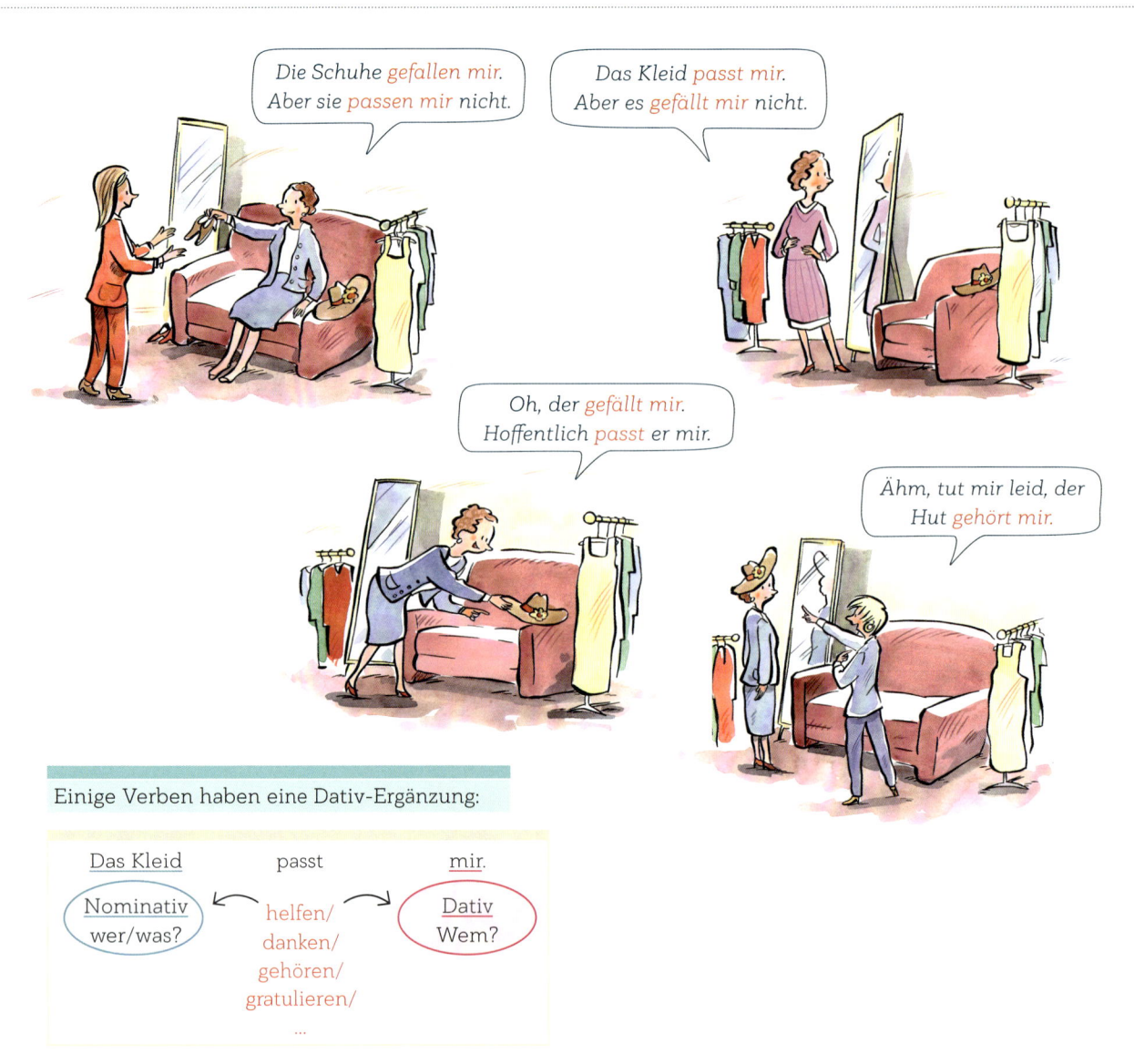

Die Schuhe gefallen mir. Aber sie passen mir nicht.

Das Kleid passt mir. Aber es gefällt mir nicht.

Oh, der gefällt mir. Hoffentlich passt er mir.

Ähm, tut mir leid, der Hut gehört mir.

Einige Verben haben eine Dativ-Ergänzung:

Das Kleid — passt — mir.
Nominativ wer/was? ← helfen/danken/gehören/gratulieren/... → Dativ Wem?

weitere Verben mit Dativ:
antworten, danken, helfen, gehen (Wie geht es dir?), gefallen, gehören, gratulieren, leidtun (es tut mir leid), passen, stehen, begegnen, einfallen, gelingen, weiterhelfen, widersprechen, zuhören, zustimmen

→ Eine Liste der wichtigsten Verben mit Dativ finden Sie auf Seite 185.

Formen

→ Kasus, Seite 12
→ Artikel, ab Seite 18
→ Pronomen, ab Seite 30

Wortstellung

	Position 2	
Der Frau	steht	das Kleid gut.
Das Kleid	steht	der Frau gut.

→ Wortstellung, Seite 138

Verben
Verben mit Ergänzung: Dativ 5

A1 1 Wem gehört ...? Ergänzen Sie.

a Wem gehört das Auto vor der Tür? – _Dem Freund von Florian_. (der Freund von Florian)
b Wem gehört der Kaffee? – _____. (die Sekretärin)
c Wem gehört der Ball? – _____. (das Mädchen)
d Wem gehören die Fahrräder? – _____. (die Kinder)

A1 2 Ergänzen Sie.

a Kai hat heute Geburtstag. Hast du _ihm_ schon gratuliert?
b Wem gehört der Schlüssel? – _____. Ich habe ihn heute Morgen hier vergessen.
c Hallo, Max, hallo, Susanna! Wie geht es _____?
d Lara versteht die Hausaufgabe nicht. Kannst du _____ helfen?
e Du siehst toll aus in dem Kleid. Das steht _____ wirklich sehr gut.
f Wie geht es deinen Eltern? – Danke. Zurzeit geht es _____ ganz gut.

A1 3 Alles falsch. Hier sind die Verben durcheinandergeraten.
Korrigieren Sie in der richtigen Form.

a Wie ~~schmeckt~~ _gefällt_ euch die neue Wohnung?

b Wem *passt* dieser Stift?

c Mir *gratuliert* dieser Rock gar nicht. Haben Sie ihn auch in Größe 42?

d Hm, der Kuchen *gehört* mir so gut. Kann ich noch ein Stück haben?

e Michaela hat heute Geburtstag. Wir müssen ihr noch *gefallen*.

A2 4 Der nette Kunde aus Italien! Akkusativ oder Dativ? Kreuzen Sie an.
🔊 Hören Sie dann und vergleichen Sie.

a Unser netter Kunde aus Italien hat ○ mich ○ mir gerade angerufen.
b Es hat ○ ihn ○ ihm wieder sehr gut bei uns gefallen.
c Er sagt, wir haben ○ ihm ○ ihn sehr weitergeholfen.
d Er dankt ○ dich ○ dir auch sehr.
e Er will ○ mich ○ mir und das ganze Team nach Italien einladen.
f Und ich würde ○ ihn ○ ihm und seine Frau gern mal besuchen.
Kommst du mit?

B1 5 Familie im Dativ: Schreiben Sie Sätze.

a Peter – widersprechen – seine Eltern – oft – .
b Ich – gestern – begegnen – meine erste Liebe – zufällig – in der Stadt – .
c Mein Vater – einfallen – immer – gute Ideen – .
d Ich – zuhören – meine Tochter – beim Klavierspielen – gern – .
e Was – ich – sollen – raten – bloß – mein Vater – ?

a _Peter widerspricht seinen Eltern oft._

5.22 Ich **gebe Ihnen Geld**!

*Sie machen mir Angst.
Tun Sie mir nichts.
Ich gebe Ihnen Geld.*

*Er hat es mir geschenkt.
Das müssen Sie mir glauben.*

Erzähl mir doch keine Geschichten!

Viele Verben haben eine Akkusativ-Ergänzung. Wenn eine zweite Person dazukommt, für die man etwas tut (z. B. eine Geschichte erzählen), dann steht diese Person im Dativ.

Ich	gebe	Ihnen	mein Geld.	
Er	hat es	mir	geschenkt.	
Du	sollst	mir	keine Geschichten	erzählen.

Nominativ wer? → geben schenken/ erzählen/ … → Dativ wem? → Akkusativ was?

Ich erzähle eine Geschichte.
Ich erzähle dir eine Geschichte.

Formen

→ Kasus, Seite 12 | → Artikel, ab Seite 18 | → Pronomen, ab Seite 30

Wortstellung

	Position 2		Ende
Er	hat	dem Dieb das Geld	gegeben.
Das Geld	hat	er dem Dieb	gegeben.

Wenn das Subjekt nicht auf Position 1 steht, dann steht es immer direkt hinter dem Verb.

	Position 2		Ende
Er	hat	ihm das Geld	gegeben.
Er	hat	es dem Dieb	gegeben.
Er	hat	es ihm	gegeben.

Wenn Pronomen im Satz stehen, ändert sich die Satzstellung.

→ Wortstellung, ab Seite 138

A1 **1 Alles ist anders.**

a Was passt zusammen? Ordnen Sie zu.

A   B   C   D

1 Der Chef zeigt den Mitarbeitern das neue Auto.   B
2 Die Sekretärin bringt dem Chef einen Kaffee.   ○
3 Der Chef zeigt die Mitarbeiter.   ○
4 Die Sekretärin bringt den Chef.   ○

Verben mit Ergänzung: Akkusativ und Dativ — 5

b Markieren Sie in den Sätzen den Akkusativ und den Dativ.

A2 2 Im Restaurant: Schreiben Sie Sätze.

a Ein Kellner – holen – die Gäste – die Speisekarte
b Er – empfehlen – das Paar – ein Wein
c Eine Kellnerin – servieren – die Leute – das Essen
d Sie – bringen – die Frau – ein Salat – und – der Mann – ein Steak
e Der Gast – gibt – die Kellnerin – ein Trinkgeld

> a Ein Kellner holt den Gästen die Speisekarte.

A2 3 Markieren Sie in Ihren Sätzen in Aufgabe 2: Wer? (Nominativ), Wem? (Dativ) und Was? (Akkusativ) und tragen Sie die Wörter in die Tabelle ein.

	Wer?	Wem?	Was?
a holen	ein Kellner	den Gästen	die Speisekarte

A2 4 Wo steht was?

a Ergänzen Sie D (Dativ) oder A (Akkusativ).

1 Wir schenken Ⓓ den Kindern Ⓐ den Computer.
2 Wir schenken ○ ihn   ○ den Kindern.
3 Wir schenken ○ ihnen   ○ den Computer.
4 Wir schenken ○ ihn   ○ ihnen.

b Ergänzen Sie D (Dativ) oder A (Akkusativ) und schreiben Sie Sätze wie in a.

1 Geben Sie ○ der Arzthelferin bitte   ○ Ihre Versicherungskarte.
2 Geben Sie ○ _____ bitte   ○ _____ .
3 Geben Sie ○ _____ bitte   ○ _____ .
4 Geben Sie ○ _____   ○ _____ bitte.

A2 5 Berufliches und Privates: Ergänzen Sie mündlich oder schriftlich.

a ◆ Hat Frau Wedeke die Rechnung schon bezahlt?
   ○ Nein, ich habe _sie_ _ihr_ ja auch erst gestern geschickt.
b ◆ Können Sie bitte das Fax in mein Büro bringen?
   ○ Ja, Herr Meier, ich bringe _____ sofort.
c ◆ Hast du Peter das Fahrrad geschenkt?
   ○ Nein, ich habe _____ nur geliehen.
d ◆ Erzählst du uns die Geschichte noch mal?
   ○ Ach, nicht schon wieder, ich habe _____ doch schon so oft erzählt.
   ◆ Das macht nichts. Bitte erzähl _____ noch einmal. Sie ist so lustig.

5.23 Ich **interessiere mich** nicht **für** die Liebe.

Hubert (34). Ich glaube nicht an die Ehe, interessiere mich nicht für die Liebe und bin gegen zu enge Kontakte. Über Deine Antwort freue ich mich.

An dem Text sollten Sie vielleicht noch etwas arbeiten.

Viele Verben haben eine feste Präposition, z. B. glauben **an**, sich interessieren **für**, sich freuen **über**, ...

| sich freuen über + Akk. | Ich freue mich über deine Antwort. |
| arbeiten an + Dativ | An dem Text sollten Sie vielleicht noch etwas arbeiten. |

Präpositionen mit Akkusativ	Präpositionen mit Dativ
Sie haben die ganze Zeit an dich gedacht.	Sie haben die ganze Zeit von dir geredet.
auch so:	auch so:
auf: sich freuen auf, Lust haben auf, ...	mit: sprechen/reden mit, sich treffen mit, sich verabreden mit, zufrieden sein mit, ...
für: sich interessieren für, ...	
über: sich ärgern über, sprechen/reden über, ...	von: sprechen von, träumen von, ...
um: sich kümmern um, ...	

→ Liste der wichtigsten Verben mit Präpositionen, ab Seite 186

Schreiben Sie Kärtchen zu den Verben mit festen Präpositionen. Notieren Sie zu jedem Verb einen Beispielsatz.

sich freuen über + Akk.
Ich freue mich über deinen Besuch.

	Fragewörter	Pronomen
bei Sachen	wo + Präposition	da + Präposition
	Wovon träumst du? (träumen von)	Endlich wieder Urlaub! Davon habe ich lange geträumt.
	wor + Präposition*	dar + Präposition*
	Woran denkst du? (denken an)	Urlaub! Daran habe ich gerade gedacht.
bei Personen	Präposition + Fragewort	Präposition + Pronomen
	Von wem träumst du?	Ich habe von dir geträumt.
	An wen denkst du?	Ich habe an sie gedacht.

* an: woran, daran über: worüber, darüber
 auf: worauf, darauf um: worum, darum

Verben
Verben mit Ergänzung: Präpositionen 5

A2 1 Ein Anruf im Büro. Ordnen Sie zu.

bei ~~mit~~ mit mit um

- ◆ Guten Tag, mein Name ist Fischer. Ich würde gern _mit_ (a) Frau Suter sprechen.
- ○ Tut mir leid, Frau Suter arbeitet nicht mehr _____ (b) uns.
- ◆ Hm. Ach so.
- ○ Vielleicht kann ich Ihnen helfen?
- ◆ Mal sehen. Es geht um eine Rechnung. Wer kümmert sich denn jetzt _____ (c) solche Sachen?
- ○ Ach, da reden Sie am besten _____ (d) Herrn Glaser. Moment, ich verbinde Sie _____ (e) ihm.

A2 2 Lange nicht gesehen! Was ist richtig? Kreuzen Sie an.
🔊 Hören Sie dann und vergleichen Sie.

a ◆ Ach was!? Du interessierst dich jetzt für Yoga?
  ○ Ja, seit ein paar Jahren interessiere ich mich sehr   ○ dafür   ○ für es.
b ◆ Und denkst du noch oft an Gaby?
  ○ Ja, immer noch, ich muss jeden Tag   ○ daran   ○ an sie   denken.
c ◆ Ich fange übrigens nächste Woche eine neue Arbeit an!
  ○ Ach toll! Freust du dich schon   ○ auf sie   ○ darauf?
  ◆ Ja, klar. Aber ich bin auch ein bisschen nervös.
d ○ Und hast du schon gehört: Tabea geht es gar nicht gut.
  ◆ Wirklich? Ich habe mich doch erst vor einem Monat
    ○ mit ihr   ○ damit   getroffen. Da war sie ganz gesund und munter.
e ◆ Erinnerst du dich eigentlich noch an Klaus Weber?
  ○ Ja, natürlich erinnere ich mich   ○ daran   ○ an ihn.   Warum fragst du?
  ◆ Du glaubst es nicht! ...

A2 3 Fragen: Ergänzen Sie.

a ◆ _Worüber_ \
b ◆ _Über wen_   ärgerst du dich denn so?   ○ Über meinen Computer. \
                                                       ○ Über meine Mutter.

c ◆ _____ \
d ◆ _____   wartet Herr Gonzáles?   ○ Auf einen Anruf aus Mexiko. \
                                                       ○ Auf einen Kunden.

e ◆ _____ \
f ◆ _____   geht es in dem Film?   ○ Um den Präsidenten der USA. \
                                                       ○ Es geht um ein geheimnisvolles Buch.

B1 4 Schreiben Sie die Sätze anders.

a Die Studenten freuen sich auf die Ferien.   (bald Ferien haben)
b Denkst du bitte an die Milch?   (Milch kaufen)
c Erinnert ihr mich bitte an die Briefe?   (die Briefe zur Post bringen)
d Sie hat sich noch immer nicht von der vielen Arbeit letzten Monat erholt.
  (so viel gearbeitet zu haben)

> a Die Studenten freuen sich
>   darauf, bald Ferien zu haben.

5.24 Beeil dich!

Gitti! Beeil dich!

Gitti duscht sich.

Gitti wäscht sich die Haare.

Markus ärgert sich.

Es gibt zwei Arten von reflexiven Verben: Verben, die immer reflexiv (mit *sich*) sind, und Verben mit oder ohne *sich*.

A Verben mit *sich*

sich beeilen	Beeil dich!
sich kümmern um	Gitti kümmert sich nicht um ihren kleinen Bruder.
auch so: sich wohl/gut/schlecht fühlen, sich erkälten, …	

B Verben mit oder ohne *sich*

waschen + Akk.	Ich wasche meine Jeans.
sich (Akk.) waschen	Ich wasche mich.
sich (Dativ) waschen + Akk.*	Ich wasche mir die Haare.
auch so: (sich) anziehen, (sich) ausziehen, (sich) kämmen, …	

* Wenn es ein Akkusativobjekt gibt, steht das Reflexivpronomen im Dativ.

Formen

		Reflexivpronomen Akkusativ			Reflexivpronomen Dativ	Akkusativ
ich	freue	mich	ich	wasche	mir	
du	freust	dich	du	wäschst	dir	
er/es/sie	freut	sich	er/es/sie	wäscht	sich	
wir	freuen	uns	wir	waschen	uns	die Haare
ihr	freut	euch	ihr	wascht	euch	
sie/Sie	freuen	sich	sie/Sie	waschen	sich	

Wortstellung

	Position 2	
Unsere Tochter	kümmert	sich heute mal um den Hund.
Heute	kümmert	sich unsere Tochter mal um den Hund.
Heute	kümmert	sie sich mal um den Hund.

→ Wortstellung, ab Seite 138

Verben
Reflexive Verben 5

A2 1 Reflexiv oder nicht? Ordnen Sie zu.

Sie putzt sich die Zähne. Sie zieht sich an. ~~Sie putzt die Küche.~~ Sie zieht die Puppe an.

A _Sie putzt die Küche._   B _____   C _____   D _____

A2 2 mich, dich, sich ... Ordnen Sie zu.

mich dich sich sich sich euch ~~uns~~ uns uns

a ◆ Komm, wir müssen _uns_ beeilen. Sonst verpassen wir den Zug.
   ▲ Ja, ja, ich muss _____ nur noch schnell anziehen. Dann komme ich.
b ○ Freut ihr _____ schon auf den Urlaub in der Türkei?
   ▲ Und wie! Wir müssen _____ dringend erholen.
c ◆ Du musst _____ noch bei Thea für das Geschenk bedanken.
   ▲ Das mache ich morgen. Da treffen wir _____ sowieso.
d □ Schatz, Herr Kreuter möchte _____ gern von dir verabschieden.
   ▲ Ach, Herr Kreuter, auf Wiedersehen. Vielen Dank für Ihren Besuch.
     Ich hoffe, Sie haben _____ gut unterhalten.
e ◆ Warum sieht Thorsten in letzter Zeit denn so schlecht aus? Weißt du das?
   ▲ Er fühlt _____ gar nicht gut. Er ist jetzt schon seit drei Wochen erkältet.

A2 3 Eine Liebesgeschichte: Wie heißen die Verben? Notieren Sie sie.

Jeden Tag EEHSN (a) sich Klaudia und Robert im Bus auf dem Weg zur Arbeit. Sie EKNENN (b) sich nicht, aber manchmal CLHLNÄE sie sich AN (c). An einem Morgen EATUTENRHLN (d) sie sich. Am nächsten Tag EERNAVBRDE (e) sie sich. Sie wollen zusammen essen gehen. Das machen sie auch. Sie essen in einem schönen Restaurant und sie NEVHRSTEE (f) sich gut. An diesem Abend EERIVABSCHDEN (g) sie sich mit Herzklopfen. Von da an EFFRETN (h) sie sich jeden Tag und sie BERLVIEEN (i) sich. Doch es geht nicht lange gut. Eines Tages TTREISEN (j) sie sich und RENNTEN (k) sich. Ein Jahr später NGEGBENE (l) sie sich wieder im Bus. Und alles fängt von vorne an ...

(a) _sich sehen_

A2 4 Schau genau! Dativ oder Akkusativ? Kreuzen Sie an.

a Ich wasche ☒ mich ○ mir nur mit Wasser und Olivenöl. Das ist das Beste für meine Haut.
  Wie oft wäschst du ○ dich ○ dir die Haare?
b Ich lege ○ dich ○ dir deinen Schlüssel in die Küche.
  Ich lege ○ mich ○ mir jeden Nachmittag für eine halbe Stunde hin.
c Meine Mitbewohnerin kämmt ○ sich ○ ihr jeden Morgen eine halbe Stunde vor dem Spiegel.
  Sie hat auch eine Katze. Sie kämmt auch ○ sie ○ ihr jeden Tag das Fell. Unglaublich, oder?

5.25 **Gibt es** was Neues?

Na, hallo! Wie geht es denn so?
Es geht.
Und? Gibt es was Neues?
Ich weiß es nicht.
Sag mal, was meinst du: Regnet es bald?
Es kann sein.
Es ist interessant, mit dir zu sprechen.
Wirklich?
Nein, nein. Es war nur ein Spaß.

A es als Pronomen

es steht für ein neutrales Nomen oder für einen ganzen Satz.	Dein neues Auto ist wirklich toll. Fährt es auch gut? ◆ Wann kommt denn der nächste Bus? ○ Ich weiß es nicht.

B Verben und Ausdrücke mit *es*

feste Wendungen	Es ist interessant, mit dir zu sprechen. Es ist gar nicht so einfach, auf drei kleine Kinder aufzupassen. Es gibt nichts Neues. *auch so:* es ist leicht/schwierig/schön/gut/klar/… Wie ist es? / Wie war es? / Wo tut es weh? / …
Tages- und Jahreszeiten	Pst, sei leise, es ist schon spät. Es ist drei Uhr. Es ist Mittag/Abend/früh … Es ist Sommer/Herbst … Es ist Montag/Wochenende/Ostern … Es sind Ferien. Es ist Urlaubszeit.
Wetter	Im Radio haben sie gesagt: Morgen regnet es. Es schneit / fängt an zu regnen/schneien. Es ist wolkig/sonnig/neblig/heiß… Es sind fünfzehn Grad.
Befinden	Wie geht es Ihnen?

es steht auf Position 1, wenn man das Subjekt betont.
Wenn ein anderer Satzteil auf Position 1 steht, fällt *es* weg.

Es waren alle meine Freunde auf meiner Party.
Alle meine Freunde waren auf meiner Party.

Verben
Verben und Ausdrücke mit *es* 5

B1 **1 Ausdrücke mit *es*. Ordnen Sie zu.**

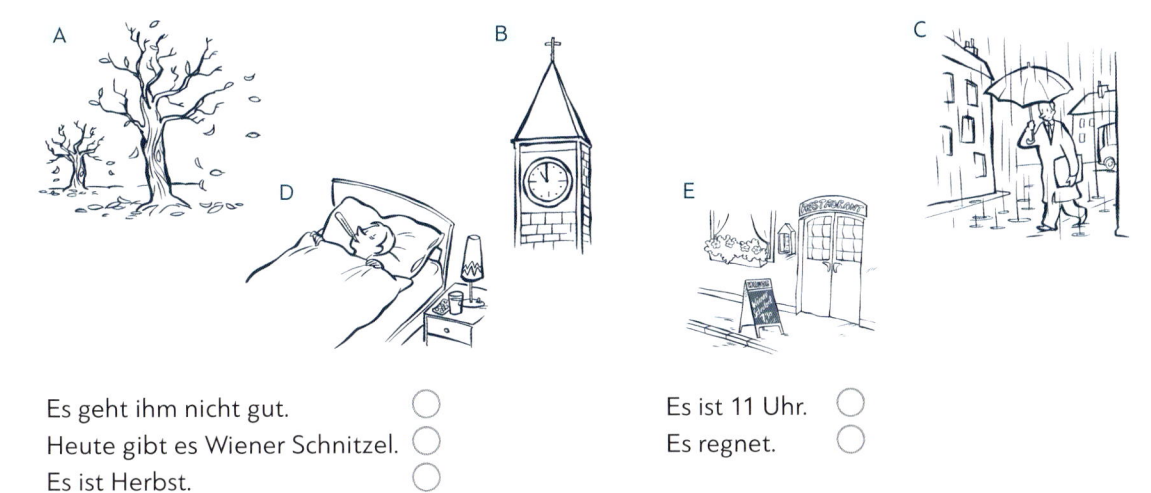

Es geht ihm nicht gut. ○
Heute gibt es Wiener Schnitzel. ○
Es ist Herbst. ○

Es ist 11 Uhr. ○
Es regnet. ○

B1 **2 Worauf bezieht sich *es*? Markieren Sie.**

a Das Haus ist echt toll. **Es** ist total modern.
b Weißt du, wann Juliane kommt? – Keine Ahnung, ich weiß **es** auch nicht.
c Räum jetzt endlich dein Zimmer auf. Ich habe **es** dir schon dreimal gesagt.
d Das Telefon klingelt. Geh endlich hin! – Ach, **es** hört schon wieder auf.

B1 **3 Ausdrücke mit *es*. Ergänzen Sie. Achten Sie auf die richtige Wortstellung.**

a Was? _Es ist_ schon so _spät_? Da muss ich mich jetzt aber beeilen. (spät sein)
b Sieh dir diese Schneemassen an. So viel _____ die ganzen letzten Jahre nicht _____. (hat geschneit)
c Schau mal, die ersten Blumen kommen raus. Endlich _____. (Frühling werden)
d Ach, war das toll! _____ dir auch so viel _____? (Spaß gemacht)
e Ich habe solche Schmerzen. – Wo _____ Ihnen denn genau _____, Frau Schindler? (wehtun)

B1 **4 Mit *es* oder ohne *es*? Ergänzen Sie: *es* oder – .**

a Der Film war — sehr interessant.
b Was gibt _____ denn heute Gutes zu essen?
c _____ hat geklingelt. Machst du mal auf?
d Heute regnet _____ noch, aber ab morgen scheint _____ die Sonne.
e Wir gehen _____ heute ins Kino. _____ kommen zurzeit viele gute Filme, die ich sehen möchte.
f Am Wochenende war Yvan bei uns. _____ war so schön, ihn wiederzusehen.
g So, Nina, jetzt haben wir genug gelesen. – Mama, bitte, ich will doch wissen, wie _____ weitergeht.
h Entschuldigen Sie, wissen Sie, wie viel Uhr _____ ist? – Ich weiß _____ leider auch nicht.

Test 5

S. 54   **1 Ja, wer tut denn das? Kreuzen Sie an (auch mehrfach).**

a ☒ Klaus und Birgit   ○ Ich   ○ Er   ☒ Wir   fahren morgen in die Stadt.
b Nächstes Jahr fliege   ○ du   ○ ich   ○ Sabine   bestimmt nach Athen.
c ○ Bert   ○ Du   ○ Ihr   ○ Sie   hilft ihrer Freundin bei den Hausaufgaben.
d Immer empfiehlt   ○ sie   ○ er   ○ ihr   ○ du   mir den Fisch. Ich möchte aber mal etwas anderes essen.
e ○ Die Kinder   ○ Jutta und Achim   ○ Wir   ○ Sie   sehen zu viel fern.
f ○ Die Sekretärin   ○ Er   ○ Ich   ○ Du   schreibe jeden Tag viele E-Mails am Computer.
g Jeden Morgen liest   ○ du   ○ ich   ○ Klaus   ○ der Lehrer   die Zeitung von gestern.

/ 6 PUNKTE

S. 56   **2 Jetzt ist Gymnastikstunde. Schreiben Sie Sätze.**

a Wir – Sportschuhe – mitbringen – .   _Wir bringen Sportschuhe mit._
b Die Lehrerin – ihre Sportsachen – schon – anziehen – haben – .
c Wir – zusammen – die Übungen – machen – .
d Lisas Tochter – immer – mitmachen – möchten – .
e Bei einer Übung – ich – zum Fenster – hinrennen – und – wieder – zurücklaufen – .
f Nach dem Kurs – ich – mit Lisa – zurückfahren – können – .
g Im Auto – Lisas Tochter – mir – immer – sehr viel – erzählen – .

/ 6 PUNKTE

S. 56   **3 Welche Vorsilben sind nie trennbar? Markieren Sie.**

(er-)   nach-   ver-   zu-   zer-   zusammen-   ge-   ent-

/ 4 PUNKTE

S. 58–60   **4 Klein-Erna erzählt ein Märchen. Ergänzen Sie die Perfektformen.**

Rotkäppchen _ist_ in den Wald _gegangen_ (gehen) und _____ schöne Blumen für die Großmutter _____ (suchen). Da _____ der Wolf _____ (kommen) und _____ (fragen): „Rotkäppchen, wohin gehst du?" „Zur Großmutter", _____ Rotkäppchen _____ (antworten) und _____ sich nicht mehr um den Wolf _____ (kümmern). Der Wolf _____ leise _____ (lachen) und _____ zu Großmutters Haus _____ (laufen). Eine halbe Stunde später _____ dann auch Rotkäppchen mit ihrer Tasche bei der Großmutter _____ (sein). Die Großmutter _____ ganz komisch _____ (aussehen). „Großmutter, was ist mit dir?", _____ das Mädchen _____ (fragen). Aber die Großmutter _____ keine Antwort _____ (geben). Sie _____ den Mund weit _____ (öffnen) und Rotkäppchen _____ (essen). Denn es _____ gar nicht die Großmutter im Bett _____ (liegen), der Wolf _____ im Bett auf Rotkäppchen _____ (warten). Erst in seinem Bauch _____ Rotkäppchen die Großmutter _____ (treffen). Ein glückliches Wiedersehen! Die beiden _____ so laut _____ (feiern), dass der Wolf freiwillig zum Jäger _____ (gehen). Denn er _____ Bauchweh _____ (haben).

/ 19 PUNKTE

Verben
Kapitel 5.01 – 5.08

S. 62 **5 Mit Mario im Schwimmbad. Ergänzen Sie im Partizip Perfekt.**

a Mario hat den Eintritt auch für mich _bezahlt_ (bezahlt).
b Wir haben uns _____ (umziehen) und ich habe mich mit kaltem Wasser _____ (abduschen).
c Mario kann sehr gut schwimmen, er hat gleich richtig _____ (trainiert).
d Nach einer Weile haben wir uns auf einem Liegestuhl _____ (ausruhen) und uns _____ (unterhalten).
e Auf einmal bin ich total _____ (erschrecken): Es war schon so spät!
f Aber Mario hat mich für den nächsten Tag auf ein Eis _____ (einladen) – die Einladung habe ich gern _____ (annehmen)!

/ 8 PUNKTE

S. 64 **6 Lesen Sie die Geschichte von Rotkäppchen noch einmal. Schreiben Sie sie im Präteritum.**

Rotkäppchen ging in den Wald und suchte schöne Blumen für die Großmutter. Da …

/ 18 PUNKTE

S. 66 **7 Partypech! Was ist vorher passiert? Ergänzen Sie im Plusquamperfekt.**

a Vor zwei Monaten _hatte_ ich _beschlossen_ (beschließen), meinen Geburtstag so richtig zu feiern – und heute Abend war es nun soweit.
b Wir waren ganz allein, den Hund _____ wir schon gestern zu meinen Eltern _____ (bringen).
c Alles war perfekt, nur an eins _____ ich nicht _____ (denken): an die Katze unserer Nachbarn.
d Ich _____ nämlich die Küchenfenster _____ (öffnen), damit das Essen kalt blieb.
e Als die ersten Gäste kamen, _____ wir schon alles _____ (vorbereiten).
f Ich öffnete die Küchentür und da saß Nachbars Katze auf dem Tisch und _____ alles Fleisch und auch den Fisch _____ (auffressen). So ein Pech!

/ 5 PUNKTE

S. 68 **8 Welche Pläne hat Britta für ihr nächstes Fest? Ordnen Sie zu und schreiben Sie Sätze mit _werden_.**

~~nicht mehr zu Hause feiern~~   nicht mehr so viele Gäste einladen   das Essen bestellen
alle Fenster und Türen schließen   auch überhaupt nicht mehr feiern

a Wenn ich jemals meinen Geburtstag noch einmal feiere, dann _werde_ ich bestimmt _nicht mehr zu Hause feiern_.
b _Ich_ _____.
c _____.
d Dort, wo das Essen steht, _____.
e Vielleicht _____.

/ 4 PUNKTE

/ 69 PUNKTE

Vergleichen Sie nun Ihre Lösungen mit dem Schlüssel auf Seite 199–200.

Test 5

S. 70–76

**1 Im Freizeitpark. Plan? Vorschlag? Bitte?
Lesen Sie die Aussagen und kreuzen Sie an.**

a Kinder, morgen wollen wir zum Fantasialand fahren.   ○ Erlaubnis   ☒ Plan

b Mama, ich möchte ein Eis und Cola.   ○ Wunsch   ○ Aufforderung durch eine andere Person

c Hier müssen Sie Ihre Taschen abgeben.   ○ Vorschrift   ○ höfliche Bitte

d Mama, kannst du bitte meine Tasche nehmen?   ○ Bitte   ○ Aufforderung durch eine andere Person

e Wir sollen hier warten, hat Mama gesagt.   ○ Aufforderung durch eine andere Person   ○ Vorschlag

f Könnten Sie mir sagen, wo die Toiletten sind?   ○ Erlaubnis   ○ höfliche Bitte

g Nächstes Jahr will ich wieder hierher.   ○ Vorschlag   ○ Wunsch

h Tut mir leid, hier darfst du nicht allein rein.   ○ Verbot   ○ Erlaubnis

/ 7 PUNKTE

S. 70–76

**2 Bei uns im Deutschkurs: Schreiben Sie Sätze.
Beginnen Sie mit dem unterstrichenen Wort.**

a <u>Rita</u> – lesen – ohne Brille – können – kein Wort:
Rita kann ohne Brille kein Wort lesen.

b <u>Klaus</u> – wollen – den Deutschtest – nur – mit seinem Wörterbuch – schreiben:
_____

c wir – die Tafel – putzen – <u>vor Kursbeginn</u> – müssen:
_____

d <u>die Lehrerin</u> – sollen – geben – nicht – so viele Hausaufgaben – uns – am Wochenende:
_____

e <u>im Unterricht</u> – nicht – die Handys – klingeln – dürfen:
_____

f wollen – <u>in der Pause</u> – ich – in die Cafeteria – und – gehen – einen Kaffee – trinken:
_____

/ 5 PUNKTE

S. 70–76

3 Kleine Gespräche: Ergänzen Sie: *können, müssen, dürfen, wollen, sollen* in der richtigen Form.

a ◆ Was _wollt_ ihr denn schon wieder hier? Ich habe euch doch gesagt, ihr _____ ins Bett gehen!
   ○ Ach bitte, _____ wir noch ein bisschen fernsehen?

b ◆ Das weiß ich wirklich nicht. Das _____ Sie ihn schon selbst fragen.
   ○ Das _____ ich nicht, weil ich ihn nie treffe.

c ◆ _____ Sie mir hier bei der Antwort helfen?
   ○ Nein, das ist hier eine Prüfung. Das _____ ich Ihnen nicht sagen.

d ◆ Zu dem Arzt gehe ich nicht mehr. Stell dir vor, ich _____ eine Diät machen.
   ○ Was hat er dir denn alles verboten? _____ du auch keine Schokolade mehr essen?
   ◆ Nein. Und Sport _____ ich auch noch machen, hat er gesagt.

e ◆ _____ wir heute ein Picknick machen?
   ○ Au ja, das ist eine tolle Idee.

f ◆ Oh, entschuldigen Sie. Ich _____ Ihnen nicht wehtun.
   ○ Ach, es war nicht so schlimm.

/ 10 PUNKTE

Verben
Kapitel 5.09 – 5.14

S. 78 **4 Anruf in der Autowerkstatt: Sagen Sie es im Passiv Perfekt.**

◆ Ist mein Auto endlich fertig?
○ Ja, es _ist_ gerade _gewaschen worden_ (waschen).
In einer halben Stunde können Sie es mitnehmen.
◆ Gut. Und was _____ sonst noch _____ (machen)?
○ Das Motoröl _____ (wechseln).
Und eine neue Batterie _____ auch _____ (einbauen).
◆ Aha, und das Türschloss?
○ Ja, das Türschloss an der Fahrertür _____ (reparieren).
Dazu _____ auch der Bordcomputer neu _____ (programmieren).
◆ Gut, wie ist es mit dem CD-Spieler?
○ Oh, der _____ (umtauschen). Der alte _____
zur Firma _____ (zurückschicken).
◆ Prima, dann _____ alles _____ (machen).
Ich hole ihn um 17.00 Uhr ab.
○ Äh, da ist noch etwas. Die Rechnung von der letzten Reparatur im Dezember _____
immer noch nicht _____ (bezahlen). Sie müssen erst
bezahlen. Vorher kann der Wagen nicht abgeholt werden.
◆ Oh.

/ 9 PUNKTE

S. 80 **5 Aus der Zeitung: Bert erzählt seiner Frau, was er gelesen hat. Schreiben Sie die Sätze im Passiv mit *können* oder *müssen* in der richtigen Form.**

a **Unglaublich!** Feuerwehr rettete alte Frau aus brennendem Haus

Eine alte Frau _musste aus einem brennenden Haus gerettet werden_.

b **Lottogewinn machte es möglich!** Berühmter Arzt operierte den kleinen Nils doch noch!

Der kleine Nils _____.

c Stadt schließt am nächsten Wochenende Schwimmbad wegen Reparatur

Das Schwimmbad _____.

d **Müllwagen in der Werkstatt:** Morgen leeren die Arbeiter die Tonnen nicht

Die Mülltonnen _____.

e **Müde vom Shoppen:** Verkäuferin weckte Kundin bei Geschäftsschluss in Kaufhaustoilette

Eine Kundin _____.

/ 4 PUNKTE

/ 35 PUNKTE

Vergleichen Sie nun Ihre Lösungen mit dem Schlüssel auf Seite 200.

Test 5

S. 82 **1 Was bist du denn für ein Typ? Ergänzen Sie: *lassen* in der richtigen Form.**

a Was, du hast deine Mutter dein Zimmer aufräumen _lassen_ ?
b Jetzt sag nicht, du hast dein Handy zu Hause _____ !
c Wie siehst du denn aus? Hast du deinen Bäcker deine Haare schneiden _____ ?
d Ihhhh, das riecht ja furchtbar. Wie lange _____ du das Fleisch schon kochen?
e Das glaube ich nicht! Du hast tatsächlich deine Freundin für dich eine Hose kaufen _____ ?
f Und das _____ er sich gefallen?
g Du bist zu komisch heute. _____ mich in Ruhe.

/ 6 PUNKTE

S. 84 **2 Wusstest du das?**

a *Nehmen* oder *genommen*? Kreuzen Sie an.

1 In den nächsten Jahren wird die Bevölkerung immer weiter ☒ zunehmen ○ zugenommen.
2 Viele neue Pflanzenarten werden im Labor ○ herstellen ○ hergestellt.
3 Kartoffeln werden auch für die Produktion von Papier ○ brauchen ○ gebraucht.
4 Mücken wird es auch in tausend Jahren noch ○ geben ○ gegeben.

b Welche Sätze aus a stehen im Futur, welche im Passiv? Ordnen Sie zu.

Futur: _1,_   Passiv: _____

/ 6 PUNKTE

S. 84 **3 Was ist mit dem Chef passiert? Schreiben Sie Sätze im Passiv.**

a für den Chef Paket abgeben — _Für den Chef ist ein Paket abgegeben worden._
b den Chef den ganzen Tag nicht mehr sehen — _Danach_
c dem Chef E-Mails schicken — _Mehrmals_
d 16 Uhr Polizei holen — _Da keine Antwort kam,_
e Tür aufbrechen
f neueste CD mit seiner Lieblingsmusik liefern — _Man fand den Chef gemütlich in seinem Sessel sitzend, denn_

/ 5 PUNKTE

S. 86 **4 Wochenendtraum. Was ist richtig? Kreuzen Sie an.**

Sabine ○ hätte ☒ könnte (a) mal wieder tanzen gehen, die Super-Dance-Disco ○ wäre ○ sollte (b) mal wieder toll. Da ○ sollte ○ würde (c) sie bestimmt wieder den netten jungen Mann treffen. Sie ○ sollte ○ würde (d) ihn fragen, ob er Lust ○ wäre ○ hätte (e) , am Sonntag mit ihr ins Kino zu gehen. Im Kino ○ würden ○ hätten (f) sie sich an den Händen halten. Alles ○ hätte ○ wäre (g) wie im Himmel. Ach, ○ sollten ○ könnten (h) ihre Träume nicht wahr werden?

/ 7 PUNKTE

Verben
Kapitel 5.15 – 5.19

S. 88   **5 Die reiche Frau**

a Schreiben Sie Sätze mit *als ob*.

1 Sie wohnt in einer sehr kleinen Wohnung, als ob sie *kein Geld hätte* (kein Geld haben).
2 Sie schickt ihren Mann in der Gegend herum, als ob _____
   _____ (nicht selbst laufen können).
3 Ihr Mann sieht immer fröhlich aus, als ob _____
   (ihn das noch nie gestört haben).
4 Den ganzen Tag tut sie so, als ob _____
   _____ (die wichtigste Frau der Welt sein).

b Wie könnte alles anders sein? Schreiben Sie Sätze mit *wenn*.

1 Sie hat so viel Geld. Also lässt er sich nicht scheiden.
   Wenn sie nicht so viel Geld hätte, würde er sich scheiden lassen.
2 Sie ist nicht nett zu ihm. Also mag er sie nicht.

3 Die Frau und ihr Mann haben nie Besuch. Also ist ihr Leben langweilig.

4 Er hat das alles nicht gewusst. Also hat er sie damals geheiratet.

/ 6 PUNKTE

S. 90   **6 Besuch von den Eltern. Was sagen die Eltern? Schreiben Sie Sätze im Imperativ.**

a Der Junge soll eine saubere Jacke anziehen.
b Seine Fenster müssen geputzt werden.
c Er muss mal wieder aufräumen!
d Die Hunde, Rex und Waldo, sollen still sein.
e Der Sohn soll sein Sofa ins Haus bringen.
f Der Nachbar soll sich um seine eigenen Sachen kümmern.
g Die Hunde sollen draußen bleiben.
h Der Junge soll auf sich aufpassen!

a *Zieh (doch) eine saubere Jacke an!*
b _____
c _____
d *Rex und Waldo,* _____
e _____
f *Herr Nachbar,* _____
g _____
h _____

/ 7 PUNKTE

/ 37 PUNKTE

Vergleichen Sie nun Ihre Lösungen mit dem Schlüssel auf Seite 200.

Test 5

1 Kindergärtnerinnen gesucht! Nominativ oder Akkusativ?
Bestimmen Sie die markierten Formen.

> Sie mögen <u>Kinder</u>
> und sprechen gut <u>Deutsch</u>?
> Sie sind <u>Kindergärtnerin</u>?
> Sie machen gern <u>den Haushalt</u>
> und kochen <u>gesundes Essen</u>?
> Ich bin <u>Ärztin</u> und habe <u>einen
> anstrengenden Beruf</u>.
> Ich brauche <u>Sie</u>!

a _Akkusativ_
b _____
c _____
d _____
e _____
f _____
g _____
h _____

/ 7 PUNKTE

2 Akkusativ oder Dativ? Kreuzen Sie an.

Hi Lina,
wie geht es ☒ dir ○ dich? (a) Schade, dass du nicht zu Hause bist.
Ich habe gestern nämlich jemanden kennengelernt und er gefällt
○ mich ○ mir (b) sehr! Er hat tolle schwarze Haare und ganz schöne
Augen. Ich bin ○ ihm ○ ihn (c) im Schulhof begegnet, als ich gerade
ganz verzweifelt war wegen Englisch. Er hat ○ mir ○ mich (d) geholfen
und ○ mir ○ mich (e) ein Wörterbuch geliehen. Das gehört ○ mich
○ mir, (f) hat er gesagt. Lina, du musst ○ mir ○ mich (g) helfen!
Fällt ○ dir ○ dich (h) was ein? Ich muss ihn unbedingt wiedersehen
und ○ ihn ○ ihm (i) danken. Hilf ○ mich ○ mir (j) und ruf mich zurück.
Dringend, hörst du!
Bussi, Amelie

/ 9 PUNKTE

3 Da fehlt doch jemand. Ordnen Sie zu und ergänzen Sie in der richtigen Form.

ihr Neffe   die Kinder   das Baby   ich   ihre Enkel   ~~seine Frau~~   unsere Tochter   er

a Ein Mann schenkt _seiner Frau_ eine goldene Uhr zum Hochzeitstag.
b Ich singe _____ ein Lied vor. Aber es will einfach nicht schlafen.
c Wir kaufen _____ ein Auto zum Abitur. Sie wünscht sich eins.
d Sie hat _____ nicht zur Hochzeit gratuliert. Denn sie ist in ihn verliebt.
e Du schreibst _____ nie eine Karte aus dem Urlaub. Das finde ich nicht schön.
f Die Mutter kocht _____ jeden Morgen Kakao zum Frühstück.
g Die Tante aus Amerika schickt _____ jedes Jahr ein Paket zu Weihnachten.
h Die Oma macht _____ immer ihr Lieblingsessen.

/ 7 PUNKTE

Verben
Kapitel 5.20 – 5.25

S. 96 **4 Peter tut alles für Heidi. Und sie? Schreiben Sie die Sätze nur mit Pronomen.**

a Heidi findet das neue Buch von Noah Gordon ganz toll. _Er schenkt es ihr_ . (schenken)
b Peter möchte Heidis neues Buch auch gern lesen. _Doch sie_____ . (nicht leihen)
c Heidi trinkt den Kaffee gern im Bett. _Er_____ . (ans Bett bringen)
d Heidi und die Kinder essen gern Pizza. _Er_____ .
   (einmal in der Woche backen)
e Peter liebt Steaks über alles. _Aber Heidi_____ . (nie braten)
f Peter wüsste gern Heidis größten Wunsch. _Aber sie_____ . (nie verraten)

/ 5 PUNKTE

S. 98 **5 Ein Abend bei Klaus und Biggi: Was ist richtig? Kreuzen Sie an.**

♦ Klaus? Gestern habe ich ○ mit ☒ von ○ auf (a) dir geträumt.
○ Ich habe dir nicht zugehört. ○ Wovon ○ Womit ○ Darüber (b) hast du gerade gesprochen?
♦ Ich meine, ich denke sogar im Schlaf ○ an ○ auf ○ von (c) dich.
○ Oh, ja, sehr lieb von dir. Aber wolltest du dich heute nicht mal wieder ○ mit ○ von ○ zu (d) deiner Freundin treffen?
♦ Nein, ich hatte keine Lust ○ darauf ○ auf sie ○ worauf, (e) sie zu sehen. Sie redet immer nur ○ über ○ für ○ mit (f) die Liebe.
○ Und? Interessierst du dich nicht ○ worüber ○ für sie ○ dafür? (g)
♦ Doch! Aber Petra – ich ärgere mich ○ worüber ○ über sie ○ darüber. (h) Nie komme ich zu Wort. Sie redet die ganze Zeit.
○ Aha. …

/ 7 PUNKTE

S. 100 **6 Was passt zusammen? Verbinden Sie und ergänzen Sie das Reflexivpronomen.**

a Föhnst du   1 _____ gern mit ihren Freunden auf dem Spielplatz.
b Wann sehen wir   2 _____ nicht um seine Aufgaben?
c Warum kümmert er   3 _____ gern an meinen letzten Geburtstag.
d Freut ihr   4 _dir_ noch die Haare?
e Die Kinder treffen   5 _____ auf die Hochzeit?
f Ich erinnere   6 _____ mal wieder?

/ 5 PUNKTE

S. 102 **7 Sätze mit es: Fragen oder antworten Sie.**

a _Was gibt es denn heute zu essen?_   Kartoffeln mit Würstchen.
b Wie ist das Wetter in Chicago? (gerade sehr heiß) _____ .
c Warum wird es so früh dunkel? (Winter)   _____ .
d Regnet es schon? (gerade anfangen)   _____ .
e _____ _dir_ ?   Es geht, mal besser, mal schlechter.
f Musst du nicht noch was für die Schule tun? (Ferien!)   _doch_____ !

/ 5 PUNKTE

/ 45 PUNKTE

Vergleichen Sie nun Ihre Lösungen mit dem Schlüssel auf Seite 201.

6.01 Ich warte **seit** einer halben Stunde.

Ich warte seit einer halben Stunde. Hatten wir nicht gesagt: um acht?

Am Dienstag? ... Ach so ...

Mit temporalen Präpositionen *(um, bis, vor, ...)* drückt man aus, wann etwas geschieht.

		Bedeutung	Beispiel
um		Uhrzeit	Sie treffen sich um acht.
bis		→× Endpunkt	Er hat bis sieben Uhr gearbeitet.
von (+ Dat.) ... bis (zum)	+ Akk.	×————→× Beginn (von) Endpunkt (bis)	Gestern hat er von acht bis halb neun gewartet.
für		(———) Zeitspanne	Nächste Woche fahren sie für zwei Wochen in Urlaub.
über		länger/mehr als	Er hat letzte Woche schon über zwei Stunden auf sie gewartet.
an/am		Tage, Tageszeiten, Datum	Ach, wir treffen uns am Dienstag? Am Abend hat er immer Zeit für sie. ⚠ in der Nacht. Am 15. Mai wollen sie heiraten.
in/im		irgendwann in diesem Zeitraum / Zeitpunkt in der Zukunft	Im Sommer geht er gern spazieren. In einer Stunde treffen sie sich.
vor nach	+ Dat.	(———)×(———) vor Zeitpunkt nach	Schon vor acht Uhr morgens ruft er sie an. Nach 18 Uhr sieht er sie endlich.
seit		×————→ Vergangenheit bis jetzt	Seit einer Woche kann er nicht mehr schlafen.
ab von ... an		o——×——→ jetzt Beginn	Ab morgen will er keinen Kaffee mehr trinken. Vom 1. Januar an will er nicht mehr rauchen.
bei		gleichzeitig	Schon beim Frühstück denkt er an sie.
während		gleichzeitig	Schon während des Frühstücks denkt er an sie.
innerhalb	+ Gen.	irgendwann in einem bestimmten Zeitraum	Er ist innerhalb der nächsten Stunde zu Hause.
außerhalb		nicht in einem bestimmten Zeitraum	Er wollte sie in der Firma anrufen. Aber er rief außerhalb der Geschäftszeiten an und konnte sie nicht erreichen.

Präpositionen
Zeit 6

1 Wann ist der Termin? Ordnen Sie zu.

~~Mittag~~ Sonntag zehn Uhr Wochenende Viertel nach drei
acht Uhr morgens Freitagvormittag halb eins sieben Uhr abends Abend

am *Mittag* _____ um _____

2 am, in, um, von oder bis? Ergänzen Sie. Hören Sie dann und vergleichen Sie.

◆ Guten Tag. Sagen Sie: Wie sind denn Ihre Sprechzeiten?
◇ Wir haben jeden Tag _____ 8:30 _____ 13 Uhr (a) geöffnet. _____ Dienstag und Donnerstag (b) haben wir auch _____ Nachmittag (c) Sprechstunde.
◆ Kann ich _____ Montag (d) gleich _____ zehn (e) kommen?
◇ Tut mir leid, das geht leider nicht. Wir haben erst _____ einer Woche (f) wieder Termine frei.

Dr. Stefan Schmidt
Mo bis Fr   8:30 – 13:00 Uhr
Di und Do   15:00 – 19:00 Uhr

3 Wochen, Monate, Jahre … Was ist richtig? Kreuzen Sie an.

a Wann habt ihr euch kennengelernt?
   Vor   ○ drei Jahren.   ○ drei Jahre.
b Und wie lange seid ihr schon verheiratet?
   Seit ○ zwei Monate.   ○ zwei Monaten.
c Wie lange lebt ihr schon hier in Wien?
   Über ○ zwei Monate.   ○ zwei Monaten.
d Wann fahrt ihr in Urlaub?
   In   ○ zwei Monaten. ○ zwei Monate.

4 Klassentreffen: Ergänzen Sie vor oder seit.

◆ Du wohnst jetzt in Ägypten? Ist ja toll. Und wann bist du dorthin gezogen?
◇ _____ drei Jahren (a).
◆ Und wie lange lebst du schon in Kairo?
◇ Wir leben dort _____ fünf Monaten (b).
◆ Wir? Bist du etwa verheiratet? _____ wann (c) denn?
◇ _____ fünf Jahren (d) schon. Und _____ einem Jahr (e) haben wir eine Tochter bekommen.

5 In der Stadt: Ergänzen Sie ab, vom … an, von … bis.

A Liebe Kunden, _____ 1. Juni haben wir für Sie jeden Tag _____ 8 _____ 19 Uhr geöffnet.

B Wir machen Urlaub. _____ Montag, 23. 8., sind wir wieder für Sie da.

6 Am Telefon: Ergänzen Sie innerhalb, außerhalb oder während.

a Leider rufen Sie _____ unserer Sprechzeiten an. Bitte versuchen Sie es später noch einmal. Danke.
b Hallo, Maya, ich wusste, dass du es bist. Du rufst immer _____ meiner Mittagspause an.
c Könnten Sie bitte später noch mal anrufen? Mein Mann ist jetzt nicht da, aber er kommt bestimmt _____ der nächsten halben Stunde nach Hause.

113

6.02 Ich bin **vor** euch.

Ich bin vor euch.
Ich bin zwischen euch.
Ich bin hinter euch.
Ich bin zwischen euch.
Ich bin über euch.
Ich bin unter euch.
Ich bin links neben euch.
Ich bin zwischen euch.
Ich bin rechts neben euch.

Mit den Wechselpräpositionen beschreibt man:
eine Bewegung in eine Richtung (Wohin?) oder eine Position (Wo ist etwas?).

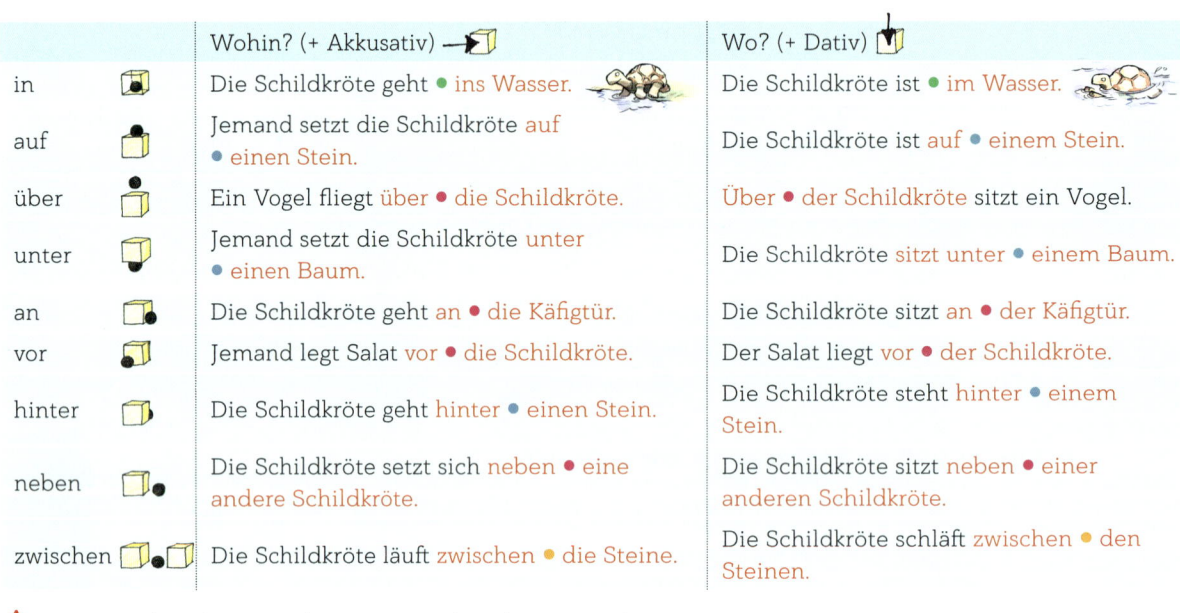

		Wohin? (+ Akkusativ)	Wo? (+ Dativ)
in		Die Schildkröte geht • ins Wasser.	Die Schildkröte ist • im Wasser.
auf		Jemand setzt die Schildkröte auf • einen Stein.	Die Schildkröte ist auf • einem Stein.
über		Ein Vogel fliegt über • die Schildkröte.	Über • der Schildkröte sitzt ein Vogel.
unter		Jemand setzt die Schildkröte unter • einen Baum.	Die Schildkröte sitzt unter • einem Baum.
an		Die Schildkröte geht an • die Käfigtür.	Die Schildkröte sitzt an • der Käfigtür.
vor		Jemand legt Salat vor • die Schildkröte.	Der Salat liegt vor • der Schildkröte.
hinter		Die Schildkröte geht hinter • einen Stein.	Die Schildkröte steht hinter • einem Stein.
neben		Die Schildkröte setzt sich neben • eine andere Schildkröte.	Die Schildkröte sitzt neben • einer anderen Schildkröte.
zwischen		Die Schildkröte läuft zwischen • die Steine.	Die Schildkröte schläft zwischen • den Steinen.

⚠ im = in dem / ins = in das; am = an dem / ans = an das

stehen oder *stellen*?

keine Bewegung	Bewegung
sitzen	(sich) setzen
Tom sitzt auf dem Stuhl.	Tom setzt sich auf den Stuhl.
stehen	(sich) stellen
Tom steht vor der Tür.	Tom stellt sich vor die Tür.
hängen	hängen
Das Bild hängt an der Wand.	Wir hängen das Bild an die Wand.
liegen	(sich) legen
Tom liegt gern bis 12 Uhr im Bett.	Tom legt sich nicht vor Mitternacht ins Bett.
Die Verben ohne Bewegung sind unregelmäßig (saß – hat gesessen).	Die Verben der Bewegung sind regelmäßig (setzte sich – hat sich gesetzt).

Präpositionen Ort 6

A1 1 Sara sucht Ostereier. Wo sind die Eier? Ergänzen Sie die Präpositionen.

A Ein Ei ist _____ den Büchern.

B Ein Ei ist _____ dem Radio.

C Ein Ei ist _____ den CDs.

D Ein Ei ist _____ dem Sofa.

E Ein Ei ist _____ dem Fernseher.

F Ein Ei ist _____ der Blume, _____ der Tasse.

G Ein Ei ist _____ dem Foto.

H Und ein Ei ist schon _____ Saras Mund.

A2 2 Morgens um acht im Büro: Ergänzen Sie die Präposition mit dem Artikel im Akkusativ oder Dativ.

• das Zimmer • der Tisch • das Postfach • die Küche • die Feier • das Bett • das Büro

Martin ist wie immer pünktlich um 8.00 Uhr (in) _im_ (a) Büro. Seine Kollegin telefoniert bereits (in) _____ (b) Nebenzimmer. Martin stellt seinen Laptop (auf) _____ (c) Tisch. (auf) _____ (d) Tisch wartet schon viel Arbeit auf ihn. Er schaltet seinen Laptop an und sieht (in) _____ sein _____ (e) Mail-Postfach 48 neue E-Mails. Oje. Martin geht erst einmal (in) _____ (f) Küche, um Kaffee zu holen. (in) _____ (g) Küche steht noch der alte Kaffee von gestern. Igitt! Er macht sich einen frischen Kaffee, denn er war gestern (auf) _____ (h) Feier von einem Freund und ist viel zu spät (in) _____ (i) Bett gegangen. Dann geht er zurück (in) _____ (j) Büro. Der Tag kann beginnen.

A2 3 Montagmorgen im Supermarkt

a *setzen*, *legen*, *stellen* oder *hängen*? Ergänzen Sie in der richtigen Form.

1 Die Mitarbeiter _stellen_ neue Produkte in die Regale.
2 Andere _____ frisches Obst und Gemüse in die Kisten.
3 Der Chef _____ die Schilder mit den Sonderangeboten an die Wände.
4 Die Kassiererinnen _____ sich an die Kasse.

b Wo sind die Dinge/Personen aus 1? Ergänzen Sie: *sitzen*, *stehen*, *liegen* oder *hängen*.

1 Die neuen Produkte _____ in den Regalen.
2 Das frische Obst und Gemüse _____ in den Kisten.
3 Die Schilder mit den Sonderangeboten _____ an den Wänden.
4 Die Kassiererinnen _____ an der Kasse.

A2 4 Bewegung oder keine Bewegung? Was ist richtig? Kreuzen Sie an.

a Ich ☒ stelle ○ stehe   den Topf auf den Herd.
b Das Essen ○ stellt ○ steht   auf dem Herd.
c Die Katze ○ sitzt ○ setzt   auf dem Sofa.
d Ich ○ sitze ○ setze   mich auf das Sofa neben die Katze.

6.03 Sie kommt **aus** dem Haus.

Agententhriller

Sie kommt aus dem Haus.

Sie sitzt im Auto und fährt nach Norden.

Sie ist jetzt außerhalb der Stadt und fährt den Fluss entlang.

Sie kommt an einer Fabrik vorbei.

Sie fährt durch einen Tunnel.

Sie hält gegenüber einer Tankstelle.

Sie geht um ein Schild herum.

Auf dem Schild steht …

A Präpositionen für Wegbeschreibungen

		Bedeutung	Beispiel
durch	+ Akk.		Sie fährt durch • einen Tunnel.
um … herum			Sie geht um • ein Schild herum.
entlang ⚠ steht nach dem Nomen			Sie fährt • den Fluss entlang.
an … vorbei	+ Dat.		Sie kommt an • einer Fabrik vorbei.
gegenüber		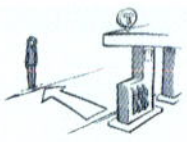	Sie hält gegenüber • einer Tankstelle.
außerhalb	+ Gen.	X	Sie ist außerhalb • der Stadt.
innerhalb		 X	Sie ist innerhalb • der Stadt.

B Weitere lokale Präpositionen

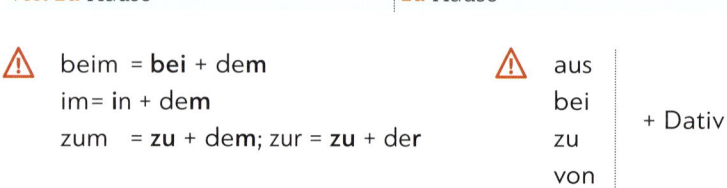

Woher?	Wo?	Wohin?
aus Berlin, Österreich	in Berlin, Österreich	nach Berlin, Österreich
⚠ • aus der Schweiz / • den USA	⚠ • in der Schweiz / • den USA	⚠ • in die Schweiz / • die USA
aus • dem Haus	• im Haus	• in das Haus
• vom Arzt	• beim Arzt	• zum Arzt
von zu Hause	zu Hause	nach Hause

⚠ beim = **bei** + dem
im = **in** + dem
zum = **zu** + dem; zur = **zu** + der

⚠ aus, bei, zu, von + Dativ

Präpositionen
Weitere lokale Präpositionen 6

A1 **1 Sprachkurs Deutsch**

a Woher kommen die Teilnehmer? Lösen Sie die Übung mündlich oder schriftlich.

1 Metin / • die Türkei
2 Svetlana / Russland
3 Amir / Iran
4 Sascha / • die Ukraine
5 Adriana / Brasilien

1 Metin kommt aus • der Türkei.

b Wie oft fahren sie in ihre Heimat? Ergänzen Sie: *in* oder *nach* und den Artikel, wenn nötig.

1 Metin fährt einmal im Jahr _in die_ Türkei.
2 Svetlana fliegt _____ Russland, sooft es geht, und besucht ihre Eltern.
3 Amir fliegt im Sommer wieder _____ Iran.
4 Sascha fährt nach dem Sprachkurs zurück _____ Ukraine. Er lebt dort.
5 Adriana fliegt alle ein bis zwei Jahre _____ Brasilien.

A2 **2 Woher, wo und wohin?** Ergänzen Sie die Präpositionen *aus, von, in, nach, zu, bei* und die Artikel in der richtigen Form mündlich oder schriftlich.

Woher kommst du denn?	Wo warst du?	Wohin fährst du?
a _Aus der_ Schule.	_____ Schule.	_____ Schule.
b _____ Hause.	_____ Hause.	_____ Hause.
c _____ Stuttgart.	_____ Stuttgart.	_____ Stuttgart.
d _____ meiner Freundin.	_____ meiner Freundin.	_____ meiner Freundin.
e _____ Büro.	_____ Büro.	_____ Büro.
f _____ Spanien.	_____ Spanien.	_____ Spanien.
g _____ Niederlanden.	_____ Niederlanden.	_____ Niederlande.

B1 **3 Mein täglicher Weg zur Arbeit.** Ordnen Sie zu.

~~außerhalb~~   innerhalb   durch   an ... vorbei   um ... herum   entlang   gegenüber

Ich wohne in der Stadt, aber meine Firma liegt _außerhalb_ (a) der Stadt.
Früher bin ich mit dem Auto gefahren. Aber seit Kurzem gibt es _____ (b) von unserem Haus ein Fahrradgeschäft. Dort habe ich mir ein Fahrrad gekauft. Jetzt fahre ich jeden Tag mit dem Rad. Zuerst muss ich _____ (c) die Stadt fahren. Aber dann fahre ich fast die ganze Zeit den Fluss _____ (d). Und ich komme auch _____ schönen Cafés _____ (e). Am Ende fahre ich noch _____ ein Feld _____ (f). Jetzt im Sommer blüht da alles. Wunderbar. Aber wohnen möchte ich da nicht. Da gibt es ja gar nichts. Kein Geschäft, kein Kino ... Nein, ich bin froh, dass ich _____ (g) der Stadt wohne.

6.04 **Ohne** Walter ist es schwer.

Mit Walter ist es leicht.

Ohne Walter ist es schwer.

Mit modalen Präpositionen *(für, ohne, mit, ...)* drückt man aus, wie etwas ist, auf welche Art und Weise man etwas tut.
Mit kausalen Präpositionen *(wegen, trotz)* drückt man einen Grund, eine Ursache aus.

		Beispiel
für		So ein Tandem ist super für • Paare.
ohne	+ Akk.	Heute muss Yvonne leider ohne Walter fahren.
zu		Sie haben das Tandem • zur Hochzeit bekommen.
von		Das Tandem ist ein Geschenk • von Walters Bruder.
mit	+ Dat.	Sie könnten auch mit • dem Auto fahren.
aus		Walters neue Jacke ist aus • Leder.
außer		Alle außer ihm fahren gern Tandem.
wegen		Wegen • des guten Wetters fahren sie mit dem Tandem.
statt (anstatt)	+ Gen.	Statt • des Tandems hätte Walter lieber das Auto genommen.
trotz		Trotz • des schönen Wetters ärgert er sich.

⚠ zum = **zu** + **dem**, zur = **zu** + **der**
⚠ In der gesprochenen Sprache hört man nach *wegen, statt, trotz* oft den Dativ.

A2 **1** *mit* oder *ohne*? Ergänzen Sie.

a ◆ Wie möchtest du deinen Kaffee? _Mit_ Milch und Zucker?
    ○ Nur _____ Milch, aber _____ Zucker.
b ◆ Wo ist denn deine Brille? _____ deine Brille siehst du ganz anders aus.
c ◆ Kommst du heute _____ deinem neuen Freund auf Tinas Party?
    ○ Nein, ich komme _____ ihn.
d ◆ Schau mal, da ist wieder der alte Mann _____ seinem Hund.
    ○ Ja, den kenne ich auch vom Sehen. _____ seinen Hund geht er nirgends hin.

Präpositionen
Modale und kausale Präpositionen 6

A2 2 Der Kuchen ist … Ergänzen Sie: *von, mit, ohne, zu, für.*

> *Der Kuchen ist …*
> _____ *meine Mutter.*
> _____ *mir.*
> _____ *ihrem Geburtstag.*
> _____ *Nüsse. Meine Mutter mag nämlich keine Nüsse.*
> *Aber* _____ *viel Schokolade. Meine Mutter liebt Schokolade.*

B1 3 Mein Geburtstag: Hier sind die Präpositionen durcheinander. Korrigieren Sie.

a	Alle waren da. Nur Thomas nicht.	Alle ~~für~~ *außer* Thomas waren da.
b	Von Gundel habe ich eine bunte Holzkette bekommen.	Von Gundel habe ich eine bunte Kette *statt* Holz bekommen.
c	Miriam hat mir das Buch geschenkt.	Ich habe das Buch *außer* Miriam bekommen.
d	Ich habe mich nicht so über die CD von meinem Freund gefreut. Von ihm hätte ich lieber Blumen bekommen.	Von meinem Freund wollte ich lieber Blumen *zu* einer CD.
e	Ich habe mich sehr gefreut, dass Helga extra aus den USA gekommen ist.	*Von* meiner großen Freude ist Helga aus den USA auch gekommen.
f	Ich finde, das war ein sehr schöner Geburtstag.	*Aus* mich war das ein sehr schöner Geburtstag.

B1 4 Aus der Presse: *wegen, anstatt* **oder** *trotz***? Was ist richtig? Kreuzen Sie an.**

A
Hannover-Messe: Besucherrekord
○ Wegen   ○ Trotz   der Wirtschaftskrise hat die Hannover Messe dieses Jahr 210.000 Besucher gezählt. Die Veranstalter zeigten sich am Freitag sehr erfreut.

B
Kein Empfang im X-Net
Am gestrigen Dienstagnachmittag hatte ein Großteil der deutschen X-Net-Kunden keinen Handyempfang.
○ Anstatt   ○ Wegen   dieser bisher größten Panne bei X-Net konnten Millionen Kunden weder telefonieren noch SMS empfangen.

C
Jeder Fünfte in Deutschland nutzt Versandapotheken
Immer mehr Deutsche kaufen bei Versandapotheken: Mehr als ein Fünftel der Verbraucher bestellt ○ anstatt ○ trotz der teureren Produkte in „normalen" Apotheken hin und wieder Medikamente per Telefon oder im Internet.

Test 6

S. 112

1 Pläne für das Wochenende: Was ist richtig? Kreuzen Sie an.

- Andrea und ich fahren ☒ am ○ um (a) Wochenende zum Zelten. Möchtest du mitkommen?
- Ja gern, wann fahrt ihr denn los? Fahrt ihr schon am Freitag?
- Nein, ○ für ○ vor (b) Samstag sicher nicht.
  Ich denke, ○ am ○ um (c) Samstag ○ am ○ um (d) sieben Uhr.
- Super. Und wie lange bleibt ihr?
- ○ Am ○ Bis (e) Dienstag oder Mittwoch.
- Ach schade, dann geht das leider nicht. Ich muss ○ vor ○ nach (f) dem Wochenende gleich wieder arbeiten. Ich bin doch erst ○ vor ○ seit (g) einer Woche aus dem Urlaub zurückgekommen. Da kann ich nicht schon wieder frei nehmen.
- Aber du kannst ja auch nur ○ vor ○ für (h) einen Tag mitfahren. Dann kannst du ○ ab ○ bis (i) Montag wieder arbeiten.
- Stimmt, das ist eine gute Idee. So werde ich es machen. Prima!

/ 8 PUNKTE

S. 114

2 Nicoles Zimmer: Wo ist was? Ergänzen Sie die Präposition und den Artikel in der richtigen Form.

a Ihr Schreibtisch steht *in • der* Ecke.
b Ein Stift liegt _____ Schreibtisch.
c Das Bett steht _____ Wand.
d Eine Katze sitzt _____ Bett.
e _____ Bett liegt eine Hose.
f Das Bücherregal steht _____ Fenster.
g Der Fernseher steht _____ Büchern.
h Ein runder Tisch steht _____ Fenster.
i Eine Lampe hängt _____ Tisch.
j Nicoles Handy steckt _____ Jacke.
k Ein Kleid hängt _____ Kleiderschrank.

/ 10 PUNKTE

S. 114

3 Oh je, Jennys Eltern kommen …

a Wo *hängen, liegen, stehen* oder *stecken* Jennys Sachen? Korrigieren Sie.

1 Ihre Kleidung ~~hängt~~ *liegt* überall auf dem Boden.
2 Ein Stuhl steckt im Flur.
3 Ein Stiefel stellt unter dem Stuhl.
4 Das schmutzige Geschirr hängt in der Küche.
5 Die Tasche steckt in der Ecke.
6 Die Lampe liegt auf dem Bett.
7 Ein Brief sitzt hinter dem Spiegel.
8 Der Mülleimer hängt neben dem Teppich.
9 … und die Eltern liegen vor der Wohnungstür!

/ 8 PUNKTE

Präpositionen
Kapitel 6.01 – 6.04

b Wohin *hängt, legt, setzt, steckt* oder *stellt* Jenny die Sachen? Schreiben Sie.

1 (• Stiefel → • Schuhregal)   Sie stellt die Stiefel ins Schuhregal.
2 (• Socken → • Schrank)
3 (• Stuhl → • Schlafzimmer)
4 (• Tasche → • Küchenstuhl)
5 (• Mülleimer → • Küche)
6 (• Geschirr → • Spülmaschine)
7 (• Lampe → • Boden)
8 (• Brief → • Tasche)
9 (• Eltern → • Küche)   … und nach dem Aufräumen _____

sie sich mit den Eltern _____ Küche.   / 8 PUNKTE

S. 116 **4** Wie halten Sie sich fit? Was ist richtig? Kreuzen Sie an.

a Mein Mann und ich gehen jedes Wochenende spazieren, meistens den Fluss
○ vorbei ☒ entlang. Das ist eine schöne Strecke und wir haben mal Zeit, uns zu unterhalten.

b Ich radle einmal pro Woche   ○ durch unseren See   ○ um unseren See herum.
Das macht mich glücklich.

c ○ Gegenüber von   ○ Entlang   meiner Wohnung ist ein Fitnessstudio.
Da gehe ich zwei- bis dreimal die Woche hin.

d Seit ich in Rente bin, laufe ich jeden Tag quer   ○ durch   ○ innerhalb
den Stadtpark. Das hält mich fit.

e Ich fahre   ○ durch   ○ innerhalb   der Stadt so oft es geht mit dem Fahrrad.
Da bin ich sowieso viel schneller als mit dem Bus.

f Mein Bruder und ich spielen total gern Fußball. Aber das geht nur   ○ außerhalb   ○ vorbei
unserer Wohnanlage. Dort ist Fußballspielen nämlich verboten.

g Ich mache leider gar nichts. Ich fahre jeden Tag   ○ gegenüber eines Schwimmbads
○ an einem Schwimmbad vorbei.   Aber ich gehe nie hin. Dumm, oder?   / 6 PUNKTE

S. 118 **5** Verregnete Sommerferien! Was ist richtig? Verbinden Sie.

1 Wegen — a dicke Jacken konnten wir nicht aus dem Haus.
2 Trotz — b des starken Regens konnten wir nicht ins Freibad gehen.
3 Für   c Walter haben trotzdem lange Spaziergänge gemacht.
4 Statt   d des Regens war unsere Stimmung gut.
5 Ohne   e Eis haben wir heiße Suppe gegessen.
6 Alle außer   f ein paar Sonnenstrahlen hätte ich alles gegeben.
7 Zu   g meiner großen Freude sind wir dann einfach in den
     warmen Süden gefahren. Dort war es herrlich.   / 6 PUNKTE

/ 46 PUNKTE

Vergleichen Sie nun Ihre Lösungen mit dem Schlüssel auf Seite 201–202.

7.01 Ich komme **gleich**!

Wir möchten jetzt zahlen, bitte.

Ich komme gleich.

Hallo! Wir müssen bald los.

Ja, ja! Ich bin sofort bei Ihnen.

Es ist immer dasselbe.

Erst verspricht er es und dann kommt er nicht.

Mit Temporaladverbien *(jetzt, gleich, bald, …)* macht man Angaben zur Zeit.
Adverbien haben immer die gleiche Form, das heißt, man kann sie nicht deklinieren.

Bedeutung		Beispiel
Zeitpunkt	heute, morgen, übermorgen, gestern, vorgestern	Wir essen heute im Restaurant.
	jetzt, sofort, gleich, bald, früh, später, …	Wir möchten jetzt zahlen.
Wiederholung / Häufigkeit	morgens, mittags, abends, …	Mittags essen wir in der Kantine.
	montags, dienstags, …	Montags haben viele Restaurants geschlossen.
	immer, manchmal, oft, selten, täglich, …	Wir gehen sonntags oft ins Café.
Reihenfolge	zuerst, erst, dann, danach, anschließend, schließlich, zuletzt, …	Zuerst gehen wir in ein Café. Danach fahren wir in die Disco.

→ Wortstellung, ab Seite 138

Adverbien und Partikeln
Temporaladverbien 7

1 Der „Tante-Emma-Laden"

a Tante Emmas Woche: Sagen Sie es anders.

Tante Emma hat einen kleinen Laden. _Morgens_ (jeden Morgen) (1) steht Tante Emma um 6 Uhr auf. _____ (am Montag) (2) steht sie noch früher auf und kauft für den Laden ein. Sie macht _____ (jeden Mittag) (3) eine Stunde Pause. Sie schließt den Laden _____ (am Abend) (4) um 18 Uhr. _____ (jeden Samstag) (5) schließt Emma ihren Laden schon _____ (am Mittag) (6). _____ (am Nachmittag) (7) geht sie dann spazieren.

b Früher und heute: Ordnen Sie zu.

abends   früh   heute   immer   ~~meistens~~   oft   mittags

So wie bei Tante Emma war das früher. _____ (1) kaufen die Menschen _meistens_ (2) im Supermarkt ein. Die meisten Supermärkte öffnen schon _____ (3) am Morgen, haben _____ (4) auch geöffnet und sind _____ (5) länger offen als kleine Läden. Fast _____ (6) sind die Supermärkte auch billiger. Gibt es noch viele „Tante-Emma-Läden"? Leider nein. _____ (7) mussten sie für immer schließen.

2 Meine Woche: Ordnen Sie zu. Hören Sie dann und vergleichen Sie.

dann   dann   gestern   morgen   übermorgen   vorgestern   vorher   vorher   ~~zuerst~~

	Montag	Dienstag	Mittwoch	Donnerstag	Freitag
Vormittag	Zahnarzt		Einkaufen	Wäsche waschen	Einkaufen
Nachmittag	Schwimmbad	Sport	Friseur Frau Meier zum Arzt bringen	Putzen	Kochen
Abend	Besuch bei Eltern		Tanzen		Party

Heute ist Mittwoch. Ich möchte heute viel tun: _Zuerst_ (a) muss ich einkaufen, _____ (b) habe ich einen Termin beim Friseur und bringe meine Nachbarin zum Arzt. _____ (c) gehe ich zum Tanzen. _____ (d) bin ich ins Schwimmbad gegangen. _____ (e) war ich noch beim Zahnarzt. _____ (f) war ich am Nachmittag beim Sport. _____ (g) bin ich wahrscheinlich zu Hause. Ich muss nämlich Wäsche waschen und putzen. _____ (h) gebe ich am Abend eine Party. _____ (i) muss ich noch einkaufen und kochen.

7.02 **Oben** ist der Himmel. **Unten** ist das Meer.

Oben ist der Himmel.
Unten ist das Meer.
Vorne sitzt Frau Meier.
Hinten sitzt Herr Behr.

Von da sind sie gekommen und fliegen jetzt nach dort.

Nanu, ich sehe sie nirgendwo. Sehen Sie sie irgendwo? Tja, jetzt sind sie fort.

Lokal- und Direktionaladverbien *(hier, dort, links, ...)* antworten im Satz auf die Fragen *Woher?*, *Wo?* oder *Wohin?*.
Adverbien haben immer die gleiche Form, das heißt, man kann sie nicht deklinieren.

Woher?		Wo?	Wohin?	
von	hier	hier		hier**hin**
	da/dort	da/dort		da-/dort**hin**
von	links	links	nach	links
	rechts	rechts		rechts
von	oben	oben	nach	oben
	unten	unten		unten
	vorn(e)	vorn(e)		vorn(e)
	hinten	hinten		hinten
von	drinnen	drinnen	nach	drinnen
	draußen	draußen		draußen
von	überall**her**	überall		überall**hin**
von	nirgendwo	nirgendwo/nirgends		nirgendwo**hin**
	irgendwo	irgendwo		irgendwo**hin**

her-	**hin-**
herauf, herunter, herein, heraus, herüber	hinauf, hinunter, hinein, hinaus, hinüber
In der gesprochenen Sprache oft:	*In der gesprochenen Sprache oft:*
rauf, runter, rein, raus, rüber	rauf, runter, rein, raus, rüber

⚠ Oft kombiniert man zwei Adverbien oder mehr miteinander:
Da hinten rechts sitzt Herr Behr.

Adverbien können ein Nomen näher beschreiben. Dann stehen sie rechts vom Nomen:
Das Auto **da rechts** gehört mir.

Adverbien können ein Nomen mit Präposition näher beschreiben. Dann stehen sie links davon:
Da links auf dem Foto ist Tobi, mein Freund.

→ Orts- und Richtungsangaben, ab Seite 114

Adverbien und Partikeln
Lokal- und Direktionaladverbien 7

A2 1 Wo, wohin oder woher? Kreuzen Sie an.

		woher?	wo?	wohin?
	◆ Wo ist nur mein Handy?			
a	○ Such doch mal in der Küche. <u>Dort</u> habe ich es gestern gesehen.	○	☒	○
b	◆ Oder auf dem Schreibtisch? <u>Dahin</u> legst du es doch oft.	○	○	○
c	○ Nein, <u>da</u> ist es auch nicht.	○	○	○
d	○ Oder such mal <u>oben</u>, im ersten Stock.	○	○	○
e	◆ Hach, nein, <u>nach oben</u> habe ich es sicher nicht mitgenommen.	○	○	○
f	○ Hey, sieh mal. <u>Da oben</u>, ganz <u>hinten</u> im Regal ist doch etwas!	○	○	○
g	◆ Ja, tatsächlich – <u>von hier unten</u> kann man das fast nicht sehen.	○	○	○

A2 2 Unsere Firma

a Wer sitzt wo? Notieren Sie die Namen und die Zimmer.

> *Unsere Abteilung ist im 1. Stock. Herr Stengel sitzt in dem Zimmer ganz links. Rechts daneben arbeitet Frau Guhl. Noch ein Zimmer weiter rechts sitzen Frau Stippel und Herr Hager. Ganz rechts sind unsere Teeküche und die Toilette.*
> *Unten am Empfang sitzt Frau Mai und ihr gegenüber, ganz rechts, Frau Sterner.*
> *Eine Kantine haben wir auch, die ist oben, im 2. Stock. Und links daneben ist die Personalabteilung. Dort arbeitet Herr Baur.*

1 Herr Stengel

🔊 b Wohin gehen Sie? Kreuzen Sie an. Hören Sie dann und vergleichen Sie.

1 ◆ Kommen Sie mit ○ hinauf   ○ herauf   in die Kantine?
   ○ Nein, heute nicht. Bei dem schönen Wetter gehe ich ein bisschen ○ draußen   ○ nach draußen.
   ◆ Das ist eine gute Idee. Man sitzt viel zu oft hier   ○ drinnen   ○ von drinnen.
2 ◆ Wo sitzt denn Frau Mai? Ich finde ihr Zimmer nicht.
   ○ Frau Mai? Die sitzt einen Stock weiter   ○ nach unten   ○ unten.
   Nehmen Sie die Treppe und gehen Sie dann   ○ nach rechts   ○ von rechts.
3 ◆ Fahren Sie auch   ○ oben   ○ nach oben?
   ○ Ja, wir haben einen Termin beim Chef.

B1 3 Wo ist die Tasche? Ordnen Sie zu.

> irgendwohin   irgendwo   nirgendwo   überall   überallhin

◆ Wo ist meine gelbe Handtasche? Ich habe schon _____ (a)
  gesucht, aber ich kann sie _____ (b) finden.
○ Du hast sie wahrscheinlich _____ (c) verloren.
◆ Aber ich habe sie doch heute gar nicht mitgenommen.
○ Aber du nimmst sie doch sonst _____ (d) mit.
◆ Du hast recht. _____ (e) habe ich sie mitgenommen.
  Wohin war das nur?

7.03 Das ist **wirklich** toll.

Dass ihr heute alle hier seid ..., das ist wirklich toll, ... es ist sehr lieb, ... und ... ähm ... auch besonders nett.

Rainers Tischrede war leider nicht so interessant.

Gradpartikeln *(sehr, besonders, wirklich, ...)* benutzt man zur Verstärkung (+) oder Abschwächung (–).

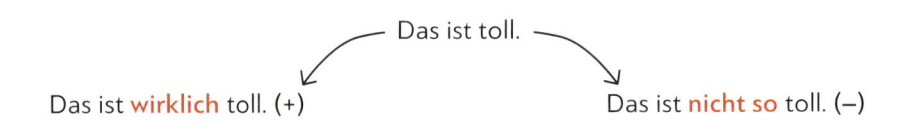

Das ist toll.

Das ist wirklich toll. (+)   Das ist nicht so toll. (–)

A Verstärkung von Adjektiven/Adverbien

sehr	++	Auf Rainers Party habe ich mich sehr gut amüsiert.
besonders	++	Besonders gern mag ich seine Freundin Marion.
total	++	Auch dieses Mal war sie total nett.
wirklich	++	Das Essen war wirklich gut.
echt	++	Und auch die Musik war echt super.
ziemlich	+	Am Ende waren wir alle ziemlich müde.

B Abschwächung von Adjektiven/Adverbien

nicht so	–	Rainers Tischrede war leider nicht so interessant.
nicht besonders	–	Der Wein war auch nicht besonders gut.
gar nicht	– –	Und leider war auch Uwe da, den finde ich gar nicht nett.
überhaupt nicht	– –	Uwe redet viel, aber seine Geschichten finde ich überhaupt nicht lustig.

Wortstellung

Die **Partikeln** stehen links von dem Wort, das sie verstärken oder abschwächen:
Rainers Tischrede war nicht so interessant.

B1 1 Wie ist Manuel und was kann er? Markieren Sie.

    a Manuel hat (+) viel Humor.   [echt / <u>ziemlich</u>]
    b Er ist (++) lieb und herzlich.   [nicht so / echt]
    c Kochen kann er (– –) gut.   [gar nicht / nicht besonders]
    d Seine Kinder finden sein Essen (– –) lecker.   [nicht so / überhaupt nicht]
    e Manuel singt (++) gern.   [ziemlich / total]
    f Nur singt er leider (–) gut.   [nicht besonders / überhaupt nicht]
    g (++) interessant finde ich sein Hobby: Synchronschwimmen.   [besonders / ziemlich]

Adverbien und Partikeln
Gradpartikeln 7

B1 2 Wie war das Buch? Kreuzen Sie an. Hören Sie dann und vergleichen Sie.

◆ Wie hat dir das Buch gefallen?
○ Ich fand es ☒ nicht so ○ wirklich (a) gut.
◆ Nein? Also, ich fand es ○ überhaupt nicht ○ total (b) toll.
Ich habe schon viele Bücher von dem Autor gelesen, und dieses
Buch fand ich ○ besonders ○ gar nicht (c) gut.
○ Echt? Aber es war doch ○ sehr ○ überhaupt nicht (d) spannend.
◆ Spannend nicht, aber die Liebesbeziehung war ○ nicht so
○ sehr (e) schön beschrieben.
○ Das vielleicht. Aber Liebesgeschichten interessieren mich ○ nicht besonders ○ besonders (f).
◆ Das kann ich ○ gar nicht ○ nicht so (g) glauben. Du bist doch sonst auch
○ gar nicht ○ ziemlich (h) gefühlvoll!
○ Ja, das schon. Aber Bücher mit zu viel Gefühl mag ich ○ ziemlich ○ wirklich (i) nicht so.

B1 3 Ängstliche Kranke. Ordnen Sie zu. Hören Sie dann und sprechen Sie nach.

a ziemlich   total   überhaupt nicht   nicht so

◆ Herr Doktor! Oh! Es geht mir _____ (1) gut. (– –)
○ Was fehlt Ihnen denn? Sie sehen doch _____ (2) fit aus. (+)
◆ Mein Hals tut _____ (3) weh, ich habe sicher (++)
eine schreckliche Krankheit!
○ Ja, der Hals ist ein bisschen rot. Aber das ist _____ (4) schlimm. (–)
Eine ganz normale Erkältung.

b gar nicht   besonders   ziemlich   nicht besonders

◆ Ich habe mich geschnitten. Sehen Sie, ist das nicht eine _____ (1) (++)
tiefe Wunde?
○ Hm … Keine Sorge! Das sieht nur so schlimm aus. Die Wunde ist
_____ (2) tief. (–)
◆ Aber Sie müssen sie sicher nähen. Und das tut bestimmt _____ (3) weh! (+)
○ Nein, das ist _____ (4) nötig. Ich mache die Wunde sauber (– –)
und dann bekommen Sie ein Pflaster.

B1 4 Wie war's im Kino? Verbinden Sie.

a ◆ Wie war es im Kino?   ○ Nein. Sie waren überhaupt nicht gut.
b ◆ War der Film spannend?   ○ Ja, klar. Es war echt super!
c ◆ Aber hat der Abend denn Spaß gemacht?   ○ Schön. Mir hat es ziemlich gut gefallen.
d ◆ Also war der Film lustig?   ○ Ja, ich hatte total viel Spaß.
e ◆ Aber haben die Schauspieler gut gespielt?   ○ Na, dass meine neue Freundin Julia dabei war!
f ◆ Aber es hat dir trotzdem gefallen?   ○ Nein, eigentlich war er gar nicht lustig.
g ◆ Was war denn dann so super?   ○ Nein, nicht besonders spannend.
                                                       Sogar ziemlich langweilig.

7.04 Das ist **doch** ganz einfach!

Kannst du das denn?

Das ist doch ganz einfach!

Vielleicht holen wir doch lieber den Elektriker.

In der gesprochenen Sprache verwendet man oft Modalpartikeln *(denn, doch, ja, ...)*. Sie bringen die Gefühle des Sprechers zum Ausdruck. Jede Modalpartikel hat mehrere, oft ganz unterschiedliche Bedeutungen.

Neutral: Kannst du das?
Freundlicher: Kannst du das **denn**?

Modalpartikel	Bedeutung oft	Beispiel
ja	1 Man hat etwas genau so erwartet. 2 Drückt Staunen, Überraschung aus. 3 Drückt eine Warnung aus.	Das musste ja passieren! Das ging ja ganz einfach! Mach das ja nie wieder!
doch	1 Macht Bitten und Aufforderungen freundlicher. 2 Drückt einen Vorwurf oder eine Rechtfertigung aus. 3 Etwas ist schon bekannt und man möchte daran erinnern.	Vielleicht holen wir doch lieber den Elektriker? Nehmen Sie doch bitte Platz. ♦ Ruf doch endlich den Elektriker an. ○ Ich habe ihn doch schon angerufen. Darüber hatten wir doch neulich schon gesprochen.
mal	Macht Bitten und Aufforderungen freundlicher.	Mach bitte mal das Licht an!
aber	Drückt Erstaunen und Überraschung aus.	Die Reparatur ist aber schwierig!
wohl	Drückt Unsicherheit aus.	Ob die Lampe wohl kaputt ist?
denn	1 Macht Fragen freundlicher. 2 Drückt einen Vorwurf aus.	Kannst du denn den Stecker reparieren? Kannst du denn nicht aufpassen?
eigentlich	1 eine freundliche Frage zu einem neuen Thema 2 wenn man genau darüber nachdenkt, in Wirklichkeit 3 normalerweise	Was kommt heute eigentlich im Fernsehen? Eine neue Lampe ist eigentlich zu teuer. Eigentlich kennt er sich mit Technik nicht aus (aber er will immer alles selbst reparieren). Eigentlich müsste die Lampe jetzt funktionieren.
eben/halt	Macht eine Aussage allgemeingültig: Man kann etwas nicht ändern und sollte nicht mehr darüber sprechen.	Es klappt eben/halt nicht immer.

Adverbien und Partikeln
Modalpartikeln 7

A2 1 Hilf mir mal! Was sagt Laras Mutter noch? Schreiben Sie Sätze mit *mal*.

a Hilf mir mal! (helfen – mir)
b _____ (aufräumen – dein Zimmer)
c _____ (bringen – den Müll – zur Mülltonne)
d _____ (stellen – die Gläser – in den Schrank)
e _____ (anrufen – Tante Ruth)
f _____ (gehen – zum Briefkasten)

B1 2 Raten Sie mal! *doch, mal* oder *ja*? Kreuzen Sie an.

◆ Hallo Karin! Das ist ☒ ja ○ doch (a) schön, dass du mich besuchst. Komm ○ ja ○ doch (b) rein.
Warte ○ mal ○ ja (c) kurz, ich mache uns einen Kaffee. Du magst ○ doch ○ mal (d) Kaffee, oder?
○ Eigentlich nicht so. Du weißt ○ mal ○ doch (e), ich werde so nervös davon.
◆ Ach! Das hast du ○ ja ○ mal (f) nie erzählt. Magst du dann Wasser oder
○ doch ○ ja (g) lieber einen Saft?
○ Nur ein Wasser, danke.

B1 3 Ein Pflichtbesuch. Ergänzen Sie *aber, denn* oder *eigentlich*.

◆ Heute ist aber (aber/eigentlich) (a) ein schöner Tag! Herrlich!
○ Stimmt. Das Wetter ist _____ (denn/eigentlich) (b) viel zu schön,
um den halben Tag im Auto zu sitzen.
◆ Warum _____ (aber/denn) (c) „im Auto sitzen"?
○ Weißt du das _____ (denn/eigentlich) (d) nicht mehr?
Wir fahren doch heute zu Tante Paula.
◆ Was? Zu Tante Paula? Das ist _____ (denn/aber) (e) blöd! Muss das sein?
Weißt du, _____ (denn/eigentlich) (f) wollte ich heute im Garten arbeiten …
○ Seit wann arbeitest du _____ (aber/denn) (g) freiwillig im Garten?
◆ Schon immer … Weißt du das _____ (aber/denn) (h) nicht?
○ Nein. Aber das ist _____ (eigentlich/denn) (i) eine gute Idee:
Du machst die Gartenarbeit und ich fahre zu Tante Paula.

B1 4 Neugierige Nachbarn. Ordnen Sie zu. Hören Sie dann und vergleichen Sie.
🔊

aber denn doch eben eigentlich ~~ja~~ doch

*Hallo, Frau Meyer. Wie geht's Ihnen _____ (freundliche
Frage) (a)? Und da kommt ja (Überraschung) (b) auch die kleine Lisa.
Na, du hast _____ (Erstaunen) (c) eine schöne Puppe!
Haben Sie _____ schon die neuen Nachbarn kennen-
gelernt (freundliche Frage zu neuem Thema) (d)? Nein? Die wohnen
_____ (Erinnerung) (e) jetzt schon fast zwei Wochen
hier! Dann kommen Sie _____ (freundliche
Aufforderung) (f) morgen Nachmittag zum Kaffee zu mir. Dann erzähle
ich Ihnen alles. Sie haben morgen keine Zeit? Na, dann kommen Sie
_____ (nicht zu ändern) (g) übermorgen!*

Test 7

1 In der Apotheke. Ordnen Sie zu. S. 122

nie   oft   gleich   dann   mittags   ~~immer~~   täglich   morgens

◆ So bitte, Herr Heine. Hier ist Ihr Medikament.
○ Danke. Wie _____ (a) und wie lange muss ich es nehmen?
◆ Fünf Tage lang, dreimal _____ (b): _____ (c), _____ (d) und am Abend. Bitte _immer_ (e) vor den Mahlzeiten. Am besten nehmen Sie jetzt _____ (f) die erste Tablette und _____ (g) vor dem Schlafengehen die nächste. Und Sie wissen ja: die Tablette nur mit Wasser oder Saft einnehmen, _____ (h) zusammen mit Milch.
○ Ja, das weiß ich. Vielen Dank.

/ 7 PUNKTE

2 Pfannkuchen! Was ist richtig? Kreuzen Sie an. S. 122

Pfannkuchen für 4 Pers. ▶▶▶▶▶▶ *Guten Appetit!*

Zutaten:
4 große Eier
250 g Mehl
¼ l Milch
1 Prise Salz
1 El Öl
Zucker + Zimt/Apfelmus

1. Eier mit einem Schneebesen cremig rühren.
2. Mehl und Milch zu den Eiern geben.
3. etwas Salz hinzufügen.
4. Öl in Pfanne heiß machen, etwas Teig in heiße Pfanne geben, backen.
5. Zucker und Zimt über den Pfannkuchen streuen.

Rühren Sie ☒ zuerst ○ zuletzt (a) die Eier mit einem Schneebesen cremig. Geben Sie ○ schließlich ○ dann (b) das Mehl und die Milch zu den Eiern. ○ Erst ○ Danach (c) fügen Sie noch etwas Salz hinzu. Machen Sie ○ anschließend ○ vorher (d) etwas Öl in der Pfanne heiß. Geben Sie ○ jetzt ○ zuletzt (e) etwas Teig in die heiße Pfanne und backen Sie ihn goldgelb. ○ Schließlich ○ Erst (f) müssen Sie den Pfannkuchen nur noch essen. Apfelmus schmeckt gut dazu. Wenn Sie möchten, können Sie den Pfannkuchen ○ vorher ○ danach (g) auch mit Zucker und Zimt bestreuen. Guten Appetit.

/ 6 PUNKTE

3 Wo? Woher? Wohin? S. 124

a Was passt zusammen? Ordnen Sie zu.

A   B   C   D   E   F

Ⓑ 1 Es ist so schönes Wetter! Geh doch mal nach draußen.
○ 2 Ich sitze gern draußen im Garten.
○ 3 Puh, das war anstrengend. Gut, dass es jetzt nur noch runter geht.
○ 4 Du willst joggen gehen? Ach, ich bin heute so faul. Ich bleibe lieber hier.
○ 5 Mensch Herbert! Jetzt hast du mich aber erschreckt. Warum kommst du denn so leise von hinten angelaufen?
○ 6 Kommst du jetzt erst von draußen, Rudi? Weißt du eigentlich, wie spät es ist?

b Wo? 🔲   Woher? 📦→   Wohin? →📦   Zeichnen Sie in a wie im Beispiel.

Ⓑ Es ist so schönes Wetter! Geh doch mal nach draußen. →📦

/ 10 PUNKTE

Adverbien und Partikeln
Kapitel 7.01 – 7.04

S. 126   **4 Bücher Bücher! Bestseller *Der Circle*. Was passt? Ergänzen Sie.**

Hinweis: ++/+ = Verstärkung; – –/– = Abschwächung

total   echt   ~~wirklich~~   überhaupt nicht   ziemlich   nicht so   besonders

Der Roman Der Circle von Dave Eggers über die totale Transparenz und den Wegfall der Anonymität im Internet stand lange auf den deutschen Bestsellerlisten. Dennoch gehen die Lesermeinungen bei diesem Buch weit auseinander:

a Astrid (17): Ich lese sonst nicht so viel. Aber dieses Buch ist _____ spannend. (++) Ich habe es in zwei Tagen durchgelesen. Und jetzt liest es mein Freund. Er findet es auch _____ super. (++)

b Susanne (20): Das Buch ist einfach *wirklich* genial. (++) Allerdings hoffe ich, dass der Autor mit seiner beängstigenden Vision nicht recht hat.

c Nicola (40): Besteller? Das verstehe ich nicht. Ich habe schon viele schlechte Bücher gelesen, aber dieses Buch ist _____ schlecht. (++) Die ganze Geschichte ist _____ realistisch. (– –)

d Bärbel (45): Ich bin _____ begeistert von diesem Roman. (+) Ich finde, alle Kinder und Jugendliche sollten es lesen, um die Gefahren im Netz besser zu verstehen. Allerdings ist der Schreibstil _____ gut. (–) Das ist schade.

/ 6 PUNKTE

S. 128   **5 Lange nicht gesehen.**

a Bitte „mehr Gefühl". Ergänzen Sie die Modalpartikeln.

◆ Hey Regine, das gibt es *ja* (ja/mal) (1) gar nicht.   1 *Überraschung*
Was machst du _____ (eben/denn) (2) hier?   2 _____

○ Hallo Eva! Das ist _____ (aber/wohl) (3)   3 _____
schön, dich zu treffen. Du, ich bin nur für zwei
Tage in der Stadt und _____ (doch/   4 _____
eigentlich) (4) schon wieder weg. Meine Mutter hat
morgen Geburtstag.

◆ Ach so. Wo wohnst du _____ (denn/doch) (5)   5 _____
jetzt?

○ In Dresden. Meine Mutter ist ein bisschen traurig,
weil ich so weit weg wohne. Aber so ist das
_____ (eben/mal) (6).   6 _____
Sag _____ (halt/mal) (7): Hast du jetzt kurz   7 _____
Zeit? Dann können wir einen Kaffee trinken gehen.
Ich lade dich ein. Los, komm _____   8 _____
(ja/doch) (8) mit!

b Was bedeuten die Modalpartikeln? Ergänzen Sie: *Überraschung, freundliche Aufforderung, freundliche Frage, in Wirklichkeit, nicht zu ändern.*

/ 14 PUNKTE

/ 43 PUNKTE

Vergleichen Sie nun Ihre Lösungen mit dem Schlüssel auf Seite 202.

8.01 Ich habe **sechzehn** Rosen.

Ich habe sechzehn Rosen. Die ersten vier sind rot. Von den anderen ist die Hälfte rosa, ein Viertel ist gelb und ein Viertel orange.

Zahlen von 1 bis 1000

0 null	10 zehn	20 zwanzig	30 dreißig	100 (ein)hundert
1 eins	11 elf	21 einundzwanzig	40 vierzig	200 zweihundert
2 zwei	12 zwölf	22 zweiundzwanzig	50 fünfzig	…
3 drei	13 dreizehn	…	60 sechzig	
4 vier	14 vierzehn		70 siebzig	
5 fünf	15 fünfzehn		80 achtzig	1000 (ein)tausend
6 sechs	16 sechzehn		90 neunzig	
7 sieben	17 siebzehn			
8 acht	18 achtzehn			
9 neun	19 neunzehn			

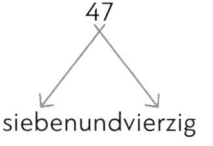

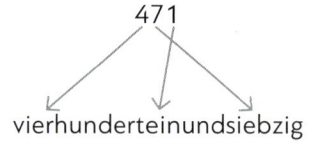

⚠️ 47 → siebenundvierzig

471 → vierhunderteinundsiebzig

Zahlen von 1000 bis 1 000 000

1000 (ein)tausend	100 000 (ein)hunderttausend
2000 zweitausend	200 000 zweihunderttausend
3000 dreitausend	…
…	
11 000 elftausend	1 000 000 eine Million
…	

Brüche

½ eine / die Hälfte
(ein / das / die / … hal**b**- …)
⅓ ein / das Drittel
(ein / das / die / … drittel …)
¼ ein / das Viertel
⅛ ein / das Achtel
¾ drei Viertel

Nur bei ½ haben Brüche eine Endung: Ich möchte noch ein halbes Glas Milch.

Ordinalzahlen

1.–19. → -te
1. der erste
2. der zweite
3. der dritte
4. der vierte
5. der fünfte
6. der sechste
7. der siebte …

ab 20. → -ste
20. der zwanzigste
21. der einundzwanzigste
…
1 000 000 der millionste

Ordinalzahlen haben die gleichen Endungen wie Adjektive.

→ Adjektive, ab Seite 40

Fragen / Datum

Fragen	Datum
Welcher Tag / Welches Datum ist heute?	Heute ist der erste April.
Wann beginnen die Ferien?	Am siebten August.
Von wann bis wann ist die Arztpraxis geschlossen?	Vom ersten bis zum achten Februar.
Seit wann wohnst du in Rom?	Seit dem zwanzigsten Mai.
Ab wann arbeitest du bei VW?	Ab dem ersten Januar.

Zahlwörter 8
eins, zwei, drei, ...

A1 **1 Wie alt bin ich? Ergänzen Sie die Zahlen und lösen Sie das Rätsel.**

Ich habe zwei Brüder. Max ist _____ (12) (a) und
Martin ist _____ (14) (b) Jahre alt. Meine Mutter ist
_____ (39) (c) und mein Vater _____ (43) (d)
Jahre alt. Unser Hund Balu ist _____ (8) (e) Jahre und die
Katze Isis ist _____ (5) (f) Jahre alt. Opa ist
_____ (71) (g) Jahre, Oma _____ (67) (h).
Wir alle zusammen sind schon _____ (268) (i)
Jahre alt! Also, wie alt bin ich? Richtig! Ich bin _____ ( ) Jahre alt.

A1 **2 Ein normaler Tag. Sprechen oder schreiben Sie die Ordinalzahlen in der richtigen Form.**
🔊

◆ Welches Datum ist heute? – ○ Der _____ (12. 7.) (a).
◆ Ja? Dann ist ja morgen Freitag, der _____ (13.) (b)!
○ Na und? Da hat man auch nicht weniger Glück als an einem Montag, den _____ (21.) (c).
◆ Ja, ja. Aber es ist dieses Jahr schon das _____ (2.) (d) Mal.
○ Ich freue mich darauf. Denn an diesem Tag fahren wir in den Urlaub – bis zum
_____ (3. 8.) (e)! Das ist unser _____ (1.) (f) Urlaub seit drei Jahren.

A2 **3 Eine Hochzeit. Ergänzen Sie die Zahlen in der richtigen Form.**

Vor _einer_ (1) (a) Woche hat Pia geheiratet. Es war nicht ihre _____ (1.) (b) Hochzeit, sondern
schon ihre _____ (3.) (c). Ihren _____ (1.) (d) Mann hatte sie schon mit _____
(17) (e) Jahren kennengelernt. Sie haben sich nur _____ (4) (f) Wochen gekannt, und kurz nach
Pias _____ (18.) (g) Geburtstag geheiratet. Nach _____ (2) (h) Jahren
waren sie wieder geschieden. Pias _____ (2.) (i) Mann war ihr Chef. Sie waren _____ (5) (j)
Jahre verheiratet und haben _____ (1) (k) Sohn. Ihr _____ (3.) (l) Mann sieht sehr nett aus.
Zur Hochzeit haben sie _____ (258) (m) Gäste eingeladen. Ich habe
nur _____ (25) (n) Leute gekannt. Pia hat mir gesagt, dass die Hochzeit mehr
als _____ (15 000) (o) Euro gekostet hat.

B1 **4 Eine große Familie. Ergänzen Sie die fehlenden Bruchzahlen.**

Zu Hause waren wir acht Kinder. Von allen Dingen bekam jeder nur _ein Achtel_ (a).
Wenn wir nur vier Stück Kuchen hatten, bekam jeder _____ (b) Stück. Bei zwei
Stück Kuchen gab es für jeden nur _____ (c). Meine beiden kleinen Brüder wollten
nie mit uns teilen. Als es einmal ihren Lieblingskuchen gab, erzählten sie uns anderen nichts davon.
Sie dachten: So bekommt jeder von ihnen _____ (d) Kuchen. Aber wir anderen
sechs Kinder haben es gemerkt: Vom nächsten Kuchen haben sie nichts bekommen, aber jeder von
uns _____ (e). Ganz schlimm war es, wenn meine Eltern auch etwas haben wollten:
Dann mussten wir durch zehn teilen, und es gab für jeden nur _____ (f). Ich habe
heute selbst drei Kinder: eine Tochter und zwei Söhne. Auch bei ihnen wird genau geteilt. Sie
haben ein Regal mit Spielzeug. Ungefähr _____ (g) des Spielzeugs gehört meiner
Tochter. Die anderen _____ (h) meinen zwei Söhnen. Und trotzdem gibt es Streit.

9.01 Ich sehe ihn **nicht**.

Da! — *Was denn? Da ist doch gar nichts.*

Ein Meteor! — *Wirklich? Ich sehe ihn nicht.*

Suuuper! — *Ich sehe nie was Tolles.*

Ich habe einfach kein Glück.

> Nomen, Satzteile und Sätze kann man verneinen.
> **nicht**: Negation von Satzteilen und Sätzen.
> **kein**: Negation von Nomen mit indefinitem Artikel/Nullartikel.

A	**Negation des ganzen Satzes: *nicht***	
	nicht steht:	
	möglichst weit rechts	Ich sehe ihn aber **nicht**.
	vor dem zweiten Teil des Verbs	Er sieht **nicht** hin.
	vor Präpositionalergänzungen	Er sieht **nicht** in den Himmel.
	vor Adjektiven	Er ist **nicht** zufrieden.
	vor Adverbien	Er hat **nicht** sehr oft Glück.
B	**Negation eines Satzteils: *nicht***	
	nicht steht vor dem Satzteil, der verneint werden soll. Meist wird dieser Satzteil besonders betont.	Wir treffen uns **nicht** heute (, sondern morgen).
C	***kein-***	
	nur bei Nomen mit indefinitem Artikel oder Nullartikel	Ich sehe einen Stern. – Ich sehe **keinen** Stern. Ich habe Glück. – Ich habe einfach **kein** Glück.
	→ Negativartikel *kein*, Seite 22	
D	**Manche Wörter haben ein negatives Gegenteil**	
	jemand ↔ niemand	Siehst du jemand(en)? · Nein, ich sehe niemand(en).
	überall ↔ nirgendwo/nirgends	Ich habe überall nach dir gesucht. · Ich habe dich aber nirgendwo/nirgends gesehen.
	immer ↔ nie/niemals	Die anderen sehen immer etwas Tolles. · Ich sehe nie/niemals etwas Tolles.
	alles ↔ nichts	Du kannst immer alles erklären. · Aber in Wirklichkeit verstehst du nichts.
	etwas ↔ nichts	Gibst du mir auch etwas davon? · Nein, du bekommst nichts davon.

Negation
nicht, kein, ... 9

A1 1 Viele Termine. Verneinen Sie die Sätze mit *nicht* oder *kein-*.

a Ich gehe morgen zur Feier von Martin.   *Ich gehe morgen nicht zur Feier von Martin.*
b Übermorgen habe ich Zeit.
c Am Sonntag habe ich einen Termin.
d Am Samstag trifft Timur seinen Bruder.
e Wir trinken einen Kaffee zusammen.
f Am Montag kommt ein Krimi im Fernsehen.
g Am Sonntag gehen wir gern ins Kino.

A2 2 Petra wünscht sich ... Verneinen Sie die Sätze mit *nicht* oder *kein-* mündlich oder schriftlich.

In Petras Wünschen: | In Wirklichkeit:

a Petra wäre gern verheiratet,   *aber sie ist nicht verheiratet.*
b Petra hätte gern Kinder,
c Petra hätte gern einen Hund,
d Petra würde gern am Meer wohnen,
e Petra hätte gern Geld,
f Petra wäre gern glücklich,

A2 3 Nicht Tim und nicht Stefan

a Welches Wort im ersten Satz ist betont? Markieren Sie. Schreiben Sie den Satz neu mit *sondern*.

1 Stefan ist nicht mein <u>Freund</u>. Er ist mein Mann.   *Stefan ist nicht mein Freund, sondern mein Mann*

2 Stefan ist nicht mein Freund. Er ist Marias Freund.
3 Nicht Stefan ist mein Freund. Peter ist mein Freund.

b Was passt? Verbinden Sie.

1 Nicht <u>Tim</u> hat mich heute angerufen.   Sonst ruft er jeden Tag an.
2 Tim hat nicht <u>mich</u> heute angerufen.   Er hat schon gestern angerufen.
3 Tim hat mich nicht <u>heute</u> angerufen.   Seine Freundin hat angerufen.
4 Tim hat mich heute <u>nicht</u> angerufen.   Er hat meinen besten Freund angerufen.

B1 4 Nein, ich höre nichts. Schreiben Sie negative Antworten.
Hören Sie dann und vergleichen Sie.

a ◆ Hörst du auch etwas?   ○ *Nein, ich höre nichts.*
b ◆ Aber da ist jemand in der Wohnung!   ○
c ◆ Doch! Da ist einer!   ○
d ◆ Überall sind Diebe und Verbrecher!   ○
e ◆ Man wird uns alles stehlen!   ○
f ◆ Hier ist sicher ein Dieb!   ○
g ○ Du hast immer Angst!   ◆ Angst? Ich?

135

Test 8

S. 132

1 Zahlen, Zahlen, Zahlen. Schreiben Sie und ordnen Sie das richtige Ergebnis zu.

a _Fünf_ (5) + _____ (11) = _____ (66)

b _____ (1) + _____ (7) + _____ (6) = _____ (16)

c _____ (43) − _____ (9) = _____ (14)

d _____ (89) − _____ (23) = _____ (34)

/ 12 PUNKTE

S. 132

2 Glückstage – Unglückstage – Feiertage. Ergänzen Sie.

a Am _dreißigsten_ _Fünften_ (30. 5.) feiern wir unseren Hochzeitstag.
b Weihnachten feiert man in Deutschland am _____ (24. 12.). In vielen anderen Ländern feiert man es am _____ (25.) Dezember. In Spanien bekommt man seine Weihnachtsgeschenke sogar erst am _____ (6.) Januar.
c Der _____ _____ (3. 10.) ist der deutsche Nationalfeiertag.
d Für manche Leute ist Freitag, der _____ (13.), ein Unglückstag, für andere ein Glückstag.
e Am _____ _____ (14. 2.) ist Valentinstag. Da schenkt man sich Blumen, wenn man sich mag.
f Nächste Woche feiert Pascal seinen _____ (18.) Geburtstag. Dann will er gleich seinen Führerschein machen.
g Wir machen diesen Sommer fast fünf Wochen Urlaub. Toll, oder? Vom _____ (1.) August bis zum _____ (7.) September fliegen wir nach Kanada. Ich kann es noch gar nicht glauben.

/ 9 PUNKTE

S. 132

3 Maßeinheiten. Wie kann man auch sagen? Verbinden Sie.

a 500 g =   eine Viertel-   Hälfte
b 125 ml =   ein halbes   Liter
c 250 g =   ein halber   Pfund
d 50 cm =   eine   stunde
e 15 Minuten =   ein Achtel   Kilo / ein Pfund
f 50 % =   ein halbes   Meter

/ 5 PUNKTE

S. 134

4 Nein, das stimmt nicht. Nicht ich, nicht heute, …
Lesen Sie und verneinen Sie wie im Beispiel.

Ich bin gestern mit dem Fahrrad in die Stadt gefahren.

a _Nicht_ ich bin — gestern — mit dem Fahrrad — in die Stadt gefahren. Meine Nachbarn sind gestern mit dem Fahrrad in die Stadt gefahren!

Zahlwörter und Negation
Kapitel 8.01 und Kapitel 9.01

b _____ ich bin _____ gestern _____ mit dem Fahrrad _____ in die Stadt gefahren.
Ich bin gestern mit dem Fahrrad aufs Land gefahren!

c _____ ich bin _____ gestern _____ mit dem Fahrrad _____ in die Stadt gefahren.
Ich bin schon letzte Woche mit dem Fahrrad in die Stadt gefahren!

d _____ ich bin _____ gestern _____ mit dem Fahrrad _____ in die Stadt gefahren.
Ich bin gestern mit dem Bus in die Stadt gefahren!

/ 3 PUNKTE

S. 134 **5 Generationenkonflikt!? Vater und Sohn. Ordnen Sie zu und schreiben Sie Sätze.**

fast nie ~~nie~~ nicht keinen keine nirgends niemanden

a Ich trage immer Jeans und T-Shirts.   *Mein Vater trägt nie Jeans und T-Shirts.*
b Ich rauche.   *Mein*
c Ich treffe meine Freunde total oft.   *Mein Vater*
d Ich habe einen Hund.
e Ich trage Ohrringe.
f Ich habe überall Tätowierungen.
g Ich schaue total gern Fußball im Fernsehen an. Und wisst ihr was? Am liebsten mit meinem Vater. Ich kenne _____ , mit dem es so viel Spaß macht wie mit ihm.

/ 6 PUNKTE

S. 134 **6 Verhör bei der Polizei**
Was ist richtig? Kreuzen Sie an.

♦ Und haben Sie vielleicht gestern gegen 22 Uhr etwas gehört?
○ Nein, ich habe ○ nirgends ☒ nichts (a) gehört.

♦ Haben Sie vielleicht jemanden auf der Straße gesehen?
○ Nein, ich habe ○ niemanden ○ nirgends (b) gesehen.

♦ Kennen Sie diesen Mann auf dem Foto?
○ Nein, ich kenne ihn ○ nichts ○ nicht (c).

♦ Und haben Sie diese Frau schon einmal gesehen?
○ Nein, diese Frau habe ich auch noch ○ niemand ○ nie (d) gesehen.

♦ Möchten Sie uns noch etwas sagen?
○ Nein, wirklich nicht. Ich habe alles gesagt. Ich möchte Ihnen
  ○ nicht ○ nichts (e) mehr sagen.

/ 4 PUNKTE

/ 39 PUNKTE

Vergleichen Sie nun Ihre Lösungen mit dem Schlüssel auf Seite 203.

10.01 Was **machst** du? Ich **schlafe**.

Was machst du?
Ich schlafe.
Schläfst du immer noch?
Sei doch jetzt ruhig!

> Verben haben eine feste Position im Satz.

A Verb auf Position 2

Im Hauptsatz steht das Verb immer auf Position 2.

An Position 1 können stehen:	Position 1	Position 2	
ein Fragewort	Was	machst	du?
ein Nomen	Meine Frau	liegt	noch im Bett.
ein Pronomen	Sie	schläft	gern lange.
eine Zeitangabe	Heute	geht	sie nicht zur Arbeit.
ein Nebensatz	Wenn sie so lange schläft,	bringe	ich ihr das Frühstück ans Bett.
ein Verbindungsadverb oder Adverb	Deshalb/Natürlich	mag	sie mich besonders gern.

→ Fragesätze, Seite 142
→ Verbindungsadverbien, Seite 146

Grundsätzlich kann jedes Satzglied auf Position 1 stehen. Man betont damit, dass diese Information besonders wichtig ist.

◆ Wo ist mein MP3-Player?
○ **Auf dem Küchentisch** liegt er doch.

B Verb auf Position 1

Bei Ja-/Nein-Fragen, Imperativsätzen und irrealen Wunschsätzen steht das Verb auf Position 1.

	Position 1	
Ja-/Nein-Frage	Schläfst	du immer noch?
Imperativ	Sei	doch jetzt ruhig!
irreale Wünsche	Hätte	ich am Wochenende doch nur länger geschlafen!

→ Fragesätze, Seite 142
→ Imperativ, Seite 90
→ Konjunktiv II, ab Seite 86

Sätze und Satzverbindungen
Hauptsatz: Verbposition — 10

A1 1 Neu in Köln. Korrigieren Sie den Text von Elena.

> E-Mail senden
>
> Hallo! Heiße ich Elena. Bin ich 23 Jahre alt. Meine Heimatstadt Kiew ist. Im Oktober mein Studium beginnt. Bin ich erst seit 3 Wochen in Köln. Ich noch nicht viele Leute hier kenne. Du auch bist neu in der Stadt? Du möchtest kennenlernen mit mir die Stadt? Ich fahre gern Fahrrad und ich gern ins Museum und ins Kino gehe. Was Deine Hobbys sind? Mir schreib eine E-Mail: kiewinkoeln@yahoo.com. Freue ich mich auf Deine Antwort.

Hallo! Ich heiße Elena. Ich

A2 2 Interview mit einer Schauspielerin. Schreiben Sie Sätze. Beginnen Sie mit dem markierten Satzteil.

Frau Schäfer, warum sind Sie so fit und schlank?

a *Ich schlafe jeden Tag mindestens acht Stunden.*
(<u>ich</u> / jeden Tag mindestens acht Stunden / schlafen)

b _____
(<u>ich</u> / sehr viel Obst und Gemüse / essen)

c _____
(ich / <u>nur einmal pro Woche</u> / Fleisch / essen)

d _____
(ich / <u>dreimal pro Woche</u> / Sport / machen)

e _____
(ich / <u>trotzdem</u> / gern Kuchen und Schokolade / essen)

f _____
(ich / <u>natürlich</u> / keinen Alkohol / trinken)

Tja, und das ist das ganze Geheimnis.

10.02 Ich **will** hier **aussteigen**.

Hier steige ich aus.

Hey! Ich will hier aussteigen!

Sie haben nicht „bitte" gesagt.

Verben mit einem zweiten Verbteil haben eine feste Position im Satz.

		Satzklammer		
		Position 2		Ende
Trennbare Verben	Hier	steige	ich	aus.
Perfekt	Sie	haben	nicht „bitte"	gesagt.
Modalverben	Ich	will	hier	aussteigen!
Passiv Präsens	Der Bus	wird	morgen	gewaschen.
Passiv Perfekt	Der Bus	ist	lange nicht	gewaschen worden.
Passiv Präteritum	Der Bus	wurde	lange nicht	gewaschen.
Passiv mit Modalverben	Der Bus	muss	mal wieder	gewaschen werden.
Futur	Morgen	wird	der Busfahrer den Bus	waschen.
Plusquamperfekt	Der Busfahrer	hatte	den Bus lange nicht mehr	gewaschen.

A1 **1 Ab in die Ferien**

HeutefangenendlichdieFerienan|wirhabengestern
schondieKoffergepacktfrühamMorgenstehen
wiraufwirmöchtenfrühaufderAutobahnseinum
sechsUhrsteigenwirinsAutoeinderUrlaubkann
beginnenhoffentlichhabenwirnichtsvergessen

a Lesen Sie und markieren Sie die Satz-Enden.

b Ergänzen Sie die Tabelle auf Seite 141.

Sätze und Satzverbindungen
Hauptsatz: Satzklammer **10**

		Position 2		Ende
1	Heute	fangen	endlich die Ferien	an.
2				
3				
4				
5				
6				
7				

A2 **2 Was machen wir heute Abend?**

Ist der Satz richtig oder falsch? Kreuzen Sie an und korrigieren Sie die falschen Sätze.

		richtig	falsch
a	Ich für heute Abend habe zum Essen Tina und Bert eingeladen.	○	✗
b	Sie noch eine Freundin aus Griechenland mitbringen.	○	○
c	Für das Essen habe ich schon alles vorbereitet.	○	○
d	Kannst du bitte kaufen noch Getränke?	○	○
e	Ich aufräume dafür die Wohnung.	○	○

a Ich habe für heute Abend Tina und Bert zum Essen eingeladen.

B1 **3 Stefan ist im Krankenhaus. Schreiben Sie Sätze.**

◆ Wann ist Stefan operiert worden ? (a)
   (wann – worden – Stefan – sein – operiert)
○ Erst vor zwei Tagen. Aber _____. (b)
   (er – sich – erholt – haben – schon sehr gut – davon)
◆ Das ist ja schön. _____? (c)
   (er – dürfen – werden – im Krankenhaus – besucht)
○ Ja, klar. Aber _____. (d)
   (du – dich – beeilen – müssen)

_____ (e)
(Er – werden – entlassen – in zwei Tagen – aus dem Krankenhaus)
◆ Wirklich, so schnell?
○ Ja, toll, oder? Selbst die Ärzte _____
_____. (f)
(mit – mindestens 10 Tagen Krankenhausaufenthalt – gerechnet – hatten)
Aber _____. (g)
(jetzt – er – schon nach 4 Tagen – rauskommen)

10.03 Bist du das, Walter?

Nein. — Bist du das, Walter?
Du kennst mich. — Wer ist es denn?
Doch. — Du bist aber nicht Alfred?

A Fragesätze

Es gibt zwei Arten von Fragesätzen: W-Fragen und Ja-/Nein-Fragen.

W-Frage		Fragewörter	Antwort
Wer bist du denn?	– Ich bin Alfred.	wen, wem, woher, wohin, wann, wie, was für ein-, welche, …	eine bestimmte Information
Woher kommst du?	– Aus Bamberg.		
Ja-/Nein-Frage			
Bist du das, Walter?	– **Ja**, natürlich.	–	Ja oder Nein
	– **Nein**, ich bin nicht Walter.		
Magst du Alfred <u>nicht</u>?	– **Doch**, aber sag es Walter nicht!		Bei negativen Fragen: Doch oder Nein
	– **Nein**, ich finde ihn unmöglich.		

Wortstellung

		Position 2	
W-Fragen	Wer	bist	du denn?
Ja-/Nein-Frage	Bist	du	das, Walter?

B Indirekte Fragen

	W-Fragen
Ich habe vergessen, woher Alfred kommt.	**Woher** kommt Alfred? Ich habe es vergessen.
	Ja-/Nein-Fragen
Ich weiß nicht, ob Walter noch kommt.	Kommt Walter noch? Ich weiß es nicht.

Wortstellung

Hauptsatz	Nebensatz
Ich weiß nicht,	woher/ob Walter kommt.

Nebensatz	Hauptsatz
Woher/Ob Walter kommt,	weiß ich nicht.

Sätze und Satzverbindungen
Fragesätze 10

A1   1 Neu in der Nachbarschaft. Ordnen Sie zu.

~~wer~~   wo   wann   woher   wie   was   welche   wie lange

a ◆ *Wer* sind Sie? ○ Ich bin Jun-Yung May.
b ◆ _____ kommen Sie? ○ Ich komme aus Südkorea.
c ◆ _____ sind Sie nach Deutschland gekommen? ○ Vor vier Jahren.
d ◆ _____ sind Sie schon in Berlin? ○ Seit drei Wochen.
e ◆ _____ sind Sie von Beruf? ○ Ich bin Software-Ingenieurin.
f ◆ _____ arbeiten Sie? ○ Ich arbeite bei Technichrom.
g ◆ _____ Sprachen sprechen Sie? ○ Koreanisch, Englisch und Deutsch.
h ◆ Toll! Und _____ gefällt es Ihnen in Berlin? ○ Sehr gut, danke.

A1   2 Kurze Fragen: Schreiben Sie. Hören Sie dann und sprechen Sie nach.

a wie – du – heißen?   ◆ _____   ○ Wanda.
b du – kommen – woher?   ◆ _____   ○ Aus Krakau.
c du – wo – wohnen?   ◆ _____   ○ In Frankfurt.
d was – du – machen – beruflich?   ◆ _____   ○ Ich bin Studentin.
e was – du – sprechen?   ◆ _____   ○ Ich spreche Polnisch, Englisch und Deutsch.

A1   3 Nervensäge.

a Schreiben Sie Fragen.

b Beantworten Sie die Fragen mit *ja*, *nein* oder *doch*.

1 du – heute – hast – Zeit?   *Hast du heute Zeit?*   *Ja*   (+)
2 mit ins Kino – kommst – du?   _____ ?   (–)
3 du – gehst – nicht gern – ins Kino?   _____ ?   (+)
4 Chinesisch essen – du – gehst – mit mir?   _____ ?   (–)
5 nicht gern – isst – du – Chinesisch?   _____ ?   (+)
6 warum – du – dann nicht – mit mir – essen – gehst?   _____ ?   Ach, weißt du …

A2   4 Die perfekte Sekretärin. Schreiben Sie indirekte Fragen.
Hören Sie dann und sprechen Sie nach.

a Können Sie mir sagen, _____ ?
   (Was für eine Verpackung soll ich nehmen?)
b Wissen Sie, _____ ?
   (Wann kommen die Kunden am Flughafen an?)
c Sagen Sie mir bitte, _____ .
   (Um wie viel Uhr habe ich heute meinen Zahnarzttermin?)
d Erinnern Sie sich daran, _____ ?
   (Habe ich meinen Schlüssel auf den Tisch gelegt?)
e Haben Sie gesehen, _____ ?
   (Wohin habe ich mein Handy gelegt?)

10.04 Der Mann hat Geld **und** die Frau hat Hunger.

Ich sehe einen Mann und ich sehe eine Frau. Der Mann hat Geld und die Frau hat Hunger.

Ich möchte einen Tomatensalat und dann nehme ich den Fisch.

Mit den Konjunktionen *und, oder, aber, denn* verbindet man zwei Hauptsätze.

Bedeutung	Hauptsatz 1	(Position 0)	Hauptsatz 2
Aufzählung	Ich sehe einen Mann	und	ich sehe eine Frau.
Gegensatz	Der Mann hat lange gewartet,	aber	die Frau ist nicht gekommen.
Alternativen	Gehen wir in ein Restaurant	oder	fahren wir zu McDonald's?
Grund	Der Mann geht zu einer Wahrsagerin,	denn	er möchte etwas über seine Zukunft wissen.

A1 **1 Was machen wir heute Abend? Verbinden Sie die Sätze.**

a Willst du vielleicht mit mir ins Theater gehen — und — er hat eine große DVD-Sammlung und eine Popcornmaschine.

b Ich möchte am liebsten ins Kino, — aber — hast du mehr Lust auf ein Konzert?

c Im Kino kaufe ich mir immer Popcorn — oder — dazu trinke ich eine Cola.

d Dann können wir doch bei Axel einen Film ansehen, — denn — leider läuft kein guter Film.

Sätze und Satzverbindungen
Hauptsatz + Hauptsatz: Konjunktionen *und, oder, aber, denn* — 10

A1 2 Hast du Geschwister? Ergänzen Sie.

A: Ja. Wir sind fünf. Ich habe zwei Brüder _____ zwei Schwestern.

C: Ich habe zwei Schwestern, _____ keine Brüder.

B: Ja, aber ich möchte gern noch einen Bruder, _____ ich habe nur eine Schwester.

D: Nein, leider nicht. Ich wünsche mir einen Bruder _____ eine Schwester. Das ist mir egal.

A1 3 Urlaubspläne: Ergänzen Sie *und, oder, aber* oder *denn*.

◆ Fahrt ihr im Sommer weg *oder* (a) bleibt ihr zu Hause?
○ Wir fahren nach Norddeutschland. Zuerst besuchen wir Freunde in Bielefeld _____ (b) dann fahren wir zusammen mit ihnen auf die Insel Langeoog.
◆ Toll! Wart ihr schon einmal an der Nordsee _____ (c) fahrt ihr zum ersten Mal hin?
○ An der Nordsee war ich schon einmal, _____ (d) noch nie auf Langeoog.
◆ Fahrt ihr mit dem Auto _____ (e) mit dem Zug?
○ Wir fahren mit dem Auto, _____ (f) nur bis zur Fähre, _____ (g) die Insel ist autofrei. Auf der Insel fahren wir nur Fahrrad _____ (h) wir gehen zu Fuß.
◆ Das klingt ja gut. Und wann geht die Reise los?
○ Im August. Ich freue mich schon.

A1 4 Am Wochenende. Schreiben Sie Sätze.

a Ich – spät ins Bett – gehen – und – spät aufstehen
   Ich gehe spät ins Bett und stehe spät auf.

b Ich – Freunde – besuchen – oder – einen Ausflug machen

c Ich – gern in der Stadt – sein – aber – noch lieber aufs Land fahren

d Ich – viel mit dem Fahrrad – fahren – denn – das – sehr gesund sein

10.05 **Trotzdem** probiere ich es.

Ich kann nicht fliegen. Darum bleibe ich hier.

Ich kann auch nicht fliegen. Trotzdem probiere ich es.

Man muss es versuchen. Sonst lernt man es nie.

Verbindungsadverbien (*darum, deswegen, daher, ...*) verbinden Hauptsätze und setzen sie in eine logische Beziehung zueinander.

	Grund →	Folge
darum	Ich kann nicht fliegen.	Darum bleibe ich hier.
deswegen	Er hat Angst.	Deswegen bleibt er im Nest.
daher	Ich will fliegen.	Daher übe ich es jetzt.
deshalb	Ich möchte die Welt sehen.	Deshalb probiere ich es.
	Grund →	Entscheidung dagegen
trotzdem	Ich kann auch nicht fliegen.	Trotzdem probiere ich es.
	Bedingung →	negative Folge
sonst	Man muss es versuchen.	Sonst lernt man es nie.

Wortstellung

Die Verbindungsadverbien stehen oft auf Position 1, manchmal auch in der Satzmitte.

	Position 1	Position 2	
Man muss es versuchen.	Sonst	lernt	man es nie.
Man muss es versuchen.	Man	lernt	es sonst nie.

A2 **1 Beeil dich, sonst ... Verbinden Sie.**

a Beeil dich, — sonst mache ich mir Sorgen.
b Nimm den Regenschirm mit, sonst wirst du ganz nass.
c Zieh dich warm an, sonst verpasst du den Bus.
d Komm nicht so spät nach Hause, sonst erkältest du dich.

Sätze und Satzverbindungen
Verbindungsadverbien: *darum, deswegen, daher, ...*

10

B1 **2 Aus dem Arbeitsleben: Was passt? Ordnen Sie zu.**

  a Mein Mann sucht Arbeit.
  b Ich bin gerade Mutter geworden.
  c Meine Freundin Angela ist Chefin in einer großen Firma.
  d Meine Nachbarin arbeitet nur halbtags.

  1 Darum muss sie oft auch noch spät am Abend arbeiten.
  2 Daher hat sie nachmittags genug Zeit für die Familie.
  3 Deswegen arbeite ich jetzt erst einmal nicht und bleibe bei meinem Baby zu Hause.
  4 Deshalb liest er jeden Tag den Stellenmarkt in der Zeitung.

a	b	c	d
4			

B1 **3 Egal! Schreiben Sie die Sätze mit *trotzdem*.**

  a Obwohl Sabine abnehmen will, isst sie viel Eis und Schokolade.
     Sabine will abnehmen, trotzdem isst sie viel Eis und Schokolade.
  b Obwohl Gerhard viel verdient, lebt er in einer kleinen Wohnung und hat kein Auto.
     _____
  c Frau Hufnagl macht nie Urlaub im Ausland, obwohl sie fünf Sprachen spricht.
     _____

B1 **4 Morgen ist ein wichtiger Tag. Ergänzen Sie: *deshalb* oder *trotzdem*.**

  Renate hat morgen früh ein Vorstellungsgespräch,

  a *deshalb* _____ hat sie sich ein neues Kleid gekauft.
  b _____ ist sie beim Friseur gewesen.
  c _____ ist sie nicht nervös.
  d _____ hat sie sich im Internet über die Firma informiert.
  e _____ geht sie heute nicht früh ins Bett.

B1 🔊 **5 Ein Beschwerdebrief. Was ist richtig? Kreuzen Sie an. Hören Sie dann und vergleichen Sie.**

Sehr geehrter Herr Thaler,

gestern haben Sie zum dritten Mal in dieser Woche eine Party gefeiert. Es war wieder sehr laut, ○ trotzdem ○ sonst ○ deshalb (a) konnte ich nicht schlafen. Ich habe nichts gegen Partys und gegen junge Leute. ○ Trotzdem ○ Sonst ○ Deshalb (b) habe ich bisher auch noch nichts unternommen. Aber jetzt reicht es mir. Ich habe Sie schon bei den letzten Partys und auch gestern Abend mehrfach gebeten, die Musik leiser zu stellen, ○ sonst ○ trotzdem ○ deswegen (c) haben Sie das nicht gemacht. Jetzt sage ich es Ihnen zum letzten Mal: Stellen Sie das nächste Mal die Musik leise, ○ deshalb ○ sonst ○ trotzdem (d) rufe ich die Polizei.

Mit freundlichen Grüßen

G. Wilms

10.06 Ich weiß, **dass** ich Napoleon bin.

Ich weiß, dass ich Napoleon bin.

Und ich weiß, dass das nicht stimmt.

Ein Nebensatz mit *dass* folgt nach bestimmten Verben und Ausdrücken.

Wissen	
Ich weiß, dass …	Ich weiß, dass ich Napoleon bin.
Ich bin (mir) sicher, dass …	
Es ist richtig, dass …	
Wiederholung einer Rede	
Er hat gesagt/geantwortet, dass …	Gestern hast du gesagt, dass du Julius Cäsar bist.
Gedanke, Meinung*	
Ich finde es gut/schlecht/nicht so gut, dass …	Ich finde es nicht so gut, dass du auf meinem Sofa liegst.
Ich finde/meine/glaube/denke, dass …	
Es ist wichtig/möglich, dass …	
Ich bin der Meinung, dass …	
Gefühl, Wertung*	
Ich bin froh/glücklich/zufrieden, dass …	Ich bin glücklich, dass ich wieder zu Hause bin.
Ich freue mich, dass …	
Es tut mir leid, dass …	
Ich habe Angst/Glück, dass …	

* Wenn Hauptsatz und Nebensatz das gleiche Subjekt haben, kann man auch den Infinitiv mit *zu* benutzen:
  Ich bin glücklich, dass **ich** wieder zu Hause bin.
  Ich bin glücklich, wieder zu Hause **zu sein**.

→ Infinitivsätze, Seite 150

Wortstellung

Hauptsatz	Nebensatz
Ich finde es* nicht gut,	**dass** du immer die Hand in der Jacke **hast**.

Nebensatz	Hauptsatz
Dass du immer die Hand in der Jacke hast,	*finde ich* nicht gut.*

* *es* fällt weg, wenn der Nebensatz vor dem Hauptsatz steht.

Sätze und Satzverbindungen
Hauptsatz + Nebensatz: *dass*-Satz 10

A2 1 Weißt du schon, dass …? Schreiben Sie Sätze mit *dass*.

◆ Weißt du schon, …

a _dass_ ? (die Hansens trennen sich)
b _____ ? (Jette ist schwanger)
c _____ ? (Gregor hat eine neue Freundin)
d _____ ? (Kai hat seinen Job verloren)
e ○ Ich weiß nur, _____ (man kann dir nichts erzählen)
  ?

A2 2 Kurz vor den Wahlen. Was Politiker versprechen. Ergänzen Sie die Tabelle.

A: *Ich baue mehr Kindergärten.* — Heribert Keller
B: *Die Menschen müssen weniger Steuern zahlen.* — Bernhard Adler
C: *Mit mir gibt es weniger Arbeitslose.* — Jochen Schmidt
D: *Ich schütze die Natur.* — Brigitte Brunner

a Heribert Keller verspricht,	dass	er mehr Kindergärten	baut.
b Bernhard Adler verspricht,			
c Jochen Schmidt verspricht,			
d Brigitte Brunner verspricht,			

A2 3 Eine neue Arbeit in einer anderen Stadt. Schreiben Sie Sätze mit *dass*.

a eine neue Arbeit – habe – ich
Ich bin sehr froh, _dass ich eine neue Arbeit habe_.

b die Firma – ist – in einer anderen Stadt
Ich finde es interessant, _____.

c ich – habe – diese Stelle – angenommen
Meine Freundin versteht gar nicht, _____.

d ich – das Richtige – tue
Aber ich bin mir sicher, _____.

B1 4 Welchen Satz kann man umformen? Schreiben Sie den Satz um. Hören Sie dann und sprechen Sie nach. 🔊

a Ich freue mich, dass ich euch wiedersehe.   _Ich freue mich, euch wiederzusehen_.
b Ich freue mich sehr, dass wir uns wiedersehen.   /

c Ich bin so froh, dass wir uns treffen. _____
d Ich bin so froh, dass ich dich treffe. _____

e Ich finde es sehr schade, dass ich so weit weg wohne. _____
f Ich finde es sehr schade, dass ihr so weit weg wohnt. _____

10.07 Ich **habe** keine **Lust**, ins Museum **zu** gehen.

Letztes Jahr im Urlaub

Es fängt an zu regnen.

Ich schlage vor, in ein Museum zu gehen.

Ich habe keine Lust, ins Museum zu gehen.

Ich finde es dumm, ins Museum zu gehen.

Es ist langweilig, ins Museum zu gehen.

Den Infinitiv mit *zu* verwendet man nach:

		Beispiel
bestimmten Verben	anfangen, aufhören, beginnen, erlauben, sich freuen, hoffen, verbieten, vergessen, versuchen, vorhaben, sich vorstellen, …	Ich schlage vor, in ein Museum **zu gehen**.
Adjektiven + *sein* / *finden*	Es ist / Ich finde es stressig / toll / schwer / schwierig / interessant / anstrengend / leicht / …	Es ist langweilig, ins Museum **zu gehen**.
Nomen + *haben*	Lust / Zeit / Interesse / Angst / die Erlaubnis / die Möglichkeit / … haben	Ich habe keine Lust, ins Museum **zu gehen**.

Infinitiv mit *zu* bei trennbaren Verben:
Ich habe vergessen, die Regenjacken ein**zu**packen.
Wir haben einfach keine Lust, uns Kunst an**zu**sehen.

Infinitiv mit *zu* steht auch nach den Konjunktionen *anstatt, ohne, um*.

→ Hauptsatz und Nebensatz: *indem, ohne dass* …, Seite 160

Wortstellung

Hauptsatz	Nebensatz
Es* ist langweilig,	ins Museum **zu gehen**.

Nebensatz	Hauptsatz
Ins Museum **zu gehen**,	ist langweilig.*

* *es* fällt weg, wenn der Hauptsatz nach dem Nebensatz steht.

Sätze und Satzverbindungen
Infinitivsätze: Infinitiv mit *zu* — 10

B1 1 Es ist ... Ordnen Sie zu und ergänzen Sie in der richtigen Form.

~~Wasser trinken~~   aus anderen Ländern kennenlernen   einen Schneemann bauen
nur fernsehen   einen Freund verlieren

a Es ist gesund, viel *Wasser zu trinken* .
b Es ist traurig, _____ .
c Ich finde es lustig, im Winter _____ .
d Es ist interessant, kreative Menschen _____ .
e Ich finde es langweilig, immer _____ .

B1 2 Ich fahre nach London! Sagen Sie es anders.

a Es ist mir wichtig, dass ich meine Freunde regelmäßig treffe.
b Deshalb habe ich gestern beschlossen, dass ich zu meiner besten Freundin Linda nach London fliege.
c Ich hoffe, dass ich einen günstigen Flug bekomme.
d Mein Freund hat leider nicht genug Zeit, dass er mitkommt.
e Aber er hat mir versprochen, dass er mich zum Flughafen bringt und wieder abholt.
f Ich freue mich schon sehr darauf, dass ich Linda bald wiedersehe.

a Es ist mir wichtig, meine Freunde regelmäßig zu treffen.

B1 3 Stress! Empfehlungen vom Arzt: Lösen Sie die Übung mündlich oder schriftlich.

a Ich rate Ihnen: Arbeiten Sie nicht so viel!
   Ich rate Ihnen, nicht so viel zu arbeiten.
b Ich empfehle Ihnen: Trinken Sie nicht so viel Kaffee.

c Essen Sie gesund! Versuchen Sie es!

d Ich schlage Ihnen vor: Machen Sie mal Urlaub.

e Treiben Sie Sport. Fangen Sie bald an!

f Vergessen Sie nicht: Nehmen Sie Vitamine.

D1 4 Am Telefon: Mit *zu* oder ohne *zu*? Ergänzen Sie *zu* oder –.

◆ Schönen guten Tag, mein Name ist Schönbaum. Ich möchte bitte mit Frau Glaser ___—___ (a) sprechen.
○ Moment. Ich versuche, Sie _____ (b) verbinden. – Hören Sie: Frau Glaser kann im Moment leider nicht an den Apparat _____ (c) kommen.
◆ Können Sie sie bitten, mich später zurück_____rufen (d)?
○ Ja natürlich. Wären Sie so nett, mir noch einmal Ihren Namen _____ (e) sagen?
◆ Schönbaum. Wie *Schön* und *Baum*.
○ Gut, Herr Schönbaum, Frau Glaser wird Sie dann an_____rufen (f).
◆ Danke!

151

10.08 Immer wenn ich sie sehe, hat sie ein Telefon am Ohr.

Das ist Elke. Immer wenn ich sie sehe, hat sie ein Telefon am Ohr. Ich kenne Elke schon, seit wir Nachbarn sind. Bevor es Mobiltelefone gab, hat sie in der Telefonzelle gewohnt. Als dann das Handy kam, hat sie sofort eins gekauft. Ihr Mann hat sich scheiden lassen, nachdem er die Telefonrechnung gesehen hatte. Inzwischen telefoniert sie sogar, während sie duscht.

Sie möchten mit ihr sprechen? Da müssen Sie warten, bis der Akku leer ist.

Temporale Konjunktionen (wenn, als, seit, ...) setzen Haupt- und Nebensatz in eine zeitliche Beziehung.

	Verwendung	Beispiel
als	Vergangenheit, einmal	Als das Handy kam, hat Elke sofort eins gekauft.
wenn	einmal Wiederholung	Wenn ich heute heimkomme, muss ich den Akku aufladen. (Immer) Wenn ich sie sehe, hat sie ein Telefon am Ohr.
während	zwei Handlungen passieren gleichzeitig	Inzwischen telefoniert sie sogar, während sie duscht.
nachdem	eine Handlung passiert nach einer anderen	Nachdem er die Rechnung gesehen hatte, hat er sich scheiden lassen.
seit(dem)	Vergangenheit bis heute	Ich kenne Elke, seit(dem) wir Nachbarn sind.
bevor	eine Handlung passiert vor einer anderen	Sie hat in der Telefonzelle gewohnt, bevor es Mobiltelefone gab.
bis	das Ende einer Handlung liegt in der Zukunft	Da müssen Sie warten, bis der Akku leer ist.

wenn oder *als*?

	Gegenwart und Zukunft	Vergangenheit
einmal	Wenn ich mal viel Geld habe, kaufe ich mir ein iPhone.	Als ich dich anrufen wollte, war der Akku meines Handys leer.
Wiederholung	(Immer) Wenn ich ihn anrufe, ist sein Telefon besetzt.	(Immer) Wenn du mich angerufen hast, wolltest du Geld von mir.

Zeiten bei *nachdem*

Nebensatz	Hauptsatz
Plusquamperfekt	**Präteritum / Perfekt**
Nachdem er die Telefonrechnung gesehen hatte,	ließ er sich scheiden / hat er sich scheiden lassen.
Perfekt	**Präsens**
Nachdem er die Telefonrechnung gesehen hat,	lässt er sich scheiden.

Wortstellung

Hauptsatz	Nebensatz
Ich leihe dir mein Handy,	wenn du nächste Woche in Urlaub fährst.

Nebensatz	Hauptsatz
Wenn du nächste Woche in Urlaub fährst,	leihe ich dir mein Handy.

Sätze und Satzverbindungen
Hauptsatz + Nebensatz: *wenn, als, seit, ...* **10**

A2 1 *(Immer) wenn ..., dann ...* Verbinden Sie.

a Immer wenn ich Marie sehe, — wenn sie uns besucht.
b Immer wenn wir in Italien Urlaub machen, wenn du nervös bist.
c Meine Oma bringt uns immer etwas mit, schläft mein Freund ein.
d Es ist so nervig. Immer wenn wir im Kino sind, — bekomme ich Herzklopfen.
e Du wirst immer rot im Gesicht, essen wir ganz oft Pizza.

B1 2 *Früher ...* Schreiben Sie Sätze.

a Meine Eltern haben geheiratet. Es hat den ganzen Tag geregnet.
b Meine kleine Schwester ist auf die Welt gekommen. Ich war sehr stolz.
c Mein Bruder hat sein erstes Gehalt bekommen. Er hat sich einen alten VW-Käfer gekauft.
d Ich bin 18 geworden. Ich habe mich sehr erwachsen gefühlt.

> a Als meine Eltern geheiratet haben, hat es den ganzen Tag geregnet.

B1 3 Mini-Krimi: *wenn* oder *als*? Ergänzen Sie.

__Als__ (a) ich gestern Abend nach Hause kam, wollte ich mich in die Badewanne legen. Das mache ich immer, _____ (b) ich müde bin. Aber gerade, _____ (c) ich ins Wasser steigen wollte, klingelte es an der Tür. Nanu, dachte ich. Wer kann das sein? Meine Freunde rufen doch immer vorher an, _____ (d) sie mich besuchen wollen. _____ (e) es nachts klingelt, mache ich eigentlich nie die Tür auf. _____ (f) ich aus dem Bad kam, sah ich, wie sich die Haustür langsam öffnete. Ich bekam Angst. „Wer ist denn da?", fragte ich leise. Da steckte mein Nachbar seinen Kopf herein. „Keine Angst. Ich bin's nur. Sie haben Ihren Schlüssel draußen stecken lassen, _____ (g) Sie nach Hause gekommen sind", sagte er und lachte.

B1 4 Eine kurze Lebensgeschichte: Ordnen Sie zu.

~~als~~   während   bevor   seitdem   nachdem   bis

a __Als__ ich noch klein war, habe ich mit meinen Eltern in München gelebt.
b Ich habe immer in Süddeutschland gelebt, _____ ich in Berlin einen Studienplatz bekommen habe.
c _____ ich in Berlin studiert habe, habe ich mich dort sehr wohlgefühlt und ich wollte immer dort bleiben.
d _____ ich aber mein Studium abgeschlossen hatte, machte ich einen langen Urlaub in Australien – und lernte Rick kennen.
e _____ ich Rick kenne, ist alles anders. _____ ich ihn kannte, dachte ich, ich würde immer in Deutschland leben. Aber jetzt lebe ich schon seit drei Jahren in Melbourne.

10.09 ... **weil** draußen die Sonne scheint.

Ich muss drinnen bleiben, weil draußen die Sonne scheint.

Ich muss hier drinnen bleiben, obwohl draußen die Sonne scheint.

Mit kausalen Konjunktionen *(weil, da)* nennt man einen Grund.
Mit konzessiven Konjunktionen *(obwohl)* drückt man einen Gegensatz aus.

	Bedeutung	Beispiel
weil	Grund	Er muss drinnen bleiben, weil draußen die Sonne scheint.
da	Grund, meist in geschriebenen Texten	Der Vampir musste schnell zum Friedhof zurück, da es bereits hell wurde.
obwohl	Gegensatz, nicht wie erwartet	Die Sekretärin muss im Büro bleiben, obwohl draußen die Sonne scheint.

Wortstellung

Hauptsatz	Nebensatz
Er muss drinnen bleiben,	weil/da/obwohl draußen die Sonne scheint.

Nebensatz	Hauptsatz
Weil/Da/Obwohl draußen die Sonne scheint,	muss er drinnen bleiben.

A2 **1 Warum? Ordnen Sie zu und schreiben Sie Sätze mit *weil*.**

es ist draußen sehr kalt   er spricht mehrere Fremdsprachen   ~~ich fühle mich nicht wohl~~
sie hat Kopfschmerzen   sein Auto ist kaputt   mein Mann hat Geburtstag

a Ich gehe heute nicht zur Arbeit, *weil ich mich nicht wohlfühle*.
b Du musst dich warm anziehen, _____.
c Er kommt zu Fuß, _____.
d Wir machen eine Party, _____.
e Ich muss für meine Frau Aspirin kaufen, _____.
f Seine beruflichen Chancen sind sehr gut, _____.

Sätze und Satzverbindungen
Hauptsatz + Nebensatz: *weil, da; obwohl* **10**

B1 2 Unvernünftig! Ordnen Sie zu und schreiben Sie Sätze mit *obwohl*.

sie / haben / Fieber   ~~es / sehr kalt / draußen / sein~~   nur wenig Geld / er / haben
es / ihr / der Arzt / verboten haben

a Die junge Frau zieht keinen Mantel an, *obwohl es draußen sehr kalt ist*.
b Er fährt ein teures Auto, _____.
c Christine raucht den ganzen Tag, _____.
d Sie geht zur Party, _____.

B1 3 Ich möchte wieder arbeiten. *weil* oder *obwohl*?
🔊 Lösen Sie die Übung mündlich oder schriftlich.

Ich möchte wieder arbeiten, …

a ☒ weil ○ obwohl   meine Kinder jetzt schon groß sind.
b ○ weil ○ obwohl   mir Arbeiten Spaß macht.
c ○ weil ○ obwohl   mein Mann ganz gut verdient.
d ○ weil ○ obwohl   es manchmal anstrengend ist.
e ○ weil ○ obwohl   ich dann früh aufstehen muss.
f ○ weil ○ obwohl   ich gern etwas Neues kennenlernen möchte.

B1 4 Rund um den Urlaub: Schreiben Sie die Sätze neu mit *weil* oder *obwohl*.

a Wir haben uns eine teure Wohnung gekauft. Deshalb machen wir dieses Jahr zu Hause Urlaub.
Wir machen dieses Jahr zu Hause Urlaub, weil wir uns eine teure Wohnung gekauft haben.

b Meine Eltern leben seit zwei Jahren in Südfrankreich. Deshalb sprechen sie sehr gut Französisch.

c Saskia hat sich im Urlaub ein Auto gemietet. Trotzdem ist sie immer nur im Hotel geblieben.

d Lucia interessiert sich sehr für Kunst und Kultur. Deshalb macht sie oft Städtereisen.

e Im Urlaub hat es oft geregnet. Trotzdem hatten wir eine tolle Zeit.

10.10 Ich brauche Licht, **damit** ich was sehe.

Ich brauche Licht, damit ich was sehe.

Ich brauche Licht, um was zu sehen.

Machen Sie doch bitte Licht, damit ich was sehe.

Danke!

Mit finalen Konjunktionen *(damit, um ... zu)* wird ein Ziel oder ein Zweck genannt.

	Bedeutung	Beispiel
damit	Ziel, Zweck	*Ich* mache Licht, damit *er* etwas sieht.
		Er will Licht, damit *er* etwas sieht.
um ... zu		Er will Licht, um etwas zu sehen.

damit oder *um ... zu*?

damit	um ... zu	
Ich schalte das Licht aus, damit *du* schlafen kannst.	–	Subjekt im Hauptsatz *(ich)* ≠ Subjekt im Nebensatz *(du)* → damit
Ich schalte das Licht ein, damit *ich* etwas sehe.	*Ich* schalte das Licht ein, um etwas zu sehen.	Subjekt im Hauptsatz *(ich)* = Subjekt im Nebensatz *(ich)* → damit oder um ... zu

Wortstellung

Hauptsatz	Nebensatz
Ich schalte das Licht aus,	damit du schlafen kannst.
Ich schalte das Licht ein,	um etwas zu sehen.

Nebensatz	Hauptsatz
Damit du schlafen kannst,	schalte ich das Licht aus.
Um etwas zu sehen,	schalte ich das Licht ein.

Sätze und Satzverbindungen
Hauptsatz + Nebensatz: *damit, um ... zu* **10**

B1 1 Zu welchem Zweck machen die Leute das? Schreiben Sie die Sätze neu mit *um ... zu*.

a Wir fahren in Urlaub. Wir möchten uns erholen.
   *Wir fahren in Urlaub, um uns zu erholen*_____.
b Petra lernt Chinesisch. Sie möchte bessere Chancen im Beruf haben.
   Petra lernt Chinesisch, _____.
c Noah kocht ein Drei-Gänge-Menü. Er möchte seine Freundin beeindrucken.
   Noah kocht ein Drei-Gänge-Menü, _____.
d Viktoria schreibt einen Brief an ihre Tante. Sie möchte ihr zum Geburtstag gratulieren.
   Viktoria schreibt einen Brief an ihre Tante, _____.

B1 2 So leben Sie gesund! Schreiben Sie die Sätze neu mit *damit*.

a Trinken Sie täglich zwei Liter Wasser: Giftstoffe werden aus Ihrem Körper gespült.
b Essen Sie fünfmal am Tag Obst und Gemüse:
  Ihr Körper bekommt alle wichtigen Vitamine und Mineralstoffe.
c Gehen Sie mindestens einmal pro Woche vor 22 Uhr ins Bett: Ihr Körper kann sich richtig erholen.
d Gehen Sie abends noch einmal spazieren oder nehmen Sie ein heißes Bad:
  Sie können besser schlafen.

a Trinken Sie täglich zwei Liter Wasser, damit ...

B1 3 Welchen Sport machen Sie und warum? *um ... zu* oder *damit*? Kreuzen Sie an.
🔊 Hören Sie dann und vergleichen Sie.

Erna S.: Ich laufe, ○ um ○ damit (a) den Kopf nach der Arbeit frei zu bekommen.
Marina P.: Ich gehe regelmäßig ins Fitnessstudio,
○ um ○ damit (b) mein Bauch wieder flacher wird.
Bert A.: Ich laufe fünfmal die Woche 10 Kilometer,
○ um ○ damit (c) den nächsten Stadtmarathon mitlaufen zu können.
Valentina S.: Ich mache Yoga, ○ um ○ damit (d) mein Rücken kräftiger wird.
Fritz K.: Sport!? Nee! Also, ich habe mir heute eine Tüte Chips gekauft, ○ um ○ damit (e)
einen gemütlichen Abend auf dem Sofa zu verbringen.

B1 4 Viele Gründe! *um ... zu* oder *damit*? Schreiben Sie *um ... zu*-Sätze, wenn möglich.

1 Johannes rennt zum Bahnhof.

a Er holt seine Freundin Sabine ab.
b Er will nicht zu spät kommen.
c Sabine muss ihr Gepäck nicht allein tragen.
d Sabine muss kein Taxi nehmen.

Johannes rennt zum Bahnhof, ...
a *um seine Freundin Sabine abzuholen.*
b _____
c _____
d _____

2 Hilde besucht eine Abendschule.

a Sie macht nächstes Jahr das Abitur.
b Ihre Berufschancen werden besser.
c Sie verdient später mehr Geld.
d Ihr Leben wird interessanter.

Hilde besucht eine Abendschule, ...
a _____
b _____
c _____
d _____

157

10.11 **Wenn** du nicht redest, lasse ich los!

Wenn du nicht redest, lasse ich los!

Wenn Sie loslassen, spreche ich kein Wort mehr mit Ihnen.

Konditionale Konjunktionen *(wenn, falls)* drücken eine Bedingung aus.

	Bedeutung	Beispiel
wenn	Bedingung	Wenn Sie loslassen, spreche ich kein Wort mehr mit Ihnen.
	Irreale Bedingung, mit Konjunktiv II	Wenn er geredet hätte, würde er jetzt nicht im Krankenhaus liegen.
falls	Bedingung (oft: nicht wahrscheinlich, eher unsicher)	Falls die Nachbarin das sieht, ruft sie sofort die Polizei.

→ temporale Verwendung von *wenn*, Seite 152

Wortstellung

Hauptsatz	Nebensatz
Ich spreche kein Wort mehr mit Ihnen,	wenn Sie loslassen.
Die Nachbarin ruft sofort die Polizei,	falls sie das sieht.

Nebensatz	Hauptsatz
Wenn Sie loslassen,	spreche ich kein Wort mehr mit Ihnen.
Falls die Nachbarin das sieht,	ruft sie sofort die Polizei.

A2 1 *Wenn ..., dann ...* Ordnen Sie zu und ergänzen Sie in der richtigen Form.

die Sonne scheint   ich bestehe die Prüfung   ~~ich bin müde~~   ich habe Urlaub

a Ich trinke Kaffee, *wenn ich müde bin*.
b Ich lade meine Freunde ein, _____.
c Ich lese viel, _____.
d Ich fahre mit dem Fahrrad zur Arbeit, _____.

Sätze und Satzverbindungen
Hauptsatz + Nebensatz: *falls, wenn* — 10

A2 2 Omas Hausmittel gegen Krankheiten: Lösen Sie die Übung mündlich oder schriftlich.

a Sie haben Halsschmerzen. → Essen Sie mehrmals am Tag einen großen Löffel Honig.
b Sie haben Schnupfen. → Spülen Sie die Nase vorsichtig mit Salzwasser.
c Sie haben Kopfschmerzen. → Trinken Sie einen Espresso mit ein wenig Zitronensaft.
d Sie fühlen sich nicht gut. → Sie sollten auf jeden Fall im Bett bleiben.

a Wenn Sie Halsschmerzen haben, essen Sie mehrmals am Tag einen großen Löffel Honig.

B1 3 Nur unter einer Bedingung: Verbinden Sie.

a Er ist immer nur nett zu mir,   wenn ich sie zuerst grüße.
b Unsere Nachbarin grüßt mich nur,   falls du ihn noch einmal siehst.
c Ich kann dich zum Flughafen bringen,   wenn er etwas von mir braucht.
d Grüß ihn bitte von mir,   falls du schweres Gepäck hast.

B1 4 Schweres Herz! Schreiben Sie Sätze.

Morgen will meine Ex-Freundin noch mal mit mir reden.
a Was würdest du machen, …   (du – an meiner Stelle – sein)
b Ich wäre sehr froh, …   (das Gespräch mit ihr – schon vorbei – sein)
c Ich würde alles dafür geben, …   (ich – den Fehler – wiedergutmachen können)

a Was würdest du machen, wenn du an meiner Stelle wärst?

B1 5 Glück im Unglück: Schreiben Sie die markierten Sätze richtig.

a Antons Unfall: Wenn er nicht so schnell gefahren wäre, <u>er wäre nicht gefahren gegen den Baum</u>.
b Er war angeschnallt. Wenn er nicht angeschnallt gewesen wäre, <u>ihm wäre passiert sicher viel mehr</u>.
c Seine Freundin hat ihn jeden Tag im Krankenhaus besucht. Wenn seine Freundin ihn nicht jeden Tag besucht hätte, <u>er sich hätte bestimmt nicht so schnell erholt</u>.

a …, wäre er nicht gegen den Baum gefahren.

B1 6 Praktikumsplatz: Schreiben Sie die markierten Sätze neu mit *falls*.

a <u>Ist die Praktikumsstelle noch frei? Dann</u> würde ich mich sehr über einen Anruf von Ihnen freuen.
b <u>Sie brauchen sofort Verstärkung?</u> Ich kann schon morgen anfangen.
c <u>Brauchen Sie noch weitere Unterlagen von mir, dann</u> geben Sie mir doch bitte Bescheid.

E-Mail senden

Sehr geehrter Herr Severin,
vielen Dank für Ihre E-Mail vom 12.5. Leider habe ich sie erst heute erhalten, weil ich im Urlaub war.
Falls die Praktikumsstelle noch frei ist, würde ich mich sehr über einen Anruf von Ihnen freuen.

10.12 Stellen Sie also auch mal Fragen, **statt** immer nur **zu** reden.

Speech bubbles (comic):
- Wecken Sie das Interesse Ihrer Zuhörer, *indem* Sie leise sprechen.
- So können Sie lange reden, *ohne* langweilig *zu* sein.
- Manchmal wird das Publikum trotzdem müde, *ohne dass* man es gleich merkt.
- Stellen Sie also auch mal Fragen, *statt* immer nur *zu* reden.
- Haben Sie denn jetzt Fragen?
- Seminar: DER PERFEKTE VORTRAG – Nur heute!

> Mit modalen Konjunktionen wie *indem*, *ohne/anstatt dass* sagt man, wie, auf welche Art und Weise oder mit welchen Mitteln etwas passiert.

	Beispiel
indem	Wecken Sie das Interesse Ihrer Zuhörer, *indem* Sie leise sprechen.
ohne dass	Manchmal wird das Publikum müde, *ohne dass* man es gleich merkt.
ohne … zu	So können Sie lange reden, *ohne* langweilig *zu* sein.
(an)statt dass	*Anstatt dass* nur Sie reden, sollten Ihre Zuhörer auch zu Wort kommen.
(an)statt … zu	Stellen Sie auch mal Fragen, *(an)statt* immer nur *zu* reden.

ohne dass oder ohne … zu?

ohne dass	ohne … zu	
Er kann nicht reden, *ohne dass ich* müde werde.	–	Subjekt im Hauptsatz *(er)* ≠ Subjekt im Nebensatz *(ich)* → *ohne dass*
Ich höre ihm zu, *ohne dass ich* irgendetwas verstehe.	*Ich* höre ihm zu, *ohne* irgendetwas *zu* verstehen.	Subjekt im Hauptsatz *(ich)* = Subjekt im Nebensatz *(ich)* → *ohne dass* oder *ohne … zu*

auch so: (an)statt dass, (an)statt … zu

Wortstellung

Hauptsatz	Nebensatz
Sie wecken das Interesse Ihrer Zuhörer,	*indem* Sie leise *sprechen*.
Manchmal wird das Publikum müde,	*ohne dass* man es *merkt*.
So können Sie lange reden,	*ohne* langweilig *zu sein*.

Nebensatz	Hauptsatz
Indem Sie leise *sprechen*,	*wecken* Sie das Interesse Ihrer Zuhörer.
Ohne dass man es *merkt*,	*wird das Publikum* manchmal müde.
Ohne langweilig *zu sein*,	*können* Sie so lange reden.

Sätze und Satzverbindungen
Hauptsatz + Nebensatz: *indem, ohne dass/zu, (an)statt dass/zu*

10

B1 1 Ratschläge für alle Lebenslagen: Ordnen Sie zu.

a Rotweinflecken können Sie am besten entfernen,   3
b Man kann Benzin sparen,
c Eine Sprache können Sie am besten lernen,
d Man nimmt am gesündesten ab,

1 indem Sie eine Zeit lang in dem Land leben, in dem die Sprache gesprochen wird.
2 indem man dauerhaft die Ernährung umstellt.
3 indem Sie sofort Kochsalz auf die Stelle geben.
4 indem man langsamer fährt.

B1 2 Wie kann man das machen? Schreiben Sie die Sätze anders.

a Man kann durch harte Arbeit oder Lottospielen zu viel Geld kommen.
  Man kann zu viel Geld kommen, indem man hart arbeitet oder Lotto spielt.
b Durch das Benutzen von Energiesparlampen kann man Strom sparen.

c Durch tägliche Spaziergänge lebt man gesünder.

d Am besten ist man informiert durch das regelmäßige Lesen von Tageszeitungen.

B1 3 Einbruchserie in Altenkirchen: Schreiben Sie Sätze mit *ohne ... zu* oder *ohne dass*.

In letzter Zeit kommt es im Landkreis Altenkirchen immer wieder zu Einbrüchen.
(a) Der Täter muss ein Profi sein, denn er bricht am helllichten Tag ein. Keiner bemerkt es.
(b) Er öffnet die Fenster. Er macht keine Geräusche.
(c) Danach verlässt er den Tatort. Man findet später keine Spuren.
(d) Beim letzten Einbruch sieht die Eigentümerin den Dieb noch weglaufen, allerdings erkennt sie sein Gesicht nicht.
Wer weiß etwas? Bitte sachdienliche Hinweise an die Polizei Altenkirchen oder jede andere Polizeidienststelle.

a Der Täter muss ein Profi sein, denn er bricht am helllichten Tag ein, *ohne dass einer*
  .
b Er öffnet die Fenster,   .
c Danach verlässt er den Tatort,   .
d Beim letzten Einbruch sieht die Eigentümerin den Dieb noch weglaufen, allerdings

B1 4 Frühlingsgefühle! Schreiben Sie Sätze mit *statt ... zu*.

Die Sonne scheint, der Himmel ist blau, es ist warm. ☺   Endlich ist der Winter vorbei. ☹
a Wir – wieder viel Zeit im Freien – verbringen   in der Wohnung sitzen
b Wir – am Wochenende – früh aus dem Haus gehen   lange im Bett bleiben
c Wir – oft – mit dem Fahrrad fahren   das Auto nehmen
d Wir – können – dünne Jacken – anziehen   in dicken Wintermänteln rausgehen

a *Wir verbringen wieder viel Zeit im Freien, statt in der Wohnung zu sitzen.*

10.13 **Je** älter man wird, **desto** schwieriger ist es.

Je älter man wird, desto schwieriger ist es mit den Männern.

Ist doch wahr: Entweder haben sie eine Frau, oder sie sind dumm.

Du übertreibst, Margret.

Kurt ist zwar nicht dumm, aber leider zu jung.

Nimm mich, Baby! Ich habe weder eine Frau noch bin ich dumm.

Ich korrigiere: Manche sind nicht nur dumm, sondern auch noch frech.

Margret und die Männer

Zweiteilige Konjunktionen (*zwar … aber, entweder … oder, …*) zeigen zwei Möglichkeiten oder Alternativen.

	Bedeutung	Beispiel
zwar …, aber …	positiv – negativ Bedingung	Kurt ist zwar nicht dumm, aber leider zu jung für mich. Er ist zwar ledig, aber ich mag ihn nicht.
entweder … oder …	Alternative	Entweder haben sie eine Frau oder sie sind dumm. Mein Traummann sollte entweder interessant oder reich sein.
je …, desto …	Vergleich	Je älter man wird, desto schwieriger wird es mit den Männern.
nicht nur …, sondern auch …	Aufzählung	Manche Männer sind nicht nur dumm, sondern auch noch frech.
sowohl … als auch …	Aufzählung	Der Mann sollte sowohl klug als auch reich sein.
weder … noch …	negative Aufzählung	Ich habe weder eine Frau noch bin ich dumm. Er hat weder ein Haus noch ein teures Auto.

Wortstellung

Er	trägt	zwar einen Hut,	aber	(er)	(trägt)	keine Krawatte.
Zwar	ist	er dumm,	aber	ich	liebe	ihn.
Ich	heirate	entweder in diesem Jahr	oder	(ich)	(heirate)	erst im nächsten (Jahr).
Entweder	finde	ich heute einen Mann	oder	ich	heirate	eben nicht.
Ich	bin	nicht nur schön,	sondern	(ich)	(bin)	auch klug.
Der Mann	ist	sowohl dumm	als auch			viel zu alt.
Er	hat	weder Charme	noch		(hat)	(er) Witz.

je + Komparativ		Ende	*desto* + Komparativ	Pos. II	
Je früher	sie mit der Suche	beginnt,	desto schneller	findet	sie einen Mann.

Sätze und Satzverbindungen
Zweiteilige Konjunktionen 10

B1 1 Wie soll ein guter Chef sein? Verbinden Sie.

a Ein guter Chef kann seine Mitarbeiter zwar kritisieren,   —   desto motivierter sind sie.
b Ein guter Chef sollte seine Mitarbeiter zum Dank einmal im Jahr in ein Restaurant einladen   —   sondern auch die einzelnen Mitarbeiter im Blick haben.
c Ein Chef muss sowohl fachlich   —   aber er muss sie auch ab und zu loben.
d Er soll nicht nur die Firma als Ganzes,   —   als auch menschlich ein Vorbild sein.
e Gute Chefs sollen weder einzelne Mitarbeiter vorziehen   —   oder für alle ein großes Fest organisieren.
f Je fairer ein Chef zu seinen Mitarbeitern ist,   —   noch andere benachteiligen.

B1 2 Alles über Sprachen: Ordnen Sie zu.

sowohl ... als auch   je ... desto   entweder ... oder   weder ... noch
zwar ... aber   zwar ... aber   nicht nur ... sondern auch

a ◆ Jordi ist sehr intelligent. Er spricht _sowohl_ Spanisch _____ Französisch, Portugiesisch und Arabisch perfekt.
   ○ Toll, ich spreche _____ die eine Sprache _____ die anderen. Ich spreche nur Englisch.
b ◆ Geht es dir beim Sprachenlernen nicht auch so? _____ mehr man lernt, _____ mehr Spaß macht es.
c ◆ Die Tochter meines Nachbarn ist _____ erst fünf Jahre alt, _____ sie spricht schon drei Sprachen.
d ○ Was für eine Sprache sprechen die Leute da vorne?
   ◆ Ich würde sagen, _____ Schwedisch _____ Dänisch. Genau weiß ich es auch nicht.
e ○ Viele Menschen sagen, dass Französisch _____ schön klingt, _____ leicht zu lernen ist.
   ◆ Das finde ich nicht. Französisch klingt _____ sehr schön, _____ ich finde es nicht einfach zu lernen.

B1 3 Essgewohnheiten: Lesen Sie die Sätze. Was bedeutet dasselbe?
🔊 Markieren Sie die richtigen Konjunktionen. Hören Sie dann und sprechen Sie nach.

a Ich esse keinen Fisch und kein Fleisch.
   Ich esse | **sowohl** | Fisch | **als auch** | Fleisch.
           | weder | | noch |

b Ich bin keine Vegetarierin, aber ich esse trotzdem kein Fleisch.
   Ich bin | **zwar** | keine Vegetarierin, | **aber** | ich mag einfach kein Fleisch.
           | entweder | | oder |

c Aber ich liebe Obst und ich liebe Gemüse.
   Aber ich liebe | **je** | Obst | **desto** | Gemüse.
                  | sowohl | | als auch |

d Ich mag es besonders gern, wenn das Obst richtig sauer ist.
   Je | saurer das Obst ist, | **desto** | lieber mag ich es.
   Zwar | | aber |

e Ich esse jeden Morgen Erdbeeren oder Orangen. Mehr nicht.
   Ich esse jeden Morgen | **nicht nur** | Erdbeeren, | **sondern auch** | Orangen. Mehr nicht.
                         | entweder | | oder |

163

10.14 Du bist der Mensch, **für den** ich lebe.

Du
Du bist der Mensch,
für den ich lebe.
Du bist die Frau,
die mich so glücklich macht.
Hier ist der Ort,
wo ich am liebsten bin.
Dies ist das Lied,
das ich so gerne sing':
Du bist alles, was ich will.

Mit einem Relativsatz wird ein Nomen genauer beschrieben. Er steht direkt hinter diesem Nomen. Der Relativsatz beginnt mit dem Relativpronomen. Der Kasus des Relativpronomens richtet sich nach dem Verb im Nebensatz.

Relativsatz ...	Beispiel	
im Nominativ	Du bist die Frau, **die** mich so glücklich macht.	**Die Frau** macht mich so glücklich. (Nominativ)
im Akkusativ	Und du bist der Mann, **den** ich über alles liebe.	Ich liebe **den Mann** über alles. (Akkusativ)
im Dativ	Du bist der Mann, **dem** ich mein Herz schenke.	Ich schenke **dem Mann** mein Herz. (Dativ)
im Genitiv	Du bist der Mann, **dessen** Stimme ich überall erkenne.	Ich erkenne **deine Stimme** überall.
mit Präposition	Du bist der Mensch, **für den** ich lebe.	Ich lebe **für den Menschen**. (Präposition + Akkusativ)
nach *alles, nichts, etwas, das*	Du bist alles, **was** ich will.	
nach Ortsangaben auch nach: *dort, da, überall, die Stadt* usw.	Hier ist der Ort, **wo** ich am liebsten bin.	

Formen: Relativpronomen

maskulin	Nominativ	Du bist • der Mann,	der	mich liebt.
	Akkusativ		den	ich liebe.
	Dativ		dem	ich alles glaube.
	Genitiv		dessen	Frau ich sein möchte.
neutral	Nominativ	Du bist • das Kind,	das	mich liebt.
	Akkusativ		das	ich gern habe.
	Dativ		dem	ich alles kaufen würde.
	Genitiv		dessen	Zukunft mir wichtig ist.
feminin	Nominativ	Du bist • die Frau,	die	mich liebt.
	Akkusativ		die	ich liebe.
	Dativ		der	ich alles glaube.
	Genitiv		deren	Mann ich sein möchte.
Plural	Nominativ	Das sind • die	Männer, Kinder, Frauen,	die	mich mögen.
	Akkusativ			die	ich gern habe.
	Dativ			denen	ich vertraue.
	Genitiv			deren	Lieder ich gern höre.

Sätze und Satzverbindungen
Relativsätze 10

B1 1 Stellenanzeigen und mehr: Schreiben Sie Relativsätze.

a Mitarbeiter mit Verkaufserfahrung gesucht: Er hat einen Führerschein. • Freundlichkeit ist ihm sehr wichtig. • Wir bezahlen ihn bei Erfolg sehr gut.

c Für unser neues Beautynail-Nagelstudio suchen wir eine engagierte Stylistin. Sie ist kreativ. • Selbstständiges Arbeiten gefällt ihr sehr gut. • Wir bereiten sie auf die neue Arbeit gut vor.

b Für unser Sommerfest suchen wir ein großes Zelt. Es hat Platz für 150 Leute. • Man kann es schnell aufbauen. • Auch starker Regen macht ihm nichts aus.

d Erzieherinnen gesucht! Sie sind geduldig und erfahren. • Wir setzen sie vor allem in der Gruppe der Vorschulkinder ein. • Wir bieten ihnen einen sicheren Arbeitsplatz an.

a Wir suchen einen Mitarbeiter, der einen Führerschein hat, dem ...
b Wir suchen eine Stylistin, ...
c Für unser Sommerfest suchen wir ein großes Zelt, ...
d Für unseren Kindergarten suchen wir zwei Erzieherinnen, ...

B1 2 Aus der Werbung: Schreiben Sie Relativsätze.

a Univers. Wir sind ein internationales Unternehmen und bekannt für unseren technischen Vorsprung.

Wir sind ein internationales Unternehmen, das für seinen technischen Vorsprung bekannt ist.

b Heimservice Kornbrot. Wir liefern Lebensmittel. Sie können sie bequem im Internet bestellen.

Der Heimservice Kornbrot liefert Lebensmittel, ...

c Der neue Atlantis Coupé ist ein besonderes Auto. Seine Sparsamkeit überzeugt auch den letzten Zweifler.

Der neue Atlantis Coupé ist ein Auto, ...

d Roberta Löhr – eine Politikerin mit Herz und Verstand! Ihr können Sie wirklich vertrauen.

Roberta Löhr ist eine Politikerin, ...

B1 3 Internationales Quiz: Ordnen Sie zu.

was   von dem   wo   in dem   durch die   ~~in dem~~

a Wie heißt das Museum in London, _in_ _dem_ berühmte Persönlichkeiten aus aller Welt als Wachsfiguren stehen?
b Von wem wurde das Märchenschloss Neuschwanstein erbaut, _____ eine Kopie in Disney World in Florida steht?
c Wie heißt die Stadt, _____ das Geburtshaus von Mozart steht?
d Wie heißen die Länder, _____ der Rhein fließt?
e Wie heißt der Film, _____ Humphrey Bogart sagt: „Spiel's noch mal, Sam."?
f Gibt es etwas, _____ Sie nicht wussten? Dann drehen Sie die Seite doch einfach auf den Kopf.

a Madame Tussauds, b König Ludwig II., c Salzburg, d Schweiz, Liechtenstein, Österreich, Deutschland, Frankreich, Niederlande, e Casablanca (1942)

Test 9

S. 138–140

1 Herr und Frau Beck fahren morgen in Urlaub. Sohn Rainer bleibt zu Hause.
Was soll er tun? Ergänzen Sie die Sätze in der richtigen Form.

a ◆ Rainer, _kannst du bitte am Donnerstag den Müll vor die Tür stellen?_ (Donnerstag Müll vor die Tür stellen können)
○ Ja, das _mache ich_. (machen)

b ◆ Täglich _____. (Katze füttern müssen)
○ Klar, das _____. (nicht vergessen)

c ◆ Wohin _____? (die Post legen)
○ Auf Papas Schreibtisch. Dahin _____.
(wir sie doch immer legen)

d ◆ Wenn du aus dem Haus gehst, _____!
(immer das Licht ausmachen)
○ Natürlich _____. (Licht ausmachen)

e ◆ Könntest du bitte _____?
(dreimal die Woche Blumen gießen)
○ Ja, Mama. Das _____.
(ich doch schon immer so gemacht haben)

f ◆ _____, wenn wir weg sind.
(keine Partys machen)
○ Nein Mama, du _____.
(dir keine Sorgen machen müssen)

g ◆ Wenn du Probleme hast, _____.
(uns anrufen)
○ Ja, Mama, dann _____. (euch anrufen).

h ◆ Willst du nicht doch mit uns mitfahren?
○ Das ist nett von dir Mama, aber _____.
(lieber zu Hause bleiben möchten). Morgen kommen ein paar Freunde zu mir.

/ 13 PUNKTE

S. 142

2 Im Reisebüro: Was möchte Frau Schmidt wissen? Ergänzen Sie auf Seite 167.

A *Können Sie uns ein Hotel empfehlen?*

B *Wie lange dauert der Flug dorthin?*

C *Wie viel kostet das Hotel für eine Woche?*

D *Gibt es ein Schwimmbad?*

E *Wie weit ist es vom Hotel zum Strand?*

F *Wie lange vorher muss man die Reise buchen?*

Sätze und Satzverbindungen
Kapitel 10.01 – 10.05

a Ich wollte Sie fragen, *ob Sie uns ein Hotel empfehlen können.*
b Wissen Sie, _____
c Könnten Sie einmal nachsehen, _____
d Unsere Kinder möchten auf jeden Fall wissen, _____
e Mich interessiert auch noch, _____
f Könnten Sie mir noch sagen, _____

/ 5 PUNKTE

S. 144 **3** „Was haben Sie für Hobbys?" Welche Lösung (a, b oder c) passt am besten? Kreuzen Sie an.

◆ Ich spiele sehr gern Tennis, 0 leider habe ich dafür viel zu selten Zeit.
○ Hobbys? Ich habe keine, 1 meine Woche ist voll mit Beruf und Familie. Da bleibt keine Zeit für Hobbys.
▲ Meine Hobbys? Da habe ich viele: Lesen 2 Skifahren 3 Kochen 4 Joggen. Das mache ich alles gern.
▢ So ein richtiges Hobby habe ich nicht, 5 ich mache jeden Tag eine halbe Stunde Yoga.
▽ Ich weiß nicht, ob das ein Hobby ist. Aber einmal im Monat machen wir etwas Besonderes. Dann gehen wir ins Theater 6 ins Kino.

0 a ○ und   b ✗ aber   c ○ denn   4 a ○ denn   b ○ aber   c ○ und
1 a ○ aber   b ○ denn   c ○ oder   5 a ○ denn   b ○ und   c ○ aber
2 a ○ und   b ○ oder   c ○ aber   6 a ○ denn   b ○ aber   c ○ oder
3 a ○ aber   b ○ und   c ○ denn

/ 6 PUNKTE

S. 146 **4** „Das Essen ist fertig". Was ist richtig? Lesen Sie den Text und kreuzen Sie an.

Frau Koßmann kündigt mit 55 Jahren ihren Job und eröffnet in ihrer Wohnung ein Restaurant.

„Nach dem Tod meines Mannes wollte ich mein Leben verändern. ✗ Deshalb ○ Sonst (a)   habe ich eine Berufsberatung gemacht. Das Ergebnis war: Ich brauche Stress, wie in meinem alten Beruf im Theater und ich liebe das Kochen. Schon war die Idee geboren. Ein kleines Restaurant in meiner Wohnung. Kochen ist ein bisschen für mich wie Theater mit anderen Zutaten. ○ Deswegen ○ Trotzdem (b)   war es nicht immer einfach. Ich wusste nicht, wie ich genügend Gäste an meinen Tisch bekomme. ○ Trotzdem ○ Daher (c)   habe ich zuerst meine alten Kollegen vom Theater eingeladen und habe für sie ein großes 5-Gänge-Menü gekocht. Sie waren begeistert und haben ○ deswegen ○ trotzdem (d)   viel Werbung für mich gemacht. Ich glaube, ○ daher ○ sonst (e)   würde es heute nicht so gut laufen. Seit einigen Monaten habe ich richtig viel zu tun. ○ Trotzdem ○ Deshalb (f)   suche ich nach einer neuen Wohnung mit größeren Räumen. ○ Daher ○ Sonst (g)   wird es bei mir bald zu eng."

/ 6 PUNKTE

/ 30 PUNKTE

Vergleichen Sie nun Ihre Lösungen mit dem Schlüssel auf Seite 207.

Test 9

1 Beste Freundin: Ergänzen Sie die Sätze mit *dass*. (S. 148)

> Liebe Larissa,
> vielen Dank für gestern. Es geht mir heute schon besser.
> Ich wollte Dir nur schnell etwas sagen:
> Ich bin so froh, _dass ich Dich jederzeit anrufen_ (Ich kann dich jederzeit anrufen.) (a)
> Vielen Dank, _____ (Du hast mir gestern Nacht zugehört.) (b)
> Ich finde, _____ (Du hast immer so gute Ratschläge.) (c)
> Es ist toll, _____ (Es gibt dich.) (d)
> Ich bin mir sicher, _____ (Unsere Freundschaft hält für immer.) (e)
> Deine Gaby

/ 4 PUNKTE

2 Tipps für ein harmonisches Weihnachtsfest: Ordnen Sie zu und ergänzen Sie die Sätze. (S. 150)

rate Ihnen   Versuchen Sie nicht   ~~Es ist sehr wichtig~~   bitten Sie doch   Es ist besser

a ~~in die Weihnachtszeit gehen~~   c verschieben   e die Vor- und Nachspeise machen
b alte Freunde treffen   d verteilen   f übernehmen

> **Tipps von Dipl.-Psych. Meike Erichsen:**
> - _Es ist sehr wichtig_, entspannt (a) _in die Weihnachtszeit zu gehen_.
> - _____, noch vor Weihnachten (b) _____.
> - _Ich_ _____, solche Treffen auf den Januar (c) _____.
> - Weihnachten – das Fest der Familie – und Sie haben die ganze Familie zu sich nach Hause eingeladen? _____, Aufgaben (d) _____.
> - Sie machen das Hauptgericht? Prima. Aber _____ Ihre Verwandten, (e) _____ oder die Tischdekoration (f) _____. Nichts spricht dagegen, sich helfen zu lassen. Und jetzt: Schöne Feiertage!

/ 5 PUNKTE

3 Der Onkel kommt zu Besuch. Was ist richtig? Kreuzen Sie an. (S. 152)

> **E-Mail senden**   Wie Du zu uns kommst
>
> Hallo Onkel Rudi,
> für alle Fälle schreibe ich Dir nochmal den Weg zu uns auf:
> Du steigst an der Haltestelle Westend aus. ☒ Wenn ○ Bevor ○ Als (a) Du aus der U-Bahn kommst, musst Du links in die Bäckerstraße gehen. Geh immer geradeaus. Du kommst dann zu einer Apotheke. (Da mussten wir einmal nachts hingehen, ○ als ○ wenn ○ seit (b) Du das letzte Mal zu Besuch warst. Erinnerst Du Dich noch?) ○ Als ○ Wenn ○ Seitdem (c) Du an der Apotheke vorbei gelaufen bist, biegst Du gleich rechts ab in die Müllerstraße. Dort ist viel gebaut worden, ○ seitdem ○ bis ○ wenn (d) Du das letzte Mal hier warst. Am Ende der Straße wohnen wir schon. Bitte ruf mich doch kurz an, ○ bevor ○ als ○ seitdem (e) Du losfährst. Dann kann ich, ○ während ○ seitdem ○ als (f) Du zu uns fährst, schon das Essen vorbereiten. Mach Dir aber keinen Stress. Wir warten auf jeden Fall mit dem Essen, ○ bis ○ als ○ wenn (g) Du da bist. Wir freuen uns auf Dich.
> Katja

/ 6 PUNKTE

168

Sätze und Satzverbindungen
Kapitel 10.06 – 10.11

S. 154 **4 Flugzeug, Zug, Fahrrad ...? Was ist richtig: *weil* oder *obwohl*? Kreuzen Sie an.**

a Ich bin beruflich sehr viel unterwegs. Da fliege ich immer, auch kurze Strecken,
☒ weil ☐ obwohl ich mir da sehr viel Zeit spare.

b Beruflich muss ich gar nicht reisen. Aber privat versuche ich, nur mit dem Zug zu fahren,
☐ weil ☐ obwohl Fliegen der Umwelt sehr schadet.

c ☐ Weil ☐ Obwohl ich gar nicht gern Auto fahre, muss ich jeden Tag damit fahren.
Wir wohnen auf dem Land, da bleibt mir nichts anderes übrig.

d Ich fahre jeden Tag mit dem Fahrrad in die Arbeit, ☐ weil ☐ obwohl ich mit dem Auto
schneller wäre. Aber das ist mir egal. Dann muss ich halt eine Stunde früher aufstehen.

e ☐ Weil ☐ Obwohl ich Flugangst habe, kann ich nur mit dem Zug oder dem Auto reisen.
Das ist manchmal sehr unpraktisch. Aber ich kann nichts dagegen tun.   / 4 PUNKTE

S. 156 **5 Geld sparen – warum? Ergänzen Sie: *um ... zu* oder *damit*.**

Seit vielen Jahren spart Rebecca L., 45, jeden Monat 100 € für ihr Alter. Warum?

Rebecca L. spart jeden Monat Geld, ...

a Ich möchte später eine bessere Rente haben.   a *um später eine bessere Rente zu haben*
b Mein Mann und ich leben im Alter sorgloser.   b _____
c Ich möchte später vielleicht eine kleine   c _____
    Wohnung kaufen können.
d Unsere Kinder haben etwas Geld, wenn sie   d _____
    ausziehen.

/ 3 PUNKTE

S. 158 **6 Wunschträume. Verbinden Sie die Sätze mit *wenn*.**

a Sven K.: Ich muss immer so viel arbeiten. Deswegen kann ich
nicht so viel Zeit mit meinen Kindern verbringen.
Wenn ich weniger arbeiten müsste, könnte ich mehr Zeit mit meinen Kindern verbringen.

b Peter H: Wir verdienen nicht so viel. Deswegen haben wir kein Haus und keine Kinder.
Wenn _____

c Ronja L.: Wir arbeiten beide Vollzeit. Deshalb können wir leider
keinen Hund haben. Eine Lösung wäre es, nur halbtags zu arbeiten.
Wenn einer von uns _____

d Sandrina C.: Ich würde gern eine Weltreise machen. Leider habe ich nicht genug
Zeit und Geld.
Wenn _____

/ 3 PUNKTE

/ 25 PUNKTE

Vergleichen Sie nun Ihre Lösungen mit dem Schlüssel auf Seite 207.

Test 9

1 Das Internet: *statt ... zu* oder *ohne ... zu*? Verbinden Sie.

a Man kann telefonieren,   statt dafür viel Zeit in
                                                                Banken zu verlieren.

b Man kann viele Bankgeschäfte   ohne dafür zu bezahlen.
   online erledigen,

c Man kann ganz bequem einkaufen,   statt tagelang auf Briefe zu warten

d Man findet schnell Informationen,   ohne sie jemals wirklich zu treffen.

e Man kann in Sekunden Nachrichten   ohne stundenlang in Büchern danach
   verschicken und erhalten,   zu suchen

f Man kann im Internet Menschen   ohne aus dem Haus zu gehen.
   kennenlernen,

/ 5 PUNKTE

2 Einfache Regeln für ein glückliches Familienleben.
Was ist richtig? Kreuzen Sie an.

a Beim Essen ergeben sich viele wichtige Gespräche. Versuchen Sie
   daher mindestens einmal am Tag mit der Familie gemeinsam zu essen,
   ☒ anstatt dass   ○ indem   jeder alleine isst.

b Machen Sie an einem Tag im Monat eine Familienkonferenz.
   Alle sitzen zusammen und jeder darf den anderen sagen, was ihm gefällt
   oder nicht gefällt. Die anderen müssen zuhören,
   ○ statt   ○ ohne   den Redner zu unterbrechen.

c Wer entscheidet bei Ihnen, wie die Freizeit gestaltet wird? Sie? Und die Kinder haben immer
   keine Lust mitzukommen? Dann lassen Sie doch die Kinder einmal das Wochenende planen,
   ○ statt dass   ○ indem   Sie das immer machen.

d Verteilen Sie kleine Aufgaben im Haushalt,   ○ indem   ○ ohne dass   Sie alle zusammen einen
   Wochenplan machen. Müll rausbringen, Tisch decken und abräumen, Geschirr abtrocknen ...
   Da können schon die Kleinen mitmachen.

e Und zuletzt: Sorgen Sie für positive Gefühle,   ○ statt dass   ○ indem   Sie sich sooft es geht in
   der Familie gegenseitig loben. Sie werden sehen: ○ Ohne dass   ○ Ohne zu   Sie viel tun müssen,
   werden sich alle glücklicher fühlen.

/ 4 PUNKTE

3 Urlaubstypen: Ordnen Sie zu.

sowohl ... als auch   entweder ... oder   je ... desto   nicht nur ... sondern ... auch
zwar ... aber   ~~weder ... noch~~

Wie verbringen Sie Ihren Urlaub am liebsten? Aktiv auf dem Surfbrett oder lieber
faul in der Hängematte? Wir haben unsere Leser gefragt.

Sätze und Satzverbindungen
Kapitel 10.12 – 10.14

A Sonja P.: Ich bin im Urlaub _weder_ besonders aktiv _noch_ besonders faul. Ich bin irgendwas dazwischen. Vielleicht ein Kulturtyp?

B Georg V.: Hm, ich brauche beides, _____ Erholung _____ Bewegung und Action. Windsurfen ist da genau der richtige Sport für mich.

C Karin B.: Ich fahre _____ sehr gern Mountain-Bike, _____ mein Mann und mein Sohn gar nicht. Deswegen bleibt das Rad im Urlaub auch zu Hause. Wir gehen dann häufig alle zusammen wandern.

D Britta W.: Früher wollte ich im Urlaub nur Action. Aber _____ älter ich werde, _____ mehr Ruhe brauche ich in den Ferien. Man wird eben nicht jünger.

E Lea N.: Wir fahren in den Sommerferien immer _____ nach Spanien _____ nach Italien. Mir ist das eigentlich egal. Hauptsache, ich kann den ganzen Tag am Strand in der Sonne liegen. Das ist für mich Erholung pur.

F Peter S.: Ich bin ein totaler Bewegungstyp. Ich gehe _____ jeden Morgen und jeden Abend joggen, _____ ich spiele _____ regelmäßig Fußball oder mache Mountain-Bike-Touren.

/ 5 PUNKTE

S. 164 **4 Schreiben Sie Sätze.**

Ein guter Arzt ist jemand, ...

a _der sich regelmäßig weiterbildet._ (er bildet sich regelmäßig weiter)

b _____
(er nimmt sich Zeit für seine Patienten)

c _____ (man kann ihm vertrauen)

d _____ (sein Wartezimmer ist immer voll)

e _____ (man kann ihn auch am Wochenende anrufen)

/ 4 PUNKTE

S. 164 **5 Vergesslich! Was ist richtig? Kreuzen Sie an.**

Wie heißt nochmal die Stadt,
a ☒ wo   ○ in die   wir letztes Jahr Urlaub gemacht haben?
b ○ durch die   ○ für die   wir gestern gefahren sind?
c ○ der   ○ die   du so schön findest?
d ○ in die   ○ in der   ich letzte Woche war?
e ○ von deren Stadtzentrum   ○ von dessen Stadtzentrum   ich so viele Fotos gemacht habe?
f ○ in die   ○ wo   wir nächsten Sommer wieder fahren wollen?

/ 5 PUNKTE

/ 23 PUNKTE

Vergleichen Sie nun Ihre Lösungen mit dem Schlüssel auf Seite 207.

11.01 Superidee

Ich habe eine Superidee für die Programmplanung:

Ich mache eine ganz neue Sendung, einen Ratgeber für Schönheitspflege.

Zum Glück sind wir ein Radiosender.

A Komposita

Aus vielen Nomen, Adjektiven, Verben und Präpositionen kann man neue Nomen bilden. Sie heißen Komposita und man schreibt sie zusammen. Das letzte Wort bestimmt das Genus:
• die Bücher + • der Schrank = • der Bücherschrank

Das letzte Wort sagt immer, was es ist. Der vordere Teil beschreibt es genauer:
eine Kaffeetasse → eine Tasse für Kaffee
eine Teetasse → eine Tasse für Tee
eine Espressotasse → eine Tasse für Espresso

Nomen + Nomen	• das Radio + • der Sender	• der **Radiosender**
Adjektiv + Nomen	super + • die Idee	• die **Superidee**
Verb + Nomen	schreiben + • der Tisch	• der **Schreibtisch**
Präposition + Nomen	über + • die Stunde	• die **Überstunde**

⚠ Manche Wörter haben einen Verbindungsbuchstaben, z. B. Arbeit**s**tisch, Gebrauch**s**anweisung.

B Nomen aus anderen Wörtern mit Suffixen

Man kann aus Verben, Adjektiven und Nomen durch Nachsilben (Suffixe) neue Nomen bilden. Jede Nachsilbe hat ein festes Genus.

→ Genus, Seite 8

Nomen aus Verben		auch so:
-ung	meinen → • die Meinung	senden, planen, ordnen, achten
-e	bitten → • die Bitte	reisen, bremsen, lieben
-er	fahren → • der Fahrer / verkaufen → • der Verkäufer	sprechen, spielen

Nomen aus Adjektiven		auch so:
-heit	krank → • die Krankheit	schön, frech, frei
-keit	fröhlich → • die Fröhlichkeit	gemeinsam, einsam

Nomen aus Nomen		auch so:
-er	Mathematik → • der Mathematiker	Berlin, Fisch
-ler	Sport → • der Sportler / Kunst → • der Künstler	Wissenschaft
-in	Sänger → • die Sängerin	Bäcker, Lehrer, Fahrer
-chen	Tisch → • das Tischchen / Blume → • das Blümchen	Bär
-lein	Buch → • das Büchlein	Brief, Kind, Tuch

Wortbildung Nomen 11

A2 1 Das mag ich gern. Notieren Sie die Komposita mit dem Artikel.

a • das Käsebrötchen

b

c

d

e

f

A2 2 Wo und mit wem ich lebe. Bilden Sie Komposita.

a Meine <u>Familie</u> ist sehr <u>groß</u>. Es ist eine Großfamilie.

b Wir wohnen im <u>alten</u> Teil von der <u>Stadt</u>: in der _____.

c Dort ist kein <u>Haus</u> sehr <u>hoch</u>. Es gibt dort kein _____.

d Unsere <u>Stadt</u> ist sehr <u>klein</u>: Es ist eine _____.

e Ich mache mit meiner Familie bald einen <u>kurzen</u> <u>Urlaub</u>: einen _____.

A2 3 Im Restaurant: Bilden Sie Komposita mit *Unter-, Vor-, Nach-, Neben-*.

a Möchten Sie vorher eine Suppe oder eine andere _____speise?

b Was isst denn der Herr dort am _____tisch? Das sieht gut aus.

c Bitte stell die Tasse nicht direkt auf den Tisch. Darunter muss noch die _____tasse.

d Möchtest du nach dem Hauptgericht noch eine _____speise?

A2 4 Wer ist das? Lösen Sie die Übung mündlich oder schriftlich.

a Er <u>pflegt</u> Kranke: • der Pfleger

b Er <u>malt</u>: _____

c Er hat <u>Physik</u> studiert: _____

d Sie <u>fährt</u> ein Auto: _____

e Sie <u>tanzt</u>: _____

f Sie macht viel <u>Sport</u>: _____

B1 5 Schöner Urlaub. Ordnen Sie die Endungen zu. Hören Sie dann und vergleichen Sie.

-er -ung -chen -ung -keit -e -heit -in -ung -e

Unser Urlaub war wunderbar! Wie eine Reis_____ (a) in die Vergangen_____ (b). Denn wir haben in einem alten Schloss gewohnt – wie im Märchen! Ganz toll war die Freundlich_____ (c) der Hotelangestellten! Die Empfangschef_____ (d), der Kellner im Restaurant, das Zimmermädchen … sie alle waren sehr herzlich. Und jede Bitt_____ (e) haben sie uns sofort erfüllt. Wir haben ein herrliches Frühstück aufs Zimmer bekommen – mit Obst und den besten frischen Bröt_____ (f)! Es war Erhol_____ (g) pur! Auf die Übernacht_____ (h) haben wir sogar eine Ermäßig_____ (i) bekommen: Rabatt für Frühbuch_____ (j)!

11.02 Kostenlos? Wunderbar!

Das praktische Messer für den eiligen Koch.

Gibt's das kostenlos?

Kostenlos? Wunderbar!

Manche Leute sind unmöglich!

Ich nehme auch eins!

Aus Verben, Nomen und Adjektiven kann man neue Adjektive bilden.

un-	freundlich → unfreundlich	un + Adjektiv
	auch so: gern, höflich, glücklich, zufrieden, möglich	un- = nicht
		unfreundlich = nicht freundlich
-isch	Sturm → stürmisch	Nomen + isch
	auch so: Grieche → griechisch, Europa → europäisch	
	⚠ Regen → regnerisch	
-ig	Eile → eilig	Nomen + ig
	auch so: Luft → luftig, Durst → durstig	
-lich	Ende → endlich	Nomen + lich
	auch so: Winter → winterlich, Freund → freundlich	
-los	Pause → pausenlos	Nomen + -los
	auch so: Kosten → kostenlos, Grund → grundlos	-los = ohne
		pausenlos = ohne Pause
-bar	essen → essbar	Verbstamm + bar
	auch so: erreichen → erreichbar, machen → machbar	-bar = man kann
		essbar = das kann man essen

→ Adjektive, ab Seite 40

Zusammensetzungen		
Adjektiv + Adjektiv	hell + blau → hellblau	
	auch so: dunkel + rot → dunkelrot	
Nomen + Adjektiv	Eis + kalt → eiskalt	
	auch so: Tag + hell → taghell, Feuer + rot → feuerrot	

Wortbildung
Adjektive 11

A2 1 Max wohnt immer noch zu Hause … Bilden Sie die Negation mit *un*-.

Max ist noch _____ (verheiratet) (a). Er ist darüber aber nicht _____ (glücklich) (b). Die meisten Frauen findet er _____ (interessant) (c) oder _____ (sympathisch) (d). Zu Treffen kommt er oft _____ (pünktlich) (e). Sein Aussehen findet er _____ (wichtig) (f). Findet er noch eine Frau? Das ist noch _____ (klar) (g).

A2 2 Ein sorgloser Tag: Bilden Sie Adjektive mit *-ig* oder *-los*. Achten Sie auf die Endungen.

a Ein Tag mit viel Sonne: Ein *sonniger* Tag
b Ein Himmel ohne Wolken: Ein _____ Himmel
c Eine Landschaft mit Bergen: Eine _____ Landschaft
d Ein Platz im Schatten: Ein _____ Platz
e Ein Leben ohne Sorgen: Ein _____ Leben

A2 3 Alles verständlich: Verbinden Sie die Adjektive mit der richtigen Bedeutung.

a verständlich   aus Österreich
b arbeitslos   ohne Schlaf
c windig   mit viel Wind
d salzig   so, wie es gerade Mode ist
e österreichisch   das kann man gut verstehen
f modisch   schmeckt nach Salz
g schlaflos   ohne Arbeit

A2 4 Bei uns ist alles machbar. Formulieren Sie Adjektive mit *-bar*.

a Die Kasse ist zurzeit kaputt. Man kann sie nicht benutzen:
   Sie ist zurzeit nicht *benutzbar* .
b Die Preise sind so hoch, die kann niemand bezahlen:
   Sie sind un_____ .
c Der Brief lag so lange in der Sonne, dass man ihn nicht mehr lesen kann:
   Er ist nicht mehr _____ .
d Tut mir leid, dieses Produkt können wir nicht mehr liefern:
   Es ist nicht mehr _____ .
e Fast alle Probleme kann man lösen und auch dieses Problem ist _____ .

B1 5 Feuerrot und eiskalt. Finden Sie die Adjektive.

Gestern war ich 🐕🐕 *hunde*müde (a). Ich bin auch ⚡ _____ schnell (b) eingeschlafen. Ich habe von einem 🖼 _____ schönen (c) Mädchen in einem ☀ _____ gelben (d) Kleid geträumt. In ihrem 🔥 _____ roten (e) Haar hatte es eine ☁ _____ gelbe (f) Blume. Für mich war 🥛 _____ klar (g): Das ist meine Traumfrau. Aber ganz plötzlich war alles vorbei: Mein Wecker hat geklingelt und ich bin so erschrocken, dass ich aus dem Bett gefallen bin: auf den 🪨 _____ harten (h) Boden.

Test 10

S. 172 **1 Nichts als Wörter! Wie werden diese Nomen gebildet?**
Schreiben Sie und kreuzen Sie an.

(Nomen + Nomen, Verb + Nomen, Adjektiv + Nomen oder Präposition + Nomen)

		N+N	V+N	A+N	P+N
a	• der Fußball _____ + _____	○	○	○	○
b	• die Waschmaschine _waschen_ + • _die Maschine_	○	✗	○	○
c	• die Nebenstraße _____ + _____	○	○	○	○
d	• der Weichkäse _____ + _____	○	○	○	○
e	• der Spielplatz _____ + _____	○	○	○	○
f	• der Billigflug _____ + _____	○	○	○	○
g	Mit freundlichen Grüßen Max Mustermann • die Unterschrift _____ + _____	○	○	○	○

/ 6 PUNKTE

S. 172 **2 Kreuzworträtsel: Ergänzen Sie die Nomen und schreiben Sie: maskulin (m), feminin (f) oder neutrum (n)?**

Hinweis: Ä = AE, Ö = OE, Ü = UE

a Tom läuft jetzt schon! Das ist so nett, wenn sich die kleinen _Männlein_ fortbewegen können. (_n_)

b ◆ Lillys Baby ist wirklich süß. Und die kleine Nase!
◇ Ja, das _____ ist wirklich goldig. (__)

c Der Winter war so hart, wir mussten viel heizen. Die _____ lief Tag und Nacht. (__)

d Papa, kannst du mir helfen? Ohne deine _____ kann ich die Aufgabe nicht lösen. (__)

e Chemie hat ihn schon als Kind interessiert. Heute ist er ein weltberühmter _____. (__)

f Das Wichtigste im Leben ist, dass man gesund ist. Ohne _____ geht gar nichts. (__)

g Robert kommt zu jeder Verabredung unpünktlich. Ich mag ihn wirklich gern, aber diese _____ ärgert mich jedes Mal. (__)

h Thomas macht sehr gern Sport. Er ist ein super _____. (__)

/ 7 PUNKTE

176

Wortbildung
Kapitel 11.01 – 11.02

3 Wortspiel! Bilden Sie Komposita aus Nomen und Adjektiven. Ergänzen Sie in der richtigen Form.

eis- schnee- frei ~~bild-~~ kalt ~~hübsch~~ zucker- jung weiß blut- haus- hart stein- hoch

a Meine Nichte sieht aus wie eine kleine Prinzessin. Sie hat lange schwarze Haare und große, grüne Augen. Sie ist wirklich _bildhübsch_.

b Der Winterurlaub in den Bergen war wunderschön, aber es war _____. Wir hatten jeden Tag 10 Grad unter Null.

c Die Haare von meinem Opa sind _____. Man kann gar nicht glauben, dass er früher einmal schwarze Haare hatte.

d Zucker ist schlecht für die Zähne. Deshalb kaufe ich nur Lebensmittel, die _____ sind.

e Die neue Freundin von Bernd ist ja noch _____. Die ist doch bestimmt 20 Jahre jünger als er.

f Diese Brötchen kannst du nicht mehr essen. Die sind von vorgestern und schon _____.

g Wir haben am Wochenende richtig gut Fußball gespielt. Unsere Mannschaft hat gegen die andere _____ gewonnen.

/ 6 PUNKTE

4 Ein Brief an eine Freundin. Was ist richtig: a, b oder c? Kreuzen Sie an.

S. 172–174

> Liebe Diana,
> vielen Dank für Deinen Brief. Ich habe sehr gelacht. Besonders über Deine **0** vom Pilzesammeln und Kochen mit Deiner **1** Bettina. Das war bestimmt **2**. Ich habe noch nie Pilze gesammelt und sie dann auch gegessen. Bist Du Dir denn immer ganz sicher, dass sie **3** sind? Also, ich hätte Angst, dass einige **4** sind. Aber Du kennst mich ja. Ich bin schon immer ein bisschen **5** und **6** gewesen. Bei uns gibt es nicht so viel Neues. Wir hatten vor Kurzem Besuch von guten Freunden aus Amerika. Das war eine große **7** und **8**. Sie haben in 12 Tagen eine **9** durch Europa gemacht und haben dabei 7 Länder besucht. **10**, oder? So, jetzt muss ich aufhören.
> Ich schicke Dir liebe Grüße und freue mich auf Deinen nächsten Brief, Deine Lucy

0	a ☒ Erzählung	b ○ Erzähler	c ○ Erzähle
1	a ○ Freunde	b ○ freundlich	c ○ Freundin
2	a ○ Lust	b ○ lustlos	c ○ lustig
3	a ○ essbar	b ○ Essig	c ○ esst
4	a ○ giftig	b ○ ungiftig	c ○ Gift
5	a ○ ängstigt	b ○ ängstlich	c ○ angstlos
6	a ○ unvorsichtig	b ○ Vorsicht	c ○ vorsichtig
7	a ○ Freudigkeit	b ○ Freude	c ○ Freundlichkeit
8	a ○ Überraschung	b ○ überrascht	c ○ Überrasche
9	a ○ Reiserei	b ○ reise	c ○ Reise
10	a ○ Unglaube	b ○ Unglaublich	c ○ Ungläubig

/ 10 PUNKTE

/ 29 PUNKTE

Vergleichen Sie nun Ihre Lösungen mit dem Schlüssel auf Seite 208.

Unregelmäßige Verben

Infinitiv	Präsens	Präteritum	Perfekt
ab·biegen	biegt ab	bog ab	ist abgebogen
ab·fahren	fährt ab	fuhr ab	ist abgefahren
ab·fliegen	fliegt ab	flog ab	ist abgeflogen
ab·geben	gibt ab	gab ab	hat abgegeben
ab·hängen	hängt ab	hing ab	hat abgehangen
ab·heben	hebt ab	hob ab	hat abgehoben
ab·nehmen	nimmt ab	nahm ab	hat abgenommen
ab·schließen	schließt ab	schloss ab	hat abgeschlossen
ab·waschen	wäscht ab	wusch ab	hat abgewaschen
an·bieten	bietet an	bot an	hat angeboten
an·erkennen	erkennt an	erkannte an	hat anerkannt
an·fangen	fängt an	fing an	hat angefangen
an·gehen	geht an	ging an	ist angegangen
an·geben	gibt an	gab an	hat angegeben
an·haben	hat an	hatte an	hat angehabt
an·kommen	kommt an	kam an	ist angekommen
an·nehmen	nimmt an	nahm an	hat angenommen
an·rufen	ruft an	rief an	hat angerufen
an·schließen	schließt an	schloss an	hat angeschlossen
an·sehen	sieht an	sah an	hat angesehen
an·sprechen	spricht an	sprach an	hat angesprochen
an·wenden	wendet an	wendete (wandte) an	hat angewendet (angewandt)
an·ziehen	zieht an	zog an	hat angezogen
auf·fallen	fällt auf	fiel auf	ist aufgefallen
auf·geben	gibt auf	gab auf	hat aufgegeben
auf·halten	hält auf	hielt auf	hat aufgehalten
auf·heben	hebt auf	hob auf	hat aufgehoben
auf·nehmen	nimmt auf	nahm auf	hat aufgenommen
auf·schreiben	schreibt auf	schrieb auf	hat aufgeschrieben
auf·stehen	steht auf	stand auf	ist aufgestanden
auf·treten	tritt auf	trat auf	ist aufgetreten
aus·fallen	fällt aus	fiel aus	ist ausgefallen
aus·geben	gibt aus	gab aus	hat ausgegeben
aus·gehen	geht aus	ging aus	ist ausgegangen
aus·schließen	schließt aus	schloss aus	hat ausgeschlossen
aus·sehen	sieht aus	sah aus	hat ausgesehen
aus·sprechen	spricht aus	sprach aus	hat ausgesprochen
aus·steigen	steigt aus	stieg aus	ist ausgestiegen
aus·ziehen	zieht aus	zog aus	hat/ist ausgezogen
backen	backt (bäckt)	backte (buk)	hat gebacken
sich befinden	befindet sich	befand sich	hat sich befunden
beginnen	beginnt	begann	hat begonnen

Infinitiv	Präsens	Präteritum	Perfekt
behalten	behält	behielt	hat behalten
bekannt geben	gibt bekannt	gab bekannt	hat bekannt gegeben
bekommen	bekommt	bekam	hat bekommen
beraten	berät	beriet	hat beraten
beschließen	beschließt	beschloss	hat beschlossen
beschreiben	beschreibt	beschrieb	hat beschrieben
besitzen	besitzt	besaß	hat besessen
besprechen	bespricht	besprach	hat besprochen
bestehen	besteht	bestand	hat bestanden
betragen	beträgt	betrug	hat betragen
betrügen	betrügt	betrog	hat betrogen
beweisen	beweist	bewies	hat bewiesen
sich bewerben	bewirbt sich	bewarb sich	hat sich beworben
sich beziehen	bezieht sich	bezog sich	hat sich bezogen
bieten	bietet	bot	hat geboten
bitten	bittet	bat	hat gebeten
bleiben	bleibt	blieb	ist geblieben
braten	brät	briet	hat gebraten
brechen	bricht	brach	hat gebrochen
brennen	brennt	brannte	hat gebrannt
bringen	bringt	brachte	hat gebracht
denken	denkt	dachte	hat gedacht
dürfen	darf	durfte	hat gedurft / dürfen
ein·brechen	bricht ein	brach ein	ist eingebrochen
ein·fallen	fällt ein	fiel ein	ist eingefallen
ein·laden	lädt ein	lud ein	hat eingeladen
ein·nehmen	nimmt ein	nahm ein	hat eingenommen
ein·schlafen	schläft ein	schlief ein	ist eingeschlafen
ein·steigen	steigt ein	stieg ein	ist eingestiegen
ein·tragen	trägt ein	trug ein	hat eingetragen
ein·treten	tritt ein	trat ein	ist eingetreten
ein·ziehen	zieht ein	zog ein	ist eingezogen
empfangen	empfängt	empfing	hat empfangen
empfehlen	empfiehlt	empfahl	hat empfohlen
entgegen·kommen	kommt entgegen	kam entgegen	ist entgegengekommen
enthalten	enthält	enthielt	hat enthalten
entlassen	entlässt	entließ	hat entlassen
entscheiden	entscheidet	entschied	hat entschieden
sich entschließen	entschließt sich	entschloss sich	hat sich entschlossen
entstehen	entsteht	entstand	ist entstanden
erfahren	erfährt	erfuhr	hat erfahren
erfinden	erfindet	erfand	hat erfunden

Unregelmäßige Verben

Infinitiv	Präsens	Präteritum	Perfekt
erhalten	erhält	erhielt	hat erhalten
erkennen	erkennt	erkannte	hat erkannt
erscheinen	erscheint	erschien	ist erschienen
erschrecken*	erschrickt	erschrak	ist erschrocken
erziehen	erzieht	erzog	hat erzogen
essen	isst	aß	hat gegessen
fahren	fährt	fuhr	ist/hat gefahren**
fallen	fällt	fiel	ist gefallen
fangen	fängt	fing	hat gefangen
fern·sehen	sieht fern	sah fern	hat ferngesehen
fest·halten	hält fest	hielt fest	hat festgehalten
fest·nehmen	nimmt fest	nahm fest	hat festgenommen
finden	findet	fand	hat gefunden
fliegen	fliegt	flog	ist/hat geflogen**
fliehen	flieht	floh	ist geflohen
fließen	fließt	floss	ist geflossen
fressen	frisst	fraß	hat gefressen
frieren	friert	fror	hat gefroren
geben	gibt	gab	hat gegeben
gefallen	gefällt	gefiel	hat gefallen
gehen	geht	ging	ist gegangen
gelingen	gelingt	gelang	ist gelungen
gelten	gilt	galt	hat gegolten
geschehen	geschieht	geschah	ist geschehen
gewinnen	gewinnt	gewann	hat gewonnen
gießen	gießt	goss	hat gegossen
greifen	greift	griff	hat gegriffen
haben	hat	hatte	hat gehabt
halten	hält	hielt	hat gehalten
hängen*	hängt	hing	hat gehangen
heben	hebt	hob	hat gehoben
heißen	heißt	hieß	hat geheißen
helfen	hilft	half	hat geholfen
(he)raus·finden	findet (he)raus	fand (he)raus	hat (he)rausgefunden
(he)runter·laden	lädt (he)runter	lud (he)runter	hat (he)runtergeladen
(he)runter·fahren	fährt (he)runter	fuhr (he)runter	hat (he)runtergefahren
hinterlassen	hinterlässt	hinterließ	hat hinterlassen
hin·weisen	weist hin	wies hin	hat hingewiesen
kennen	kennt	kannte	hat gekannt
klingen	klingt	klang	hat geklungen
kommen	kommt	kam	ist gekommen
können	kann	konnte	hat gekonnt/können

Infinitiv	Präsens	Präteritum	Perfekt
krank·schreiben	schreibt krank	schrieb krank	hat krankgeschrieben
lassen	lässt	ließ	hat gelassen
laufen	läuft	lief	ist gelaufen
leiden	leidet	litt	hat gelitten
leid·tun	tut leid	tat leid	hat leidgetan
leihen	leiht	lieh	hat geliehen
lesen	liest	las	hat gelesen
liegen	liegt	lag	hat gelegen
los·fahren	fährt los	fuhr los	ist losgefahren
lügen	lügt	log	hat gelogen
messen	misst	maß	hat gemessen
missverstehen	missversteht	missverstand	hat missverstanden
mögen	mag	mochte	hat gemocht
müssen	muss	musste	hat gemusst / müssen
nach·schlagen	schlägt nach	schlug nach	hat nachgeschlagen
nehmen	nimmt	nahm	hat genommen
nennen	nennt	nannte	hat genannt
raten	rät	riet	hat geraten
reiten	reitet	ritt	ist/hat geritten**
rennen	rennt	rannte	ist gerannt
riechen	riecht	roch	hat gerochen
rufen	ruft	rief	hat gerufen
scheiden	scheidet	schied	hat geschieden
scheinen	scheint	schien	hat geschienen
schieben	schiebt	schob	hat geschoben
schießen	schießt	schoss	hat geschossen
schlafen	schläft	schlief	hat geschlafen
schlagen	schlägt	schlug	hat geschlagen
schließen	schließt	schloss	hat geschlossen
schneiden	schneidet	schnitt	hat geschnitten
schreiben	schreibt	schrieb	hat geschrieben
schreien	schreit	schrie	hat geschrien
schweigen	schweigt	schwieg	hat geschwiegen
schwimmen	schwimmt	schwamm	ist/hat geschwommen
sehen	sieht	sah	hat gesehen
sein	ist	war	ist gewesen
senden*	sendet	sendete (sandte)	hat gesendet (gesandt)
singen	singt	sang	hat gesungen
sinken	sinkt	sank	ist gesunken
sitzen	sitzt	saß	hat gesessen
sollen	soll	sollte	hat gesollt / sollen
sprechen	spricht	sprach	hat gesprochen

Unregelmäßige Verben

Infinitiv	Präsens	Präteritum	Perfekt
springen	springt	sprang	ist gesprungen
statt·finden	findet statt	fand statt	hat stattgefunden
stehen	steht	stand	hat gestanden
stehlen	stiehlt	stahl	hat gestohlen
steigen	steigt	stieg	ist gestiegen
sterben	stirbt	starb	ist gestorben
stinken	stinkt	stank	hat gestunken
stoßen	stößt	stieß	hat/ist gestoßen**
streichen	streicht	strich	hat gestrichen
streiten	streitet	stritt	hat gestritten
teil·nehmen	nimmt teil	nahm teil	hat teilgenommen
tragen	trägt	trug	hat getragen
treffen	trifft	traf	hat getroffen
treiben	treibt	trieb	hat/ist getrieben**
treten	tritt	trat	hat/ist getreten**
trinken	trinkt	trank	hat getrunken
tun	tut	tat	hat getan
überfahren	überfährt	überfuhr	hat überfahren
übernehmen	übernimmt	übernahm	hat übernommen
übertragen	überträgt	übertrug	hat übertragen
übertreiben	übertreibt	übertrieb	hat übertrieben
überweisen	überweist	überwies	hat überwiesen
um·steigen	steigt um	stieg um	ist umgestiegen
um·ziehen	zieht um	zog um	ist umgezogen
unterbrechen	unterbricht	unterbrach	hat unterbrochen
sich unterhalten	unterhält sich	unterhielt sich	hat sich unterhalten
unternehmen	unternimmt	unternahm	hat unternommen
unterscheiden	unterscheidet	unterschied	hat unterschieden
unterschreiben	unterschreibt	unterschrieb	hat unterschrieben
unterstreichen	unterstreicht	unterstrich	hat unterstrichen
verbieten	verbietet	verbot	hat verboten
verbinden	verbindet	verband	hat verbunden
verbrennen	verbrennt	verbrannte	hat verbrannt
verbringen	verbringt	verbrachte	hat verbracht
vergessen	vergisst	vergaß	hat vergessen
vergleichen	vergleicht	verglich	hat verglichen
sich verhalten	verhält sich	verhielt sich	hat sich verhalten
verlassen	verlässt	verließ	hat verlassen
sich verlaufen	verläuft sich	verlief sich	hat sich verlaufen
verleihen	verleiht	verlieh	hat verliehen
verlieren	verliert	verlor	hat verloren
vermeiden	vermeidet	vermied	hat vermieden

Infinitiv	Präsens	Präteritum	Perfekt
verraten	verrät	verriet	hat verraten
verschieben	verschiebt	verschob	hat verschoben
verschreiben	verschreibt	verschrieb	hat verschrieben
verschwinden	verschwindet	verschwand	ist verschwunden
versprechen	verspricht	versprach	hat versprochen
verstehen	versteht	verstand	hat verstanden
vertreten	vertritt	vertrat	hat vertreten
verzeihen	verzeiht	verzieh	hat verziehen
vor·haben	hat vor	hatte vor	hat vorgehabt
vor·kommen	kommt vor	kam vor	ist vorgekommen
vor·lesen	liest vor	las vor	hat vorgelesen
sich vor·nehmen	nimmt sich vor	nahm sich vor	hat sich vorgenommen
vor·schlagen	schlägt vor	schlug vor	hat vorgeschlagen
vor·ziehen	zieht vor	zog vor	hat vorgezogen
wachsen	wächst	wuchs	ist gewachsen
waschen	wäscht	wusch	hat gewaschen
weh·tun	tut weh	tat weh	hat wehgetan
werden	wird	wurde	ist geworden
werfen	wirft	warf	hat geworfen
widersprechen	widerspricht	widersprach	hat widersprochen
wiegen	wiegt	wog	hat gewogen
wissen	weiß	wusste	hat gewusst
wollen	will	wollte	hat gewollt / wollen
ziehen	zieht	zog	hat / ist gezogen**
zu·gehen	geht zu	ging zu	ist zugegangen
zu·lassen	lässt zu	ließ zu	hat zugelassen
zu·nehmen	nimmt zu	nahm zu	hat zugenommen
zurecht·kommen	kommt zurecht	kam zurecht	ist zurechtgekommen
zwingen	zwingt	zwang	hat gezwungen

*   Diese Verben gibt es auch mit regelmäßigen Konjugationsformen. Dann haben die Verben aber eine etwas andere Bedeutung.

** Wenn das Verb ein (Akkusativ-)Objekt hat, wird das Perfekt mit „haben" gebildet, sonst mit „sein".
Beispiel: *Der Tourist ist nach Berlin geflogen.* Aber: *Der Pilot hat das Flugzeug nach Berlin geflogen.*

Verben mit Dativ-Ergänzung

Verb	Beispiel
antworten	Schon wieder eine Mail von Marc. Was soll ich **ihm** nur **antworten**?
begegnen	Du glaubst mir nie, **wem** ich gestern **begegnet** bin!
danken	Die Firma **dankt ihren Kunden** mit einem kleinen Geschenk.
ein·fallen	Jutta hat morgen Geburtstag, aber **mir fällt** einfach kein Geschenk für sie **ein**!
fehlen	Am meisten **fehlt meiner Freundin Carmen** hier das Meer.
folgen	Ich zeige Ihnen den Weg zum Direktor. Bitte **folgen** Sie **mir**.
gefallen	**Meiner Schwester gefällt** es in der neuen Stadt leider gar nicht.
gehen	Wie geht es eigentlich **deinem Bruder**?
gehören	Finger weg! Die Schokolade **gehört mir**.
gelingen	Hmm. Lecker! Die Suppe **ist dir** sehr gut **gelungen**.
genügen	Er hat jetzt auch noch einen Sportwagen. Ein Auto **genügt ihm** wohl nicht.
glauben	Du **glaubst mir** nie, wem ich gestern begegnet bin!
gratulieren	Frau Schulz **gratuliert ihrem Kollegen** nie zum Geburtstag.
gut·tun	Das Wochenende in den Bergen hat **uns** sehr **gut getan**.
helfen	Entschuldigung, könnten Sie **mir** bitte **helfen**?
leid·tun	Es **tut mir leid**, aber ich kann morgen leider nicht mitkommen.
nach·laufen	Dieser Hund **läuft mir** schon den ganzen Tag **nach**.
nützen	Deine Entschuldigungen werden **dir** diesmal nichts **nützen**!
passen	Oh je. Die neuen Schuhe **passen mir** gar nicht. Meine Füße tun mir schon weh.
passieren	So was **ist mir** ja noch nie **passiert**!
raten	Ich **habe ihm geraten**, sich einen besseren Job zu suchen. Aber er hört mir ja nie zu.
schmecken	Und, wie **schmeckt Ihnen** der Kirschkuchen? Das ist mein Geheimrezept!
stehen	Das grüne Kleid **steht dir** wirklich gut!
vertrauen	Beim Klettern muss man **seinem Partner** 100 Prozent **vertrauen**.
verzeihen	Diese Lüge **werde** ich **ihm** nie **verzeihen**!
weh·tun	**Tut dir** dein Rücken noch **weh**?
widersprechen	Mein Opa mag es nicht, wenn man **ihm widerspricht**.
zu·hören	Ich habe ihm geraten, sich einen besseren Job zu suchen. Aber er **hört mir** ja nie **zu**.
zu·stimmen	Die neue Autobahn wird nun doch gebaut. Der Stadtrat **hat dem Plan zugestimmt**.

Verben mit festen Präpositionen

Verb + Präposition + Kasus	Beispiel
ab·hängen von + Dativ	Die Höhe der Stromkosten hängt vom Verbrauch ab.
abstimmen über + Akkusativ	Sie können jetzt über den Gewinner des Malwettbewerbs abstimmen.
achten auf + Akkusativ	Achten Sie bei Bank-Angeboten auf den Zins!
an·fangen mit + Dativ	Lassen Sie uns mit dem Unterricht anfangen!
an·kommen auf + Akkusativ	Es kommt nur auf dich selbst an, ob du Erfolg hast.
antworten auf + Akkusativ	Ich antworte dem Chef morgen auf seine E-Mail, heute habe ich keine Lust mehr.
arbeiten an + Dativ	An dem Text sollten Sie noch arbeiten.
sich ärgern über + Akkusativ	Meine Tochter ärgert sich oft über ihren kleinen Bruder.
auf·fordern zu + Dativ	Der Lehrer fordert die Schüler zur aktiven Mitarbeit auf.
auf·hören mit + Dativ	Ich würde ja gern abnehmen, aber ich kann einfach nicht mit dem Essen aufhören.
auf·klären über + Akkusativ	Der Journalist will die Bürger über den Plan des Politikers aufklären.
auf·passen auf + Akkusativ	Kannst du auf meinen Hund aufpassen, während ich einkaufe?
sich auf·regen über + Akkusativ	Meine Mutter regt sich immer über meine Unpünktlichkeit auf.
aus·geben für + Akkusativ	Wir sollten das Geld lieber für einen neuen Kühlschrank ausgeben als für eine Reise.
sich bedanken bei + Dativ für + Akkusativ	Ich möchte mich bei Ihnen für Ihre Hilfe bedanken.
beginnen mit + Dativ	In fünf Minuten beginnen wir mit dem Essen! Wenn du dann noch nicht da bist …
sich bemühen um + Akkusativ	Ich bemühe mich um einen Kredit bei der Bank. Hoffentlich klappt es.
berichten über + Akkusativ	Alle Zeitungen berichten zurzeit über den frechen Dieb.
sich beschäftigen mit + Dativ	In meiner Freizeit beschäftige ich mich viel mit meinem Hund.
sich beschweren bei + Dativ über + Akkusativ	Der Gast beschwert sich beim Hotelbesitzer über den unfreundlichen Kellner.
bestehen aus + Dativ	Der Test besteht aus einem Lesetext und einer Schreibaufgabe.
sich beteiligen an + Dativ	Ich beteilige mich an dem Geschenk für die Kollegin mit drei Euro.
sich bewerben um + Akkusativ	Bewirb dich doch um das Praktikum.
sich beziehen auf + Akkusativ	Ich beziehe mich auf Ihren Brief vom 3. Mai.
bitten um + Akkusativ	Darf ich dich um deine Hilfe bitten?
danken für + Akkusativ	Ich danke dir für deine Hilfe.
denken an + Akkusativ	Sie denkt an den netten Mann aus dem Bus.
diskutieren mit + Dativ über + Akkusativ	Ich muss ständig mit meinem Sohn über seine Aufgaben im Haushalt diskutieren.
sich drehen um + Akkusativ	Hier dreht sich alles nur um dich! Und was ist mit mir?
ein·laden zu + Dativ	Darf ich Sie zu einem Glas Wein einladen?
sich einigen auf + Akkusativ	Sie konnten sich nicht auf ein Reiseziel einigen.
sich ein·setzen für + Akkusativ	Der Politiker setzt sich für den Umweltschutz ein.

Verben mit festen Präpositionen

Verb + Präposition + Kasus	Beispiel
sich entscheiden für + Akkusativ	Wir haben uns für diesen Wagen entschieden, weil er einen großen Kofferraum hat.
sich entschuldigen bei + Dativ für + Akkusativ	Der Wirt entschuldigt sich beim Gast für den schlechten Service.
erfahren von + Dativ	Wir haben von deinem tollen Erfolg erfahren und gratulieren dir!
sich erholen von + Dativ	Hast du dich von der Operation schon erholt?
sich erinnern an + Akkusativ	Die Kinder erinnern sich gern an ihren Opa.
erkennen an + Dativ	Man erkennt unser Haus sofort an seinem kaputten Dach.
sich erkundigen bei + Dativ nach + Dativ	Ich möchte mich (bei Ihnen) nach einem Flug erkundigen.
erschrecken über + Akkusativ	Ich bin über die hohe Rechnung erschrocken.
erzählen von + Dativ	Meine Oma erzählt gern von ihrer Jugend.
erzählen über + Akkusativ	Warum willst du mir nichts über deinen neuen Freund erzählen?
fehlen an + Dativ	Es fehlt an einem guten Plan für dieses Projekt.
fragen nach + Dativ	Papa! Da fragt ein Mann nach dir.
sich freuen auf + Akkusativ	Ich freue mich auf meinen Geburtstag.
sich freuen über + Akkusativ	Ich habe mich sehr über deinen Brief gefreut.
führen zu + Dativ	Die Diskussion hat zu einem guten Ergebnis geführt.
sich fürchten vor + Dativ	Anna fürchtet sich vor Hunden.
gehen um + Akkusativ	Im Film geht es um einen verschwundenen Jungen.
gehören zu + Dativ	Es gehört zu meinen Aufgaben im Haushalt, das Bad zu putzen.
gelten als + Nominativ	Stempel und Unterschrift gelten als Quittung.
sich gewöhnen an + Akkusativ	Sie muss sich erst an den Winter in Deutschland gewöhnen.
glauben an + Akkusativ	Meine Tochter glaubt noch an den Weihnachtsmann.
gratulieren zu + Dativ	Wir gratulieren dir zu deinem Erfolg.
halten für + Akkusativ	Oh, Entschuldigung! Ich habe Sie für meinen Mann gehalten. Er hat die gleiche Jacke wie Sie.
halten von + Dativ	Mein Vater hält viel von einem guten Essen.
sich halten an + Akkusativ	Die Autofahrer müssen sich an die Verkehrsregeln halten.
sich handeln um + Akkusativ	Ich habe da ein Problem. Es handelt sich um einen Fehler in der Rechnung.
handeln von + Dativ	Das Märchen handelt von einem armen Mädchen.
helfen bei + Dativ	Kann ich dir bei der Arbeit helfen?
hindern an + Dativ	Du kannst mich nicht an meinem Plan hindern.
hin·weisen auf + Akkusativ	Ich möchte Sie auf das Rauchverbot in unserem Hotel hinweisen.
hoffen auf + Akkusativ	Wir hoffen auf ein günstiges Angebot.
hören von + Dativ	Lass bald wieder von dir hören!
impfen gegen + Akkusativ	Man sollte Kinder gegen verschiedene Krankheiten impfen lassen.
sich informieren bei + Dativ über + Akkusativ	Ich würde mich gern (bei Ihnen) über den Ferienjob informieren.
sich interessieren für + Akkusativ	Er interessiert sich sehr für den Film.
kämpfen für + Akkusativ	Die Arbeiter kämpfen für einen besseren Lohn.

Verb + Präposition + Kasus	Beispiel
kämpfen gegen + Akkusativ	Die Bürger kämpfen gegen den Bau der Straße.
klagen über + Akkusativ	Der Patient klagt über einen starken Schmerz im Bein.
kommen auf + Akkusativ	Wie bist du nur auf die Idee gekommen, dein Auto selbst zu reparieren? Du hast doch keine Ahnung von Autos!
kommen zu + Dativ	Wir sind zu dem Ergebnis gekommen, dass wir Kosten sparen müssen.
sich konzentrieren auf + Akkusativ	Du solltest dich auf den Unterricht konzentrieren, statt dich mit deiner Partnerin zu unterhalten.
sich kümmern um + Akkusativ	Ich muss arbeiten, deshalb kümmert sich eine Tagesmutter um meinen Sohn.
lachen über + Akkusativ	Lacht ihr über mich?
leiden an + Dativ	Er leidet an einer gefährlichen Krankheit.
leiden unter + Dativ	Sie leidet unter ihrem unfreundlichen Chef.
liegen an + Dativ	Es liegt nicht an mir, dass wir immer zu spät kommen.
nach·denken über + Akkusativ	Er denkt über den Kauf eines Fernsehers nach.
protestieren gegen + Akkusativ	Die Bürger von Neustadt protestieren gegen die Schließung des Krankenhauses.
reagieren auf + Akkusativ	Das Finanzamt hat noch nicht auf meinen Brief reagiert.
rechnen mit + Dativ	Sie müssen ab März mit einem höheren Preis rechnen.
reden über + Akkusativ / von + Dativ	Sie redet nur noch von ihrem neuen Freund. / über ihren neuen Freund.
riechen nach + Dativ	Hier riecht es nach einem sehr süßen Parfüm.
schicken an + Akkusativ	Schicken Sie die Rechnung bitte an meine private Adresse.
schicken zu + Dativ	Schickst du Thomas bitte zum Chef, wenn er aus der Pause kommt?
schimpfen auf/über + Akkusativ	Alle schimpfen auf/über die schlechten Arbeitsbedingungen.
schmecken nach + Dativ	Das schmeckt nach altem Käse.
schreiben an + Akkusativ	Ich schreibe an Dich, weil ich Deine Hilfe brauche.
(sich) schützen gegen + Akkusativ/vor + Dativ	Diese Creme schützt Sie gegen die Sonne / vor der Sonne.
sehen nach + Dativ	Ich sehe später noch nach dir, okay?
sein für + Akkusativ	Mein Mann ist für den schwarzen Anzug, ich bin für den blauen.
sein gegen + Akkusativ	Die Opposition ist gegen den Plan der Regierung.
sorgen für + Akkusativ	Ich verspreche dir, dass ich immer für dich sorgen werde.
sprechen mit + Dativ über + Akkusativ	Der Küchenchef spricht mit den Köchen über die Speisekarte für das Hochzeitsfest.
sterben an + Dativ	Er ist an den Folgen des Verkehrsunfalls gestorben.
stimmen für + Akkusativ	Alle stimmen für seinen Antrag.
stimmen gegen + Akkusativ	Die Kollegen stimmten gegen meinen Vorschlag.
streiten mit + Dativ über + Akkusativ	Sie streitet mit ihrem Mann über die richtige Erziehung der Kinder.

Verben mit festen Präpositionen

Verb + Präposition + Kasus	Beispiel
teil·nehmen an + Dativ	Wenn Sie an diesem Kurs teilnehmen möchten, melden Sie sich bitte bis Ende des Monats an.
telefonieren mit + Dativ	Sie telefoniert jeden Tag mit ihrer Mutter.
träumen von + Dativ	Ich träume von einem Urlaub im Süden.
sich treffen mit + Dativ	Sie trifft sich jede Woche mit ihren Freundinnen.
sich trennen von + Dativ	Sie hat sich von ihrem Freund getrennt.
überreden zu + Dativ	Kann ich dich zu einem Stück Kuchen überreden, auch wenn du gerade Diät machst?
überzeugen von + Dativ	Ich bin von den Vorteilen einer Holzheizung überzeugt.
sich unterhalten mit + Dativ über + Akkusativ	Sie unterhält sich mit der Nachbarin über den neuen Mieter.
sich unterscheiden von + Dativ	Mein neuer Chef unterscheidet sich sehr von meinem alten Chef: Er ist viel netter.
sich verabreden mit + Dativ	Ich würde mich gern mal wieder mit dir zum Essen verabreden. Hast du Lust?
sich verabschieden von + Dativ	Ich muss mich leider von Ihnen verabschieden, ich habe noch einen Termin.
vergleichen mit + Dativ	Sie vergleicht ihren neuen Freund immer mit ihrem Ex-Freund.
sich verlassen auf + Akkusativ	Ihr könnt euch auf mich verlassen.
sich verlieben in + Akkusativ	Sie hat sich in einen Arzt verliebt.
sich verstehen mit + Dativ	Ich verstehe mich gut mit meinem Bruder.
verstehen von + Dativ	Ich kann nicht kochen und ich verstehe auch nichts von gesunder Ernährung.
sich vor·bereiten auf + Akkusativ	Hast du dich auf den Test vorbereitet?
warnen vor + Dativ	Ich muss dich vor unserem Nachbarn warnen, er beschwert sich über alles.
warten auf + Akkusativ	Immer muss man auf dich warten!
werden zu + Dativ	Wenn du so weitermachst, wirst du doch noch zu einem guten Handwerker.
wissen von + Dativ	Tut mir leid, ich weiß nichts von dem Brief. Da müssen Sie meine Kollegin fragen.
sich wundern über + Akkusativ	Sie wundert sich über das schlechte Wetter im Sommer.
zurecht·kommen mit + Dativ	Wie kommst du mit deinem neuen Kollegen zurecht?
zu·schauen/zu·sehen bei + Dativ	Ich schaue/sehe dir gern bei der Arbeit zu.
zweifeln an + Dativ	Zweifelst du etwa an meinen Worten?

Lösungsschlüssel

Kapitel 1 / Nomen

Seite 9 / Genus: maskulin, neutral, feminin

1 der Arzt – die Ärztin, der Verkäufer – die Verkäuferin, der Lehrer – die Lehrerin, der Programmierer – die Programmiererin, der Polizist – die Polizistin, der Fahrer – die Fahrerin

2 a das Päckchen, b die Polizei, c der Lehrling, d die Krankheit, e der Tourismus, f die Möglichkeit, g die Portion, h die Heizung, i die Kultur, j die Freundschaft

3 der: Optimismus, Winter, Musiker, Westen, Juli, Süden, Freitag, März, Herbst, Elektriker, Schüler, Zwilling; das: Fernsehen, Würstchen, Schwesterchen, Essen; die: Ausbildung, Ausstellung, Pension, Lösung, Reparatur

4 der: Nachmittag, Abend, Regen, Schnee, Nebel; das: Gemüse, Wetter, Kind, Ei, Mädchen; die: Küche, Nacht, Frau, Bäckerei, Anmeldung

Seite 11 / Plural

1 b die Bananen, c die Säfte, d die Getränke, e die Kiwis, f die Eier, g die Würstchen, h die Bücher, i die Kassen, j die Verkäuferinnen

2 -e: 6 Schuhe, ⸚e: 3 Stühle; -n: 2 Lampen, 3 Flaschen; -en: 5 Uhren; -s: 7 CDs, 3 Autos; -er: 3 Bilder; ⸚er: 5 Bücher, 4 Weingläser, 2 Fahrräder; -: 2 Computer, 2 Koffer; ⸚: 2 Mäntel

3 B Artikel, C Töpfe, D Geschenkideen, E Handtücher, F Digitalkameras

Seite 13 / Kasus

1 Hi Andy, na, wie geht's? Du, es gibt eine große Neuigkeit: Ich ziehe bei meinen Eltern aus! Ich habe jetzt endlich eine kleine Wohnung gefunden. Ich habe eine große Bitte: Am Wochenende möchte ich umziehen. Hast Du am Samstag Zeit? Könntest Du vielleicht helfen? Wir fangen so ab 9 Uhr an. Kemal und Robert kommen auch. Ich habe ja so viele Sachen! Aber das schwere Sofa habe ich schon meinem Bruder geschenkt ☺!
Seiner Frau gefällt es so gut. Meinst Du, Du kannst mit Deinem VW-Bus kommen? Dann muss ich kein Auto mieten. Ruf doch kurz an oder schreib eine Mail. Hast Du eigentlich meine neue Telefonnummer? 0175/3 99 97 82. Tausend Dank und liebe Grüße
Bine

2 b Dativ: aus dem Urlaub, c Akkusativ: ohne meinen Hund, d Dativ: Nach einer Stunde, e Dativ: seit zwei Jahren, f Akkusativ: für meine Freundin, g Akkusativ: durch die ganze Stadt, h Akkusativ: um ihre Kinder, i Dativ: mit dem Fahrrad

3 b gefällt, Verb; c um, Präposition; d seit, Präposition; e trinke, Verb; f gehört, Verb; g Vater, Nomen; h mit, Präposition

Seite 15 / n-Deklination

1 n-Deklination: den Affen, den Beamten, den Deutschen, den Dozenten, den Gedanken, den Lieferanten, den Soldaten, den Studenten, den Theologen; „normale" Deklination: den Arbeiter, den Vogel, den Baum, den Beruf, den Mann, den Hund, den Kaffee, den Erfolg, den Japaner, den Tisch

2 b Praktikant, c Kollegen, d Student, e Namen, f Direktor, g Herr

3 A Herzen, B Präsidenten, C Fotografen, D Zeugen, E Frieden

Test 1 / Nomen – Kapitel 1.01–1.04

1 b der Frühling, c die Pension, d das Päckchen, e der Mittwoch, f die Kleidung, g der August, h die Freiheit, i die Reparatur, j die Sekretärin

2 b das Hähnchen, c die Wirtschaft, d der Liebling, e die Operation, f die Natur, g die Sehenswürdigkeit, h die Bäckerei, i die Gesundheit, j die Bewerbung, k der Sozialismus

3 a 2 Plural, 3 Singular und Plural, 4 Plural, 5 Singular, 6 Plural
b 2 Hände, 3 –, 4 Schuhe, 5 –, 6 Jacken

4 acht Taschen – drei Fahrräder – sieben Schlüssel – eine Jacke – ein Pullover – ein Mantel – zwei Computer – fünf Handys – zwei Regenschirme – zwei Decken – vier Handtücher

Lösungsschlüssel

5 **b** Dativ, **c** Dativ, **d** Nominativ, **e** Akkusativ, **f** Genitiv, **g** Akkusativ

6 **b** In der Küche macht die Mutter das Frühstück., **c** Der Vater bringt den Sohn in den Kindergarten., **d** Die Tasche hat der Vater im Auto vergessen., **e** Die Mutter fährt mit dem Bus zum Supermarkt., **f** Dem Sohn gefällt es in der Schule überhaupt nicht.

7 **b** Biologen, **c** Praktikanten, **d** Kaffeeautomaten, **e** Polizisten, **f** Polizist, **g** Grieche, **h** Nachbarn, **i** Grieche, **j** Herren, **k** Herrn, **l** Namen, **m** Gedanken, **n** Realist, **o** Jungen

Wenn Sie die Übungen nicht richtig gelöst haben, wiederholen Sie noch einmal die betreffenden Kapitel in der Grammatik. Die Seitenzahlen zeigen Ihnen, auf welches Kapitel sich die einzelnen Übungen beziehen.

Kapitel 2 / Artikelwörter

Seite 18/19 / Indefiniter und definiter Artikel: Formen

1

	Nominativ	Akkusativ	Dativ
maskulin	• der/ein	• den/einen	• dem/einem
neutral	• das/ein	• das/ein	• dem/einem
feminin	• die/eine	• die/eine	• der/einer
Plural	• die/–	• die/–	• den/–

2 einen Sprachkurs – eine tolle Stadt – in die Schule – ein Mann – in ein Restaurant – einen Film – viel Spaß in der Schule

3 **b** Im Namen des Vaters, **c** Der Herr der Ringe, **d** Das Leben der Anderen, **e** Die Stadt der Blinden, **f** Der König der Löwen

Seite 21 / Indefiniter, definiter Artikel und Nullartikel: Gebrauch

1 **a** • Das, **b** ein – • Das, **c** • einen, **d** ein – • ein – • ein

2 **a** eine Ausbildung – Köln – Industriekaufmann – gutes Essen – Fisch – Sport – Leute – den Ferien, **b** Sabine – Sekretärin – Französin – Deutsch und Französisch – ein Tanz

3 die, ein, –, –, Das, das, –, eine, –, dem

Seite 22/23 / Negativartikel kein

1 **b** eine – keinen, **c** ein – keinen, **d** ein – kein, **e** eine – keine, **f** / – keine, **g** kein

2 **b** Wie oft soll ich es noch sagen? Ich habe kein Geld dabei., **c** Keine Ahnung. Vielleicht drei?, **d** Oh nee, dazu habe ich jetzt keine Lust. Ich liege gerade in der Badewanne., **e** Nein danke, ich habe überhaupt keinen Hunger.

3 **a** • keinen Rucksack – • keinen Schirm – • kein Paket – • kein Eis – • keinen Mantel – • keine Zeitung – • keinen Hund, **b** 3, **c** *Musterlösung:* Er hat einen Koffer, eine Kamera und ein Handy.

Seite 24/25 / Possessivartikel: mein, dein, …

1 **b** Und sein Fahrrad ist ja rosa. Lustig!, **c** Ich glaube, ihre Eltern sind in Urlaub., **d** Mach deine Musik leise., **e** Ihre Großmutter ist sehr krank., **f** Ich freue mich sehr auf euren Besuch., **g** Das ist unsere Katze. Haben Sie sie vielleicht gesehen?
Zettel: 2 du – dein, 3 er/es – sein, 4 sie (Sg.) – ihr, 5 wir – unser, 6 ihr – euer, 7 sie (Pl.) – ihre

2 **b** • Ihr Mund – • Sein Mund, **c** • Ihre Haare – • Seine Haare, **d** • Ihre Nase – • Seine Nase, **e** • Ihr Fahrrad – • Sein Fahrrad

3 **b** • mein Bad, **c** • mein neues Auto, **d** • meine Hunde, **e** • mein Nachbar, **f** • meine Gäste

4 **a** seine, **b** meine – mein, **c** deinem, **d** Ihrer

Seite 27 / Weitere Artikelwörter

1 **a** Manche, **b** einigen, **c** dieser – jede, **d** dieses – jedes, **e** diesen – alle, **f** Diese

2 **a** irgendeine, **b** jedes, **c** manchen, **d** alle, **e** einigen, **f** jeden, **g** Diese, **h** irgendwelche

Test 2 / Artikelwörter – Kapitel 2.01–2.05

1 **b** • die Stadt, **c** • ein Kleid, **d** In einem Geschäft, **e** • eine andere Meinung, **f** • eine Bluse, **g** • Eine Hose, **h** • der Verkäuferin, **i** • eine Idee, **j** • das Fest, **k** • eine Jacke, **l** • Der Rock, **m** • Deine Antwort

2 **a** 2 • die Prüfung, 3 • der Lehrer, 4 • das Lehrbuch **b** 2 das Ergebnis der Prüfung, 3 der Kuli des Lehrers, 4 die Übung des Lehrbuchs

3 **b** Der, der; **c** der, –; **d** –, der; **e** –, Die, einen; **f** –; **g** –; **h** –, –, –

4 c • eine Lampe, d • Ein Tisch, e • einer Blume, f • kein Kühlschrank, g • ein Bett, h • ein Schrank, i • keinen Fernseher, j • ein Radio, k • ein Regal, l • eine Bushaltestelle, m • kein Bus, n • ein Fahrrad, o • einer Flasche, p • kein Bier

5 b Ihr, c seiner, d deine, e ihren, f –, g ihrem, h unsere

6 a jeder, b alle – Dieser, c einigen – irgendwelche, d Dieser

Wenn Sie die Übungen nicht richtig gelöst haben, wiederholen Sie noch einmal die betreffenden Kapitel in der Grammatik. Die Seitenzahlen zeigen Ihnen, auf welches Kapitel sich die einzelnen Übungen beziehen.

Kapitel 3: Pronomen

Seite 31 / Personalpronomen: *er, ihn, ihm, ...*

1 b Ich – du, c Sie, d Sie, e Er, f ihr

2 b Ihr!, c euch – Euch!, d uns – Uns!, e dich – Dir!, f ihn – Ihm!, g Sie – Ihnen!, h sie – Ihnen!

3 a dir, b mir, c dir – sie, d ihm, e sie, f dir – dir, g Ihnen

4 A sie mir, B sie ihm, C ihn mir, D es mir

Seite 32/33 / Possessivpronomen: *meiner, deiner, ...*

1 b <u>mein</u> – Sein(e)s, c <u>deinen</u> – meinen, d <u>Unsere</u> – eure, e <u>mein</u> – Ihr(e)s, f <u>meinen</u> – ihren

2 b unsere, c ihrer, d eurer, e meiner

3 b Meins, c seins, d eurem, e Unsere, f Ihrer

4 a eurem – unserem, b meinen, c ihre, d meiner, e Ihre

Seite 35 / Indefinitpronomen: *welche, viele, einige, ...*

1 b eins, c keins, d eine, e keine, f welche

2 b irgendeinen, c Irgendeiner, d irgendeins, e irgendwelche, f irgendeine

3 b Viele – c Manche – d jedem – e alle – f jeder – g einige – h wenige – i Niemand – j allen

Seite 36/37 / Demonstrativpronomen: *das, dieses*

1 a Die, b den, c Das, d Der

2 b4, c1, d5, e3, f2

3 a Die – die, b diesem – Diesen – den – den, c denen – Die, d Das

Test 3 / Pronomen – Kapitel 3.01–3.04

1 b es, c Es, d Sie, e es, f sie, g es, h er, i wir, j Wir, k ich, l Du

2 b Sie gefällt mir nicht., c Ich möchte mit ihm essen gehen., d Ich habe sie gestern gekauft., e Ich kann es nicht mehr sehen., f Das muss ich ihr unbedingt erzählen., g Wir möchten mit euch spielen.

3 b Das ist deins., c Das sind seine., d Das ist seins., e Das ist ihrer., f Das ist unsere., g Das ist euers., h Das sind ihre., i Das ist Ihrer.

4 b ihres – meins, c deins, d Ihren, e Meins

5 b ... eine, c Auf Bild B stehen keine., d Auf Bild B sehe ich eine., e Auf Bild B kann ich keinen sehen., f Auf Bild B hat er keins in der Hand., g Auf Bild B stehen welche.

6 c Niemand, d Einige, e wenige, f Jemand, g viele, h manche, i viele, j Viele

7 b Den, c dem, d das, e die, f den

Wenn Sie die Übungen nicht richtig gelöst haben, wiederholen Sie noch einmal die betreffenden Kapitel in der Grammatik. Die Seitenzahlen zeigen Ihnen, auf welches Kapitel sich die einzelnen Übungen beziehen.

Kapitel 4: Adjektive

Seite 40/41 / Deklination nach indefinitem Artikel

1 b süß, c alt, d lieb

Lösungsschlüssel

2

	maskulin	neutral	feminin	Plural
Nominativ	• ein wunderbar**er** Sommertag	• ein lustig**es** Picknick	• eine schön**e** Wanderung	• ganz toll**e** Stunden
Akkusativ	• einen gemischt**en** Salat	• ein frisch**es** Brot	• eine gut**e** Flasche Rotwein	• kühl**e** Getränke
Dativ	• an einem klein**en** See	• in einem nett**en** Strandbad	• auf einer groß**en** Decke	• mit gut**en** Freunden

3 a schön – neuen – letzten – leckeres, b schnell – speziellen – schöner – nettes – liebe

4 b saurer, c teures, d hohes

5 a guten, b kalter, c kleinen, d halben, e langen

Seite 42/43 / Deklination nach definitem Artikel

1

maskulin	neutral	feminin	Plural
• der neu**e** Kindergarten	• das italienisch**e** Schuhgeschäft	• die alt**e** Post	• die zwei günstig**en** Gaststätten
• der nett**e** Spielplatz	• das klein**e** Rathaus	• die hübsch**e** Dorfkirche	• die zwei gut**en** Bäckereien

2 b den leckeren Geburtstagskuchen von Iris, c die schönen Ohrringe von Gaby, d den guten Wein von Robert, e das tolle Buch von Magdalena

3 b mit dem lustigen russischen Kollegen, c bei dieser bekannten Firma, d in diesem internationalen Team, e an den neuen PCs, f mit dem netten Chef

4 b alten, c großen, d hohen, e schöne, f netten kleinen, g kleine, h neue, i nette, j ganze

5 B der alten Dame, C des schönen Schwimmbad(e)s, D des alten Jahr(e)s – des neuen Jahr(e)s, E der teilnehmenden Kinder

Seite 44/45 / Deklination nach dem Nullartikel

1

maskulin: -er	neutral: -es	feminin: -e	Plural: -e
• italienisch**er** Rotwein	• frisch**es** argentinisch**es** Rindfleisch	• gut**e** deutsch**e** Bio-Wurst	• schön**e** spanisch**e** Tomaten
• cremig**er** französisch**er** Weichkäse	• gesund**es** Bio-Olivenöl	• frisch**e** gut**e** Landmilch	

2 A Nach der Arbeit: Schönes Wochenende – Schönen Feierabend, B In einem Brief: Herzliche Grüße – Schöne Grüße an Ihre Frau, C An Feiertagen und Festen: Fröhliche Weihnachten! – Frohe Ostern! – Schöne Feiertage! – Gutes neues Jahr! – Herzlichen Glückwunsch zum Geburtstag! – D Vor einer Reise: Guten Flug – Gute Reise – Schöne Ferien – Gute Fahrt – Hoffentlich habt ihr gutes Wetter! – Angenehmen Aufenthalt! – Schöne Zeit, E Bei Krankheit: Gute Besserung, F Begrüßung und Abschied: Guten Morgen – Guten Tag – Guten Abend – Gute Nacht

3 a großem, b Renovierte – hohen – moderner – hellen, c warmem – gesundem

4 a zentraler – ruhiger, b netten – nächsten – kleines – sonniges, c Kleines – hübsches – großem – wildem, d Möbliertes – Großes – neuer – heller – freundlicher – kleine

Seite 47 / Steigerung und Vergleich

1 b schöner – am schönsten, c lieber – am liebsten, d besser – am besten, e sauberer – am saubersten, f größer – am größten, g praktischer – am praktischsten, h voller – am vollsten, i netter – am nettesten, j mehr – am meisten

2 c kleiner als, d länger als, e so viel wie, f saurer als, g mehr ... als, h lieber ... als, i so schön wie

3 b am schönsten, c am interessantesten,
d am wenigsten
4 b teurere, c größeres, d intelligenteren
5 b netteste – schnellste – preiswerteste,
c aktuellsten, d tollste – modernsten

Seite 48/49 / Partizip als Adjektiv

1 Partizip Präsens: E Spielende – F kommende,
Partizip Perfekt: B reduzierten – C Möbliertes –
D werdende
2 a Die Zahl der Besucher steigt., b Das Schiff sinkt
jetzt. – Das Schiff ist schon gesunken.
3 b schlafenden, c badende, d lesende, e spielende,
f blühende
4 a benutzte, b vereinbarten, d unbezahlte,
e reservierten

Seite 51 / Adjektiv als Nomen

1 b Kleine, c Gute, d Glückliche, e Dumme
2 A Arbeitslose, B Verwandte, C Jugendliche,
D Verletzten, E Deutsche
3 b Bekannter – Bekannte, c verwandter –
verwandte, d Betrunkener – Betrunkene,
e Fortgeschrittenen – Fortgeschrittene

Test 4 / Adjektive – Kapitel 4.01–4.06

1 b kalten, c falsche, d wichtigen, e unfreundlichen,
f neuen – unsympathischen, g rosa
2 1c, 2b, 3a, 4b, 5c, 6a, 7c, 8c, 9b, 10a
3 b Neuer Schreibtischstuhl und helle Schreibtischlampe für 25 Euro., c Süße Katzen mit passender
Tragetasche an kleine Kinder zu verschenken.,
d Abzugeben: Teures, modernes Kostüm mit
kleinen Flecken., e Verkaufe: 30 schöne Weingläser
und 10 Flaschen guten Wein, Preis 300 Euro.
4 b liebsten, c gesünder, d alt, e höher, f groß,
g besser
5 Hier direkt am Eingang können Sie die *bestellten*
Bücher abholen und die *gelesenen* zurückgeben.
Mäntel und *mitgebrachte* Taschen geben Sie bitte
an der Garderobe ab. Wegen der *lesenden* Besucher und der *lernenden* Schüler müssen Sie hier
leise sein. An den *bereitgestellten* Schreibtischen
können Sie arbeiten, bis die Bibliothek schließt.

Hallo! Hallo, Sie da! *Essende* und *trinkende*
Besucher sehen wir hier nicht gern.
6 b Erwachsene, c Verwandten, d Verletzte,
e Reisenden

Wenn Sie die Übungen nicht richtig gelöst haben,
wiederholen Sie noch einmal die betreffenden
Kapitel in der Grammatik. Die Seitenzahlen zeigen
Ihnen, auf welches Kapitel sich die einzelnen
Übungen beziehen.

Kapitel 5: Verben

Seite 55 / Gegenwart: Präsens

1 b sind, c studiere, d leben, e arbeitet, f hast,
g spricht
2 a Bist – bin, b Hast – habe, c ist – ist, d Seid – sind,
e Sind – bin, f Hat – hat, g haben – haben, h Ist – ist
3 a A sehe, schlafe, B treffe, helfe, C nehme, D esse
b

	ich	du	er/sie
sehen	sehe	siehst	sieht
schlafen	schlafe	schläfst	schläft
nehmen	nehme	nimmst	nimmt
essen	esse	isst	isst
treffen	treffe	triffst	trifft
helfen	helfe	hilfst	hilft

4 b Herr Zimmer liest Zeitung auf der Terrasse.,
c Rosalie schreibt einen Brief an ihre Tante., d Tim
trifft seine Freunde in der Stadt., e Frau Zimmer
trinkt eine Tasse Tee.

Seite 57 / Trennbare / nicht trennbare Verben

1 a trennbar: stehe … auf, räume … auf, hole … ab,
gehe … weg, sehe … fern / nicht trennbar: gefällt,
besuche, verstehe, erklären, vergiss

Lösungsschlüssel

b

trennbare Verben	nicht trennbare Verben	Infinitiv
	gefällt	gefallen
stehe ... auf		aufstehen
räume ... auf		aufräumen
	besuche	besuchen
hole ... ab		abholen
	verstehe	verstehen
	erklären	erklären
gehe ... weg		weggehen
sehe ... fern		fernsehen
	vergiss	vergessen

2 holt ... ab – kommt ... an – kauft ... ein – fängt ... an – Kommen ... mit – lade ... ein

3 a angerufen, b erklären – erklärt, c Fahrt ... weg – weggefahren, d beginnt – begonnen

4 a mit, b hin, c an, d her

b

	Infinitiv	Präsens	Perfekt	regelmäßig	unregelmäßig	Mischverb
2	machen	er macht	hat gemacht	X		
3	wissen	er weiß	hat gewusst			X
4	sehen	er sieht	hat gesehen		X	
5	treffen	er trifft	hat getroffen		X	
6	spielen	er spielt	hat gespielt	X		
7	sitzen	er sitzt	hat gesessen		X	
8	essen	er isst	hat gegessen		X	
9	lesen	er liest	hat gelesen		X	
10	denken	er denkt	hat gedacht			X

Seite 59 / Vergangenheit: Perfekt (1)

1 b habe gehört, c habe gewartet, d habe gelacht, e habe getanzt, f habe gewohnt

2 b Hast du schon gefrühstückt?, c Hast du schon deinen Tee getrunken?, d Hast du schon Tante Lisa geschrieben?, e Hast du schon deine Hausaufgaben gemacht?

3 a – Früher habe ich mal sehr gut Spanisch *gesprochen*. Aber ich denke, heute spreche ich besser Englisch., b – Das musst du nicht. Den habe ich ihr gestern schon *gebracht*., c – Was? Die heiraten morgen? Nein, das haben wir nicht *gewusst*., d – Dieses Spiel? Du hast doch schon die ganze Zeit *gewonnen*.

4 a 1 haben ... gemietet, 2 haben ... gemacht, 3 habe ... gewusst, 4 haben ... gesehen, 5 haben ... getroffen, 6 haben ... gespielt, 7 haben ... gesessen, 8 habe ... gegessen, 9 habe ... gelesen, 10 habe ... gedacht

Seite 61 / Vergangenheit: Perfekt (2)

1 a Wann bist du gestern Abend nach Hause gekommen? – Ich bin zu Fuß gegangen. Der Bus ist nicht mehr gefahren., b Warum ist Ralf so früh aus dem Urlaub zurückgekommen? – Er ist krank geworden und zurückgeflogen., c Seid ihr mit dem Auto nach Portugal gefahren? – Nein, wir sind geflogen.

2 sind ... geworden – hat ... eingeladen – sind ... gegangen – habe ... gesprochen – habe ... gegessen

3 b hat ... gebracht, c haben ... gekauft, d sind ... eingestiegen, e ist ... abgefahren, f haben ... gefrühstückt, g haben ... gespielt, h gesehen, i gelesen, j haben ... geschlafen, k sind ... angekommen, l sind ... gegangen

Seite 63 / Vergangenheit: Perfekt (3)

1

		trennbar	nicht trennbar	Partizip Perfekt
b	bestehen		X	hat bestanden
c	umsteigen	X		ist umgestiegen
d	aufschreiben	X		hat aufgeschrieben
e	gehören		X	hat gehört
f	erreichen		X	hat erreicht
g	anfangen	X		hat angefangen
h	stattfinden	X		hat stattgefunden
i	verlieren		X	hat verloren
j	entschuldigen		X	hat entschuldigt

2 b eingekauft, c weggebracht, d ausgemacht, e angezogen, f verpasst

3 b mitgebracht, c angezogen, d eingefallen, e abgestellt

Seite 65 / Vergangenheit: Präteritum

1 a warst, b waren, c waren, d war, e War, f hattet, g war, h hatte, i waren, j war, k hatten, l hattest, m wart, n Hattet, o war

2 a waren – kauften – wollten – bestand – dachte – dauerte – fanden – war – entschieden

b	Infinitiv	regelmäßig	unregelmäßig	Mischverb
	sein		er war	
	kaufen	er kaufte		
	wollen	er wollte		
	bestehen		er bestand	
	denken			er dachte
	dauern	er dauerte		
	finden		er fand	
	entscheiden		er entschied	

3 sieht fern – wird – beschließt – putzt – legt – macht ... aus – hört – hat – denkt – landet – schreit – bemerkt – ist

(2) sah fern, (3) wurde, (4) beschloss, (5) putzte, (6) legte, (7) machte ... aus, (8) hörte, (9) hatte, (10) dachte, (11) landete, (12) schrie, (13) bemerkte, (14) war

Seite 67 / Vergangenheit: Plusquamperfekt

1

		zuerst	danach
b	Anne musste zum Bankautomaten.		X
	Sie hatte ihr gesamtes Bargeld in der Stadt ausgegeben.	X	
c	Willi hatte den ganzen Tag nichts gegessen.	X	
	Er hatte abends großen Hunger.		X
d	Jens musste ein Taxi nehmen.		X
	Er hatte den letzten Bus verpasst.	X	

2 a hatte ... gesehen, b war ... gewesen, c hatte ... unterhalten, d zurückgekommen war, e war ... gezogen, f hatte ... funktioniert

3 b Sie hatte immer die Hausaufgaben gemacht., c Sie hatte mit ihrer Mutter Englisch geübt., d Sie hatte vor der Prüfung englische Musik gehört.

Lösungsschlüssel

4 kam: Präteritum – entdeckte: Präteritum – lief: Präteritum – öffneten: Präteritum – fanden: Präteritum – riefen: Präteritum – konnten: Präteritum – stellte sich heraus: Präteritum – war: Präteritum – gehabt hatte: Plusquamperfekt – ging verloren: Präteritum – wusste: Präteritum – gewesen war: Plusquamperfekt – bekam: Präteritum

5 **b** habe, **c** waren – hatten

Seite 68/69 / Zukunft: Präsens und Futur

1 Vorhersage: E / Vermutung: A / Vorsatz: D / Versprechen: B / Aufforderung: C

2 **a** werde, **b** werden, **c** wird, **d** wird, **e** wirst

3 **b** wirst, **c** werde, **d** werde, **e** werden, **f** Wird

4 **a** Am Wochenende werden die Temperaturen bis auf 10 Grad sinken., **b** In ganz Deutschland wird es regnen., **c** Am Wochenanfang werden die Temperaturen wieder auf 18 bis 20 Grad steigen., **d** Die ganze Woche wird die Sonne scheinen.

5 **b** werden … sein, **c** wird … brauchen, **d** wird … kommen

6 **b** Sie werden hier wegfahren!, **c** Du wirst jetzt endlich herkommen!, **d** Ihr werdet sofort die Musik leiser machen!

Seite 70/71 / Modalverben: können

1 **b** kann, **c** Können, **d** Könnt, **e** kann, **f** können

2 **b** Ich kann ein bisschen Deutsch., **c** Könnt ihr bitte leise sein?, **d** Kannst du mir bitte das Buch leihen?, **e** Wir können euch mitnehmen., **f** Sie kann nicht lesen., **g** Können wir jetzt gehen?

3 **A** Kannst, **B** kann, **C** kann, **D** können

4 **b** Könntest du mir bitte mal das Salz geben?, **c** Könnte ich bitte noch ein Stück Kuchen haben?, **d** Paul, Anna, könntet ihr bitte mal kommen?

5 **a** 1 Hier ist überall Rauchverbot., 3 Hast du mal in den USA gelebt?, 4 Mein Arm ist gebrochen.

b Möglichkeit	Fähigkeit	Erlaubnis/Verbot	Bitte
Satz 4	Satz 3	Satz 1	Satz 2

6 **a** konnte – konnten, **b** Konntest – konnte

Seite 73 / Modalverben: wollen/möchten

1 **a** möchte, **b** Willst, **c** Möchtest, **d** Wollt, **e** will, **f** möchten

2 **b** Wir wollen im Sommer nach Italien., **c** Er will im Urlaub immer nur Sport machen., **d** Möchtet ihr am Wochenende einen Ausflug mit uns machen? (oder: … mit uns einen Ausflug machen?), **e** Meine Freundin möchte abends nie weggehen., **f** Möchten Sie nächste Woche zu uns zum Essen kommen? (oder: … zum Essen zu uns kommen?)

3 **b** wollte, **c** wollten, **d** Wolltest, **e** wolltet – wollten

4 **a** 2 Wunsch, 3 Plan; **b** 1 Höflichkeit, 2 Wunsch, 3 Höflichkeit

Seite 75 / Modalverben: müssen und dürfen

1 **a** darf, **b** musst, **c** muss, **d** darf, **e** musst, **f** muss, **g** muss

2 **b** müssen … mitnehmen, **c** dürfen … telefonieren, **d** darf … trinken

3 **a** durften, **b** durfte, **c** musste, **d** mussten, **e** durftet

4 **a** müsste, **b** musste – durften, **c** müsste – musste – dürfte

5 **A** Sie möchten abnehmen? Bei uns brauchen Sie keine langweilige Diät zu machen. Sie brauchen auch keinen Sport zu machen. Aber: Sie müssen uns vertrauen!, **B** Agentur Filmwelt sucht DICH. Du hast Lust, bei einem Film in Berlin mitzumachen? Du brauchst kein Schauspieler zu sein und du brauchst auch keine Filmerfahrung zu haben. Du brauchst uns nur eine kurze Mail mit deinem Foto zu senden.

Seite 76/77 / Modalverben: sollen

1 **b** sollen, **c** sollen, **d** Sollen, **e** sollt, **f** sollen, **g** Soll

2 **b** Alle Eltern sollen mit den Kindern mehr üben., **c** Wir sollen ihn nicht zu spät ins Bett schicken., **d** Er soll seine Hausaufgaben allein machen., **e** Es soll aber auch noch Zeit für die Freunde bleiben., **f** Max soll auch Zeit zum Spielen haben.

3 2 Sie sollten sich auf das Gespräch und mögliche Fragen vorbereiten., 3 Sie sollten sich vorher über die Firma informieren., 4 Sie sollten saubere und gepflegte Kleidung anziehen., 5 Sie sollten im Vorstellungsgespräch nicht zu schnell sprechen., 6 Sie sollten in jedem Fall natürlich und Sie selbst bleiben.

4 **b** solltest, **c** solltet, **d** sollte

Seite 79 / Passiv

1. **b** Passiv, **c** Aktiv, **d** Passiv, **e** Passiv
2. **a** werden ... begonnen – wird ... verteilt – wird ... notiert – werden ... diskutiert
   b ... Dann besprechen wir die Arbeit für diese Woche: Welche neuen Projekte beginnen in dieser Woche? Wie verteilen wir die Arbeit? Wer macht was und wann? Ein Kollege notiert das dann alles. Am Schluss diskutieren wir noch offene Fragen und Probleme.
3. **b** In welcher deutschen Stadt wird jedes Jahr das Oktoberfest gefeiert?, **c** Wie wird das Oktoberfest noch genannt?, **d** Welche Sprachen werden in der Schweiz gesprochen?, **e** In welcher österreichischen Stadt werden die leckeren Mozartkugeln produziert?, **f** Wo werden die Kuckucksuhren bereits seit vielen hundert Jahren hergestellt?
   Antworten: **a** Deutschland, Österreich, Schweiz, Liechtenstein. Kleinere Bevölkerungsgruppen sprechen es auch in Luxemburg, Frankreich, Italien, Belgien, in den Niederlande, in Dänemark, Namibia und in vielen kleinen Gemeinden in der Welt. / **b** München / **c** Wiesn / **d** Deutsch, Französisch, Italienisch, Rätoromanisch / **e** Salzburg / **f** Im Schwarzwald, im Süd-Westen von Baden-Württemberg
4. **b** wurde ... gemacht, **c** wurden ... gestrichen, **d** wurde ... verlegt, **e** wurde ... abgestellt

Seite 80/81 / Passiv mit Modalverben

1. **a** 2 darf ... getrocknet werden, 3 muss ... gelegt und ... gezogen werden, 4 darf ... gebügelt werden, 5 müssen ... behandelt werden
   b 2 Man darf ihn auf keinen Fall im Trockner trocknen., 3 Zum Trocknen muss man ihn flach auf ein Handtuch legen und vorsichtig in Form ziehen., 4 Nach dem Trocknen darf man den Cashmo-Pullover nur auf niedrigster Stufe bügeln., 5 Flecken muss man schnell mit kaltem Wasser behandeln.
2. **b** Der Schlüssel muss zu den Nachbarn gebracht werden., **c** Die Blumen müssen noch einmal gegossen werden., **d** Die Medikamente können aus der Apotheke geholt werden., **e** Die Ausweise dürfen nicht vergessen werden.
3. **B** Bei Verlassen des Büros müssen die Kaffeemaschinen ausgeschaltet werden., **C** Hier darf geraucht werden., **D** Hier darf nicht getrunken und gegessen werden., **E** Hier muss langsam gefahren werden.
4. **b** Natürlich durften keine Fahrräder oder Autos im Zentrum abgestellt werden., **c** Öffentliche Mülleimer und private Briefkästen mussten abgebaut werden., **d** Im Stadtzentrum konnten private Wohnungen zum Teil nur mit Polizeibegleitung verlassen werden., **e** Während des Besuchs durften im Stadtzentrum keine Fenster und Türen geöffnet werden.

Seite 83 / lassen

1. **b** Er lässt sein Bett machen., **c** Er lässt sein Zimmer aufräumen., **d** Er lässt für sich kochen.
2. **b** Die Mutter lässt Rosa heute Abend ihre Stiefel nicht anziehen., **c** Anja lässt Sabine mal mit ihrem Fahrrad fahren.
3. **b** Unsere Kinder dürfen nur am Wochenende fernsehen., **c** Dieses Buch kann man ganz leicht lesen., **d** Ich darf in den Ferien mit meinen Freunden wegfahren.
4. **b** Oliver hat sich die Nase operieren lassen., **c** Unser Nachbar hat sich die Haare farben lassen., **d** Mein Sohn hat sich von einem Freund das Autofahren zeigen lassen.
5. **b** gelassen, **c** lassen, **d** lassen
6. **A** ließ, **B** ließ, **C** ließ, **D** ließen

Seite 85 / werden

1. **b** wird ... Friseurin, **c** werden ... alt, **d** werdet ... glücklich, **e** werden ... gesund, **f** wird ... Bürgermeister
2. **b** Ihr wurdet von einem Nachbarn gesehen., **c** Er wurde letzte Woche operiert., **d** Ja, sie wurden heute Morgen abgeholt.
3. **a** geworden, **b** geworden – worden, **c** worden, **d** geworden – worden, **e** geworden
4. **b** wird ... fortsetzen: Futur, **c** werden ... angeboten: Passiv, **d** werden ... vorgestellt: Passiv, **e** wurde ... eröffnet: Passiv

Seite 86/87 / Konjunktiv II: Wünsche, Bitten, Ratschläge, Vorschläge

1. **b** würden, **c** Könntet, **d** Könnte, **e** Könnte, **f** Würdest
2. besonders höflich: **b**, **d**, **f**

Lösungsschlüssel

3 a wäre, b hätte, c würde, d würde, e hätte

4 wäre – könntest ... informieren – könntest ... vereinbaren – hättest – solltest ... gehen

5 a Könntet/Würdet, b wäre, c würdest/könntest, d würdest/könntest, e solltest, f könnten, g Hättet

Seite 89 / Konjunktiv II: Irreale Wünsche, Bedingungen, Vergleiche

1 b hätte – würde, c wäre, d Hätten, e hättet – würdet, f wäre – wär(e)st

2 a hätte, b gekommen wäre, c geschlafen hätte, d wäre ... passiert, e Hätte ... angezogen

3 b Wenn ihr zu Hause gewesen wär(e)t, hätte ich euch besucht. Irreale Bedingung, c Rita sieht aus, als ob sie 18 wäre. Irrealer Vergleich, d Wenn er nicht auf die Party gegangen wäre, hätte er Sabine nicht kennengelernt. Irreale Bedingung

4 A ... Dann hätte er nicht zwei Millionen Euro gewonnen. Er wäre nicht mit seiner Frau nach Südfrankreich gezogen und hätte kein altes Schloss auf dem Land gekauft. Dort hätte er kein Luxus-Restaurant eröffnet., B Wenn die junge Frau vor ihrem Haus keine Autopanne gehabt hätte, hätte ein netter Mann aus dem Büro gegenüber ihr nicht geholfen. Die Frau hätte den Mann nicht zum Kaffeetrinken eingeladen. An dem Tag hätten sie sich nicht ineinander verliebt. Sechs Monate später hätten sie nicht geheiratet und sie wären nicht das ganze Leben zusammen glücklich gewesen.

Seite 90/91 / Imperativ

1 a mach – Iss – bring – Sei – steht ... auf – macht – bringen – rufen ... an – seid – vergiss – ruf ... an

b Infinitiv	du	ihr	Sie
zuhören	hör zu	hört zu	hören Sie zu
aufstehen	steh auf	steht auf	stehen Sie auf
machen	mach	macht	machen Sie
essen	iss	esst	essen Sie
bringen	bring	bringt	bringen Sie
sein	sei	seid	seien Sie
anrufen	ruf an	ruft an	rufen Sie an
vergessen	vergiss	vergesst	vergessen Sie

2 (2) Lachen Sie jeden Tag., (3) Essen Sie viel Obst und Gemüse., (4) Schlafen Sie genug., (5) Suchen Sie ein Hobby., (6) Machen Sie ein bisschen Sport.

3 b Sagt, c zieh ... an, d esst, e fahr

4 a denk, b Vergiss, c triff, d Arbeite, e nimm, f komm, g Schreib

Seite 93 / Verben mit Ergänzung: Nominativ und Akkusativ

1 a Das ist meine Tochter. Sie ist 36 Jahre alt. Sie heißt Marion. Sie ist verheiratet und hat zwei Kinder. Ich sehe meine Tochter leider nicht so oft. Sie wohnt in Berlin und hat einen interessanten Job. Aber bald besuche ich sie., b Und hier siehst du meinen Schwiegersohn Marco. Er ist Pilot. Marion und er bauen zurzeit ein Haus. Es ist bald fertig und wird sicher sehr schön., c Und das sind ihre Kinder. Lena ist 7 Jahre alt und Lukas ist 9. Sie haben einen Hund und einen Vogel. Die beiden bekommen oft Besuch. Lena liest sehr gern Comics und Lukas macht viel Sport. Warte, und hier habe ich noch Bilder von Berti. Das ist mein Sohn ...

2

	wer/was?	wen/was?
b	Wir	–
c	Wir	einen Italienischkurs
d	Florenz / tolle Stadt	–
e	Wir	sie
f	wir	Italienisch
g	Unser Lehrer / Flavio	–
h	Meine Freundin	ihn
i	wir	die Stadt
j	wir	italienische Spezialitäten
k	das italienische Essen	–

Seite 95 / Verben mit Ergänzung: Dativ

1 b Der Sekretärin, c Dem Mädchen, d Den Kindern

2 b Mir, c euch, d ihr, e dir, f ihnen

3 b Wem *gehört* dieser Stift?, c Mir *passt* dieser Rock gar nicht., d Hm, der Kuchen *schmeckt* mir so gut., e Wir müssen ihr noch *gratulieren*.

4 a mich, b ihm, c ihm, d dir, e mich, f ihn

5 b Ich bin gestern meiner ersten Liebe zufällig in der Stadt begegnet., c Meinem Vater fallen immer gute Ideen ein., d Ich höre meiner Tochter beim Klavierspielen gern zu., e Was soll ich bloß meinem Vater raten? (oder: Was soll ich meinem Vater bloß raten?)

Seite 96/97 / Verben mit Ergänzung: Akkusativ und Dativ

1 2 Die Sekretärin bringt dem Chef einen Kaffee: D, 3 Der Chef zeigt die Mitarbeiter: A, 4 Die Sekretärin bringt den Chef: D

3

		Wer?
b	empfehlen	er
c	servieren	eine Kellnerin
d	bringen	sie
e	geben	der Gast

4 a 1 Wir schenken (A) ihn (D) den Kindern., 2 Wir schenken (D) ihnen (A) den Computer., 3 Wir schenken (A) ihn (D) ihnen.
b 1 Geben Sie (D) der Arzthelferin bitte (A) Ihre Versicherungskarte., 2 Geben Sie (A) sie bitte (D) der Arzthelferin., 3 Geben Sie (D) ihr bitte (A) Ihre Versicherungskarte., 4 Geben Sie (A) sie (D) ihr bitte.

5 b es Ihnen, c es ihm, d sie euch – sie uns

Seite 99 / Verben mit Ergänzung: Präpositionen

1 b bei, c um, d mit, e mit
2 a dafür, b an sie, c darauf, d mit ihr, e an ihn
3 c Worauf, d Auf wen, e Um wen, f Worum
4 b Denkst du bitte daran, Milch zu kaufen?, c Erinnert ihr mich bitte daran, die Briefe zur Post zu bringen?, d Sie hat sich immer noch nicht davon erholt, letzten Monat so viel gearbeitet zu haben.

Seite 101 / Reflexive Verben

1 B Sie putzt sich die Zähne., C Sie zieht sich an., D Sie zieht die Puppe an.
2 a mich, b euch – uns, c dich – uns, d sich – sich, e sich
3 b sich kennen, c sich anlächeln, d sich unterhalten, e sich verabreden, f sich verstehen, g sich verabschieden, h sich treffen, i sich verlieben, j sich streiten, k sich trennen, l sich begegnen
4 a dir, b dir – mich, c sich – ihr

Seite 103 / Verben und Ausdrücke mit *es*

1 Es geht ihm nicht gut: D, Heute gibt es Wiener Schnitzel: E, Es ist Herbst: A, Es ist 11 Uhr: B, Es regnet: C

2 b Er empfiehlt dem Paar einen Wein., c Eine Kellnerin serviert den Leuten das Essen., d Sie bringt der Frau einen Salat und dem Mann ein Steak., e Der Gast gibt der Kellnerin ein Trinkgeld.

Wem?	Was?
dem Paar	einen Wein
den Leuten	das Essen
der Frau / dem Mann	einen Salat / ein Steak
der Kellnerin	ein Trinkgeld

2 b Weißt du, wann Juliane kommt? c Räum jetzt endlich dein Zimmer auf. d Das Telefon klingelt.
3 b hat es … geschneit, c wird es Frühling, d Hat es … Spaß gemacht, e tut es … weh
4 b es, c Es, d es, – , e –, Es, f Es, g es, h es, es

Test 5 / Verben

Test 5 – Kapitel 5.01–5.08

1 b ich, c Sie, d ihr, e Die Kinder / Jutta und Achim / Wir / Sie, f Ich, g du / Klaus / der Lehrer
2 b Die Lehrerin hat ihre Sportsachen schon angezogen., c Wir machen die Übungen zusammen., d Lisas Tochter möchte immer mitmachen., e Bei einer Übung renne ich zum Fenster hin und laufe wieder zurück., f Nach dem Kurs kann ich mit Lisa zurückfahren., g Im Auto erzählt mir Lisas Tochter immer sehr viel.
3 ver-, zer-, ge-, ent-
4 Rotkäppchen ist in den Wald *gegangen* und *hat* schöne Blumen für die Großmutter *gesucht*. Da *ist* der Wolf *gekommen* und *hat gefragt*: „Rotkäppchen, wohin gehst du?" „Zur Großmutter", *hat* Rotkäppchen *geantwortet* und *hat* sich nicht mehr um den Wolf *gekümmert*. Der Wolf *hat* leise *gelacht* und *ist* zu Großmutters Haus *gelaufen*. Eine halbe Stunde später *ist* dann auch Rotkäppchen mit ihrer Tasche bei der Großmutter *gewesen*. Die Großmutter *hat* ganz komisch *ausgesehen*. „Großmutter, was ist mit dir?", *hat* das Mädchen *gefragt*. Aber die Großmutter *hat* keine Antwort *gegeben*. Sie *hat* den Mund weit *geöffnet* und Rotkäppchen *gegessen*. Denn es *hat* gar nicht die Großmutter im Bett *gelegen*, der Wolf *hat* im Bett auf Rotkäppchen

Lösungsschlüssel

gewartet. Erst in seinem Bauch *hat* Rotkäppchen die Großmutter *getroffen*. Ein glückliches Wiedersehen! Die beiden *haben* so laut *gefeiert*, dass der Wolf freiwillig zum Jäger *gegangen ist*. Denn er *hat* Bauchweh *gehabt*.

5 **b** umgezogen – abgeduscht, **c** trainiert, **d** ausgeruht – unterhalten, **e** erschrocken, **f** eingeladen – angenommen

6 Rotkäppchen *ging* in den Wald und *suchte* schöne Blumen für die Großmutter. Da *kam* der Wolf und *fragte*: „Rotkäppchen, wohin gehst du?" „Zur Großmutter", *antwortete* Rotkäppchen und *kümmerte* sich nicht mehr um den Wolf. Der Wolf *lachte* leise und *lief* zu Großmutters Haus. Eine halbe Stunde später *war* dann auch Rotkäppchen mit ihrer Tasche bei der Großmutter. Die Großmutter *sah* ganz komisch aus. „Großmutter, was ist mit dir?", *fragte* das Mädchen. Aber die Großmutter *gab* keine Antwort. Sie *öffnete* den Mund weit und *aß* das Rotkäppchen. Denn es *lag* gar nicht die Großmutter im Bett, der Wolf *wartete* im Bett auf Rotkäppchen. Erst in seinem Bauch *traf* Rotkäppchen die Großmutter. Ein glückliches Wiedersehen! Die beiden *feierten* so laut, dass der Wolf freiwillig zum Jäger *ging*. Denn er *hatte* Bauchweh.

7 **b** hatten – gebracht, **c** hatte – gedacht, **d** hatte – geöffnet, **e** hatten – vorbereitet, **f** hatte – aufgefressen

8 **b** Ich werde nicht mehr so viele Gäste einladen., **c** Ich werde das Essen bestellen., **d** Dort, wo das Essen steht, werde ich alle Fenster und Türen schließen., **e** Vielleicht werde ich auch überhaupt nicht mehr feiern.

Test 5 – Kapitel 5.09 – 5.14

1 **b** Wunsch, **c** Vorschrift, **d** höfliche Bitte, **e** Aufforderung durch eine andere Person, **f** höfliche Bitte, **g** Wunsch, **h** Verbot

2 **b** Klaus will den Deutschtest nur mit seinem Wörterbuch schreiben., **c** Vor Kursbeginn müssen wir die Tafel putzen., **d** Die Lehrerin soll uns am Wochenende nicht so viele Hausaufgaben geben., **e** Im Unterricht dürfen die Handys nicht klingeln., **f** In der Pause will ich in die Cafeteria gehen und einen Kaffee trinken.

3 **a** sollt – dürfen, **b** müssen – kann, **c** Können – darf, **d** soll – darfst – soll, **e** Wollen, **f** wollte

4 ist ... gemacht worden – ist gewechselt worden – ist ... eingebaut worden – ist repariert worden – programmiert werden – ist umgetauscht worden – ist ... zurückgeschickt worden – ist ... gemacht worden – ist ... bezahlt worden

5 **b** Der kleine Nils konnte doch noch operiert werden., **c** Das Schwimmbad muss am nächsten Wochenende geschlossen werden., **d** Die Mülltonnen können morgen nicht geleert werden., **e** Eine Kundin musste bei Geschäftsschluss in der Kaufhaustoilette geweckt werden.

Test 5 – Kapitel 5.15–5.19

1 **b** gelassen, **c** lassen, **d** lässt, **e** lassen, **f** lässt, **g** Lass

2 **a** 2 hergestellt, 3 gebraucht, 4 geben, **b** Futur: 1, 4, Passiv: 2, 3

3 **b** Danach ist der Chef den ganzen Tag nicht mehr gesehen worden., **c** Mehrmals sind dem Chef E-Mails geschickt worden., **d** Da keine Antwort kam, ist um 16 Uhr die Polizei geholt worden., **e** Die Tür ist aufgebrochen worden., **f** Man fand den Chef gemütlich in seinem Sessel sitzend, denn die neueste CD mit seiner Lieblingsmusik ist geliefert worden.

4 **b** wäre, **c** würde, **d** würde, **e** hätte, **f** würden, **g** wäre, **h** könnten

5 **a** 2 ..., als ob sie nicht selbst laufen könnte, 3 ..., als ob ihn das noch nie gestört hätte, 4 ..., als ob sie die wichtigste Frau der Welt wäre.
b 2 Wenn sie nett zu ihm wäre, würde er sie mögen., 3 Wenn die Frau und ihr Mann Besuch hätten, wäre ihr Leben nicht langweilig. 4 Wenn er das alles gewusst hätte, hätte er sie damals nicht geheiratet.

6 **b** Putz (doch) deine Fenster!, **c** Räum (doch) mal wieder auf!, **d** Rex und Waldo, seid (doch) still!, **e** Bring (doch) dein Sofa ins Haus!, **f** Herr Nachbar, kümmern Sie sich (doch) um Ihre eigenen Sachen!, **g** Hunde, bleibt (doch) draußen!, **h** Pass auf dich auf.

Test 5 – Kapitel 5.20–5.25

1 **b** Akkusativ, **c** Nominativ, **d** Akkusativ, **e** Akkusativ, **f** Nominativ, **g** Akkusativ, **h** Akkusativ

2 **b** mir, **c** ihm, **d** mir, **e** mir, **f** mir, **g** mir, **h** dir, **i** ihm, **j** mir

3 **b** dem Baby, **c** unserer Tochter, **d** ihm, **e** mir, **f** den Kindern, **g** ihrem Neffen, **h** ihren Enkeln

4 **b** Doch sie leiht es ihm nicht., **c** Er bringt ihn ihr ans Bett., **d** Er backt sie ihnen einmal in der Woche., **e** Aber Heidi brät sie ihm nie., **f** Aber sie verrät ihn ihm nie.

5 **b** Wovon, **c** an, **d** mit, **e** darauf, **f** über, **g** dafür, **h** über sie

6 **b** 6 Wann sehen wir *uns* mal wieder?, **c** 2 Warum kümmert er *sich* nicht um seine Aufgaben?, **d** 5 Freut ihr *euch* auf die Hochzeit? **e** 1 Die Kinder treffen *sich* gern mit ihren Freunden auf dem Spielplatz., **f** 3 Ich erinnere *mich* gern an meinen letzten Geburtstag.

7 **b** Es ist gerade sehr heiß., **c** Es ist Winter., **d** Es fängt gerade an., **e** Wie geht es dir?, **f** Es sind doch Ferien!

Wenn Sie die Übungen nicht richtig gelöst haben, wiederholen Sie noch einmal die betreffenden Kapitel in der Grammatik. Die Seitenzahlen zeigen Ihnen, auf welches Kapitel sich die einzelnen Übungen beziehen.

Kapitel 6: Präpositionen

Seite 113 / Zeit

1 am Mittag, Sonntag, Wochenende, Freitagvormittag, Abend / um zehn Uhr, Viertel nach drei, acht Uhr morgens, halb eins, sieben Uhr abends

2 **a** von ... bis, **b** Am, **c** am, **d** am, **e** um, **f** in

3 **a** Vor drei Jahren., **b** Seit zwei Monaten., **c** Über zwei Monate., **d** In zwei Monaten.

4 **a** Vor, **b** seit, **c** Seit, **d** Seit, **e** vor

5 **A** vom ... an – von ... bis, **B** ab

6 **a** außerhalb, **b** während, **c** innerhalb

Seite 115 / Ort

1 **A** zwischen, **B** vor, **C** auf, **D** unter, **E** neben, **F** an – über, **G** hinter, **H** in

2 **b** im, **c** auf den, **d** Auf dem, **e** in seinem, **f** in die, **g** In der, **h** auf der/einer, **i** ins, **j** ins

3 **a** 2 legen, 3 hängt, 4 setzen
  b 1 stehen, 2 liegt, 3 hängen, 4 sitzen

4 **b** steht, **c** sitzt, **d** setze

Seite 117 / Weitere lokale Präpositionen

1 **a** 2 Svetlana kommt aus Russland., 3 Amir kommt aus Iran, 4 Sascha kommt aus • der Ukraine., 5 Adriana kommt aus Brasilien.
  b 2 nach, 3 nach, 4 in die, 5 nach

2
	Woher kommst Du denn?	Wo warst Du?	Wohin fährst Du?
a	Aus der Schule.	In der Schule.	In die Schule.
b	Von zu Hause.	Zu Hause.	Nach Hause.
c	Aus Stuttgart.	In Stuttgart.	Nach Stuttgart.
d	Von meiner Freundin.	Bei meiner Freundin.	Zu meiner Freundin.
e	Aus dem Büro.	Im Büro.	Ins Büro.
f	Aus Spanien.	In Spanien.	Nach Spanien.
g	Aus den Niederlanden.	In den Niederlanden.	In die Niederlande.

3 **b** gegenüber, **c** durch, **d** entlang, **e** an ... vorbei, **f** um ... herum, **g** innerhalb

Seite 118/119 / Modale und kausale Präpositionen: *mit, ohne, für, ...*

1 **a** mit – ohne, **b** Ohne, **c** mit – ohne, **d** mit – Ohne

2 für – von – zu – ohne – mit

3 **b** Von Gundel habe ich eine bunte Kette *aus* Holz bekommen., **c** Ich habe das Buch *von* Miriam bekommen., **d** Von meinem Freund wollte ich lieber Blumen *statt* einer CD., **e** *Zu* meiner großen Freude ist Helga aus den USA auch gekommen., **f** *Für* mich war das ein sehr schöner Geburtstag.

4 **A** Trotz, **B** Wegen, **C** anstatt

Test 6 / Präpositionen – Kapitel 6.01–6.04

1 **b** vor, **c** am, **d** um, **e** Bis, **f** nach, **h** vor, **h** für, **i** ab

2 **b** • auf dem Schreibtisch, **c** • an der Wand, **d** • unter dem Bett, **e** • Auf dem Bett, **f** • neben dem Fenster, **g** • unter den Büchern, **h** • vor dem Fenster, **i** • über dem Tisch, **j** • in der Jacke, **k** • im

3 **a** 2 steht, 3 liegt, 4 steht, 5 liegt, 6 steht, 7 steckt, 8 steht, 9 stehen

Lösungsschlüssel

b 2 Sie legt die Socken in den Schrank., 3 Sie stellt den Stuhl ins Schlafzimmer., 4 Sie legt die Tasche auf den Küchenstuhl., 5 Sie stellt den Mülleimer in die Küche., 6 Sie stellt das Geschirr in die Spülmaschine., 7 Sie stellt die Lampe auf den Boden., 8 Sie steckt den Brief in die Tasche., 9 ... und nach dem Aufräumen setzt sie sich mit den Eltern in die Küche.

4 **b** um unseren See herum, **c** Gegenüber von, **d** durch, **e** innerhalb, **f** außerhalb, **g** an einem Schwimmbad vorbei

5 2d, 3f, 4e, 5a, 6c, 7g

Wenn Sie die Übungen nicht richtig gelöst haben, wiederholen Sie noch einmal die betreffenden Kapitel in der Grammatik. Die Seitenzahlen zeigen Ihnen, auf welches Kapitel sich die einzelnen Übungen beziehen.

Kapitel 7: Adverbien und Partikeln

Seite 123 / Temporaladverbien

1 **a** 2 Montags, 3 mittags, 4 abends, 5 Samstags, 6 mittags, 7 Nachmittags
b 1 Heute, 3 früh, 4 mittags, 5 abends, 6 immer, 7 Oft

2 **b** dann, **c** Dann, **d** Vorgestern, **e** Vorher, **f** Gestern, **g** Morgen, **h** Übermorgen, **i** Vorher

Seite 125 / Lokal- und Direktionaladverbien

1 **b** wohin?, **c** wo?, **d** wo?, **e** wohin?, **f** wo?, **g** woher?

2 **a** 2 Frau Sterner – 3 Toilette – 4 Frau Mai, Empfang – 5 Frau Stippel und Herr Hager – 6 Teeküche – 7 Frau Guhl – 8 Kantine – 9 Herr Baur
b 1 hinauf – nach draußen – drinnen, 2 unten – nach rechts, 3 nach oben

3 **a** überall, **b** nirgendwo, **c** irgendwo, **d** überallhin, **e** Irgendwohin

Seite 126/127 / Gradpartikeln

1 **b** echt, **c** gar nicht, **d** überhaupt nicht, **e** total, **f** nicht besonders, **g** Besonders

2 **b** total, **c** besonders, **d** überhaupt nicht, **e** sehr, **f** nicht besonders, **g** gar nicht, **h** ziemlich, **i** wirklich

3 **a** 1 überhaupt nicht, 2 ziemlich, 3 total, 4 nicht so
b 1 besonders, 2 nicht besonders, 3 ziemlich, 4 gar nicht

4 **a** – Schön. Mir hat es ziemlich gut gefallen.,
b – Nein, nicht besonders spannend. Sogar ziemlich langweilig., **c** – Ja, ich hatte total viel Spaß.,
d – Nein, eigentlich war er gar nicht lustig.,
e – Nein. Sie waren überhaupt nicht gut.,
g – Na, dass meine neue Freundin Julia dabei war!

Seite 129 / Modalpartikeln

1 **b** Räum mal dein Zimmer auf!, **c** Bring mal den Müll zur Mülltonne!, **d** Stell mal die Gläser in den Schrank!, **e** Ruf mal Tante Ruth an!, **f** Geh mal zum Briefkasten!

2 **b** doch, **c** mal, **d** doch, **e** doch, **f** ja, **g** doch

3 **b** eigentlich, **c** denn, **d** denn, **e** aber, **f** eigentlich, **g** denn, **h** denn, **i** eigentlich

4 **a** denn, **c** aber, **d** eigentlich, **e** doch, **f** doch, **g** eben

Test 7 / Adverbien und Partikeln – Kapitel 7.01–7.04

1 **a** oft, **b** täglich, **c** morgens, **d** mittags, **f** gleich, **g** dann, **h** nie

2 **b** dann, **c** Danach, **d** anschließend, **e** jetzt, **f** Schließlich, **g** vorher

3 **a** E2, C3, A4, F5, D6
b 2 ⬇, 3 ↙, 4 ⬇, 5 ⬈, 6 ⬈

4 **a** total/echt/besonders – total/echt, **c** besonders/total/echt – überhaupt nicht, **d** ziemlich – nicht so

5 **a** 2 denn, 3 aber, 4 eigentlich, 5 denn, 6 eben, 7 mal, 8 doch **b** 2 freundliche Frage, 3 Überraschung, 4 in Wirklichkeit, 5 freundliche Frage, 6 nicht zu ändern, 7 freundliche Frage, 8 freundliche Aufforderung

Wenn Sie die Übungen nicht richtig gelöst haben, wiederholen Sie noch einmal die betreffenden Kapitel in der Grammatik. Die Seitenzahlen zeigen Ihnen, auf welches Kapitel sich die einzelnen Übungen beziehen.

Kapitel 8: Zahlwörter

Seite 133

1. a zwölf, b vierzehn, c neununddreißig, d dreiundvierzig, e acht, f fünf, g einundsiebzig, h siebenundsechzig, i zweihundertachtundsechzig – neun (9)
2. a zwölfte siebte, b dreizehnte, c einundzwanzigsten, d zweite, e dritten achten, f erster
3. b erste, c dritte, d ersten, e siebzehn, f vier, g achtzehntem, h zwei, i zweiter, j fünf, k einen, l dritter, m zweihundertachtundfünfzig, n fünfundzwanzig, o fünfzehntausend
4. b ein halbes, c ein Viertel, d einen halben, e ein Sechstel, f ein Zehntel, g ein Drittel, h zwei Drittel

Kapitel 9: Negation: *nicht, kein ...*

Seite 135

1. b Übermorgen habe ich keine Zeit., c Am Sonntag habe ich keinen Termin., d Am Samstag trifft Timur nicht seinen Bruder., e Wir trinken keinen Kaffee zusammen., f Am Montag kommt kein Krimi im Fernsehen., g Am Sonntag gehen wir nicht gern ins Kino.
2. b aber sie hat keine Kinder., c aber sie hat keinen Hund., d aber sie wohnt nicht am Meer., e aber sie hat kein Geld., f aber sie ist nicht glücklich.
3. a 2 mein, Stefan ist nicht mein, sondern Marias Freund. 3 Stefan, Nicht Stefan, sondern Peter ist mein Freund.
b 1 Seine Freundin hat angerufen., 2 Er hat meinen besten Freund angerufen., 3 Er hat schon gestern angerufen., 4 Sonst ruft er jeden Tag an.
4. b Nein, da ist niemand in der Wohnung., c Nein, da ist keiner!, d Nein, nirgendwo/nirgends sind Diebe und Verbrecher!, e Nein, man wird uns nichts stehlen!, f Nein, hier ist sicher kein Dieb!, g Angst? Ich? Ich habe nie Angst!

Test 8 / Zahlwörter und Negation – Kapitel 8.01 und 9.01

1. a Fünf (5) + elf (11) = sechzehn (16), b Eins (1) + sieben (7) + sechs (6) = vierzehn (14), c Dreiundvierzig (43) – neun (9) = vierunddreißig (34), d Neunundachtzig (89) – dreiundzwanzig (23) = sechsundsechzig (66)
2. b vierundzwanzigsten Zwölften – fünfundzwanzigsten – sechsten, c dritte Zehnte, d Dreizehnte, e vierzehnten Zweiten, f achtzehnten, g ersten – siebten
3. b 125 ml = ein Achtel Liter, c 250 g = ein halbes Pfund, d 50 cm = ein halber Meter, e 15 Minuten = eine Viertelstunde, f 50 % = eine Hälfte
4. b Ich bin gestern mit dem Fahrrad nicht in die Stadt gefahren., c Ich bin nicht gestern mit dem Fahrrad in die Stadt gefahren., d Ich bin gestern nicht mit dem Fahrrad in die Stadt gefahren.
5. b Mein Vater raucht nicht., c Mein Vater trifft seine Freunde fast nie., d Mein Vater hat keinen Hund., e Mein Vater trägt keine Ohrringe., f Mein Vater hat nirgends Tätowierungen., g niemanden
6. b niemanden, c nicht, d nie gesehen, e nichts

Wenn Sie die Übungen nicht richtig gelöst haben, wiederholen Sie noch einmal die betreffenden Kapitel in der Grammatik. Die Seitenzahlen zeigen Ihnen, auf welches Kapitel sich die einzelnen Übungen beziehen.

Kapitel 10: Sätze und Satzverbindungen

Seite 139 / Hauptsatz: Verbposition

1. ... Ich bin 23 Jahre alt. Meine Heimatstadt ist Kiew. Im Oktober beginnt mein Studium. Ich bin erst seit 3 Wochen in Köln. Ich kenne noch nicht viele Leute hier. Bist Du auch neu in der Stadt? Möchtest Du mit mir die Stadt kennenlernen? Ich fahre gern Fahrrad und ich gehe gern ins Museum und ins Kino. Was sind Deine Hobbys? Schreib mir eine E-Mail: kiewinkoeln@yahoo.com. Ich freue mich auf Deine Antwort.

Lösungsschlüssel

2 b Ich esse sehr viel Obst und Gemüse., **c** Nur einmal pro Woche esse ich Fleisch., **d** Dreimal pro Woche mache ich Sport., **e** Trotzdem esse ich gern Kuchen und Schokolade., **f** Natürlich trinke ich keinen Alkohol.

Seite 140/141 / Hauptsatz: Satzklammer

1 a Heutefangenendlichdieferienan / wirhabengesternschondiekoffergepackt / frühamMorgenstehenwirauf / wirmöchtenfrühaufderAutobahnsein / umsechsUhrsteigenwirinsAutoein / derUrlaubkannbeginnen / hoffentlichhabenwirnichtsvergessen

b		Position 2		Ende
2	Wir	haben	gestern schon die Koffer	gepackt.
3	Früh am Morgen	stehen	wir	auf.
4	Wir	möchten	früh auf der Autobahn	sein.
5	Um sechs Uhr	steigen	wir ins Auto	ein.
6	Der Urlaub	kann		beginnen.
7	Hoffentlich	haben	wir nichts	vergessen.

2 falsch: **b** Sie bringt noch eine Freundin aus Griechenland mit., **d** Kannst du bitte noch Getränke kaufen?, **e** Ich räume dafür die Wohnung auf.

3 b Aber er hat sich schon sehr gut davon erholt., **c** Darf er im Krankenhaus besucht werden?, **d** Aber du musst dich beeilen. **e** Er wird in zwei Tagen aus dem Krankenhaus entlassen., **f** Selbst die Ärzte hatten mit mindestens 10 Tagen Krankenhausaufenthalt gerechnet., **g** Aber jetzt kommt er schon nach 4 Tagen raus.

Seite 143 / Fragesätze

1 b Woher, **c** Wann, **d** Wie lange, **e** Was, **f** Wo, **g** Welche, **h** wie

2 a Wie heißt du?, **b** Woher kommst du?, **c** Wo wohnst du?, **d** Was machst du beruflich?, **e** Was sprichst du?

3 2 Kommst du mit ins Kino? – Nein., **3** Gehst du nicht gern ins Kino? – Doch., **4** Gehst du mit mir Chinesisch essen? – Nein., **5** Isst du nicht gern Chinesisch? – Doch., **6** Warum gehst du dann nicht mit mir essen?

4 a Können Sie mir sagen, was für eine Verpackung ich nehmen soll?, **b** Wissen Sie, wann die Kunden am Flughafen ankommen?, **c** Sagen Sie mir bitte, um wie viel Uhr ich heute meinen Zahnarzttermin habe., **d** Erinnern Sie sich daran, ob ich meinen Schlüssel auf den Tisch gelegt habe?, **e** Haben Sie gesehen, wohin ich mein Handy gelegt habe?

Seite 144/145 / Hauptsatz + Hauptsatz: Konjunktionen *und, oder, aber, denn*

1 b Ich möchte am liebsten ins Kino, aber leider läuft kein guter Film. **c** Im Kino kaufe ich mir immer Popcorn und dazu trinke ich eine Cola. **d** Dann können wir doch bei Axel einen Film ansehen, denn er hat eine große DVD-Sammlung und eine Popcornmaschine.

2 A und, **B** aber, **C** denn, **D** oder

3 b und, **c** oder, **d** aber, **e** oder, **f** aber, **g** denn, **h** oder

4 b Ich besuche Freunde oder (ich) mache einen Ausflug., **c** Ich bin gern in der Stadt, aber noch lieber fahre ich aufs Land., **d** Ich fahre viel mit dem Fahrrad, denn das ist sehr gesund.

Seite 146/147 / Verbindungsadverbien: *darum, deswegen, daher, ...*

1 b Nimm den Regenschirm mit, sonst wirst du ganz nass., **c** Zieh dich warm an, sonst erkältest du dich., **d** Komm nicht so spät nach Hause, sonst mache ich mir Sorgen.

2 b3, **c**1, **d**2

3 b Gerhard verdient viel, trotzdem lebt er in einer kleinen Wohnung und hat kein Auto.,

c Frau Hufnagl spricht fünf Sprachen, trotzdem macht sie nie Urlaub im Ausland.
4 b deshalb, c trotzdem, d deshalb, e trotzdem
5 a deshalb, b Deshalb, c trotzdem, d sonst

2	b	Bernhard Adler verspricht,	dass	die Menschen weniger Steuern zahlen	müssen.
	c	Jochen Schmidt verspricht,	dass	es mit ihm weniger Arbeitslose	gibt.
	d	Brigitte Brunner verspricht,	dass	sie die Natur	schützt.

3 b Ich finde es interessant, dass die Firma in einer anderen Stadt ist., c Meine Freundin versteht gar nicht, dass ich diese Stelle angenommen habe., d Aber ich bin mir sicher, dass ich das Richtige tue.
4 c –, d Ich bin so froh, dich zu treffen., e Ich finde es sehr schade, so weit weg zu wohnen., f –

Seite 151 / Infinitivsätze: Infinitiv mit zu
1 b Es ist traurig, einen Freund zu verlieren., c Ich finde es lustig, im Winter einen Schneemann zu bauen., d Es ist interessant, kreative Menschen aus anderen Ländern kennenzulernen., e Ich finde es langweilig, nur fernzusehen.
2 b Deshalb habe ich gestern beschlossen, zu meiner besten Freundin Linda nach London zu fliegen., c Ich hoffe, einen günstigen Flug zu bekommen., d Mein Freund hat leider nicht genug Zeit mitzukommen., e Aber er hat mir versprochen, mich zum Flughafen zu bringen und wieder abzuholen., f Ich freue mich schon sehr darauf, Linda bald wiederzusehen.
3 b Ich empfehle Ihnen, nicht so viel Kaffee zu trinken., c Versuchen Sie, gesund zu essen., d Ich schlage Ihnen vor, mal Urlaub zu machen., e Fangen Sie bald an, Sport zu treiben., f Vergessen Sie nicht, Vitamine zu nehmen.
4 b Sie zu verbinden, c den Apparat / kommen, d zurückzurufen, e Ihren Namen zu sagen, f an/rufen

Seite 153 / Hauptsatz + Nebensatz: wenn, als, seit, ...
1 b essen wir ganz oft Pizza., c wenn sie uns besucht., d schläft mein Freund ein., e wenn du nervös bist.

Seite 149 / Hauptsatz + Nebensatz: dass-Satz
1 a dass die Hansens sich trennen, b dass Jette schwanger ist, c dass Gregor eine neue Freundin hat, d dass Kai seinen Job verloren hat, e Ich weiß nur, dass man dir nichts erzählen kann.

2 b Als meine kleine Schwester auf die Welt gekommen ist, war ich sehr stolz., c Als mein Bruder sein erstes Gehalt bekommen hat, hat er sich einen alten VW-Käfer gekauft., d Als ich 18 geworden bin, habe ich mich sehr erwachsen gefühlt.
3 b wenn, c als, d wenn, e Wenn, f Als, g als
4 b bis, c Während, d Nachdem, e Seitdem – Bevor

Seite 154/155 / Hauptsatz + Nebensatz: weil, da; obwohl
1 b … weil es draußen sehr kalt ist., c … weil sein Auto kaputt ist., d … weil mein Mann Geburtstag hat., e … weil sie Kopfschmerzen hat., f … weil er mehrere Fremdsprachen spricht.
2 b … obwohl er nur wenig Geld hat., c … obwohl der Arzt es ihr verboten hat., d … obwohl sie Fieber hat.
3 b weil, c obwohl, d obwohl, e obwohl, f weil
4 b Weil meine Eltern seit zwei Jahren in Südfrankreich leben, sprechen sie sehr gut Französisch., c Obwohl Saskia sich im Urlaub ein Auto gemietet hat, ist sie immer nur im Hotel geblieben., d Weil Lucia sich sehr für Kunst und Kultur interessiert, macht sie oft Städtereisen., e Obwohl es im Urlaub oft geregnet hat, hatten wir eine tolle Zeit.

Seite 157 / Hauptsatz + Nebensatz: damit, um … zu
1 b Petra lernt Chinesisch, um bessere Chancen im Beruf zu haben., c Noah kocht ein Drei-Gänge-Menü, um seine Freundin zu beeindrucken., d Viktoria schreibt einen Brief an ihre Tante, um ihr zum Geburtstag zu gratulieren.
2 a Trinken Sie täglich zwei Liter Wasser, damit Giftstoffe aus Ihrem Körper gespült werden., b Essen

Lösungsschlüssel

Sie fünfmal am Tag Obst und Gemüse, damit Ihr Körper alle wichtigen Vitamine und Mineralstoffe bekommt., **c** Gehen Sie mindestens einmal pro Woche vor 22 Uhr ins Bett, damit Ihr Körper sich richtig erholen kann., **d** Gehen Sie abends noch einmal spazieren oder nehmen Sie ein heißes Bad, damit Sie besser schlafen können.

3 **a** um, **b** damit, **c** um, **d** damit, **e** um

4 1 **b** um nicht zu spät zu kommen., **c** damit Sabine ihr Gepäck nicht allein tragen muss., **d** damit Sabine kein Taxi nehmen muss.

2 **a** um nächstes Jahr das Abitur zu machen., **b** damit ihre Berufschancen besser werden., **c** um später mehr Geld zu verdienen., **d** damit ihr Leben interessanter wird.

Seite 158/159 / Hauptsatz + Nebensatz: *falls, wenn*

1 **b** wenn ich die Prüfung bestehe., **c** wenn ich Urlaub habe., **d** wenn die Sonne scheint.

2 **b** Wenn Sie Schnupfen haben, spülen Sie Ihre Nase vorsichtig mit Salzwasser., **c** Wenn Sie Kopfschmerzen haben, trinken Sie einen Espresso mit ein wenig Zitronensaft., **d** Wenn Sie sich nicht gut fühlen, sollten Sie auf jeden Fall im Bett bleiben.

3 **b** wenn ich sie zuerst grüße., **c** falls du schweres Gepäck hast., **d** falls du ihn noch einmal siehst.

4 **b** Ich wäre sehr froh, wenn das Gespräch mit ihr schon vorbei wäre., **c** Ich würde alles dafür geben, wenn ich den Fehler wieder gutmachen könnte.

5 **b** wäre ihm sicher viel mehr passiert., **c** hätte er sich bestimmt nicht so schnell erholt.

6 Falls Sie sofort Verstärkung brauchen, kann ich schon morgen anfangen. Falls Sie noch weitere Unterlagen von mir brauchen, geben Sie mir doch bitte Bescheid.

Seite 161 / Hauptsatz + Nebensatz: *indem, ohne dass/zu, (an)statt dass/zu*

1 **d** 2, **a** 3, **b** 4

2 **b** Man kann Strom sparen, indem man Energiesparlampen benutzt. **c** Man lebt gesünder, indem man täglich spazieren geht. **d** Am besten ist man informiert, indem man regelmäßig Tageszeitungen liest.

3 **a** ohne dass einer es bemerkt., **b** ohne Geräusche zu machen., **c** ohne dass man später Spuren findet., **d** ohne sein Gesicht zu erkennen.

4 **b** Wir gehen am Wochenende früh aus dem Haus, statt lange im Bett zu bleiben., **c** Wir fahren oft mit dem Fahrrad, statt das Auto zu nehmen., **d** Wir können dünne Jacken anziehen, statt in dicken Wintermänteln rauszugehen.

Seite 163 / Zweiteilige Konjunktionen

1 **b** oder für alle ein großes Fest organisieren., **c** als auch menschlich ein Vorbild sein., **d** sondern auch die einzelnen Mitarbeiter im Blick haben., **e** noch andere benachteiligen., **f** desto motivierter sind sie.

2 **a** sowohl ... als auch – weder ... noch, **b** Je ... desto, **c** zwar ... aber, **d** entweder ... oder, **e** nicht nur ... sondern auch – zwar ... aber

3 **b** zwar ... aber, **c** sowohl ... als auch, **d** Je .. desto, **e** entweder ... oder

Seite 165 / Relativsatz

1 **a** Wir suchen einen Mitarbeiter, der einen Führerschein hat, dem Freundlichkeit sehr wichtig ist, den wir bei Erfolg sehr gut bezahlen., **b** Wir suchen eine Stylistin, die kreativ ist, der selbstständiges Arbeiten gefällt, die wir auf die neue Arbeit gut vorbereiten., **c** Für unser Sommerfest suchen wir ein großes Zelt, das Platz für 150 Leute hat, das man schnell aufbauen kann, dem auch starker Regen nichts ausmacht., **d** Für unseren Kindergarten suchen wir zwei Erzieherinnen, die geduldig und erfahren sind, die wir vor allem in der Gruppe der Vorschulkinder einsetzen, denen wir einen sicheren Arbeitsplatz bieten.

2 **b** der Heimservice Kornbrot liefert Lebensmittel, die Sie bequem im Internet bestellen können., **c** Der neue Atlantis Coupé ist ein Auto, dessen Sparsamkeit auch den letzten Zweifler überzeugt., **d** Roberta Löhr ist eine Politikerin, der Sie wirklich vertrauen können.

3 **b** von dem, **c** wo, **d** durch die, **e** in dem, **f** was

Test 9 / Sätze und Satzverbindungen

Test 9 – Kapitel 10.01 – 10.05

1. **b** ◆ Täglich musst du die Katze füttern. ◇ Klar, das vergesse ich nicht., **c** ◆ Wohin legst du die Post? ◇ Auf Papas Schreibtisch. Dahin legen wir sie doch immer., **d** ◆ …, mach bitte immer das Licht aus. ◇ Natürlich mache ich das Licht aus., **e** ◆ Könntest du bitte dreimal die Woche Blumen gießen? ◇ Das habe ich doch schon immer so gemacht., **f** ◆ Mach keine Partys, … . ◇ Nein Mama, du musst dir keine Sorgen machen., **g** ◆ Wenn du Probleme hast, ruf uns an! ◇ Ja, Mama, dann ruf ich euch an., **h** ◇ …, aber ich möchte lieber zu Hause bleiben.
2. **b** …, wie lange der Flug dorthin dauert?, **c** …, wie viel das Hotel für eine Woche kostet?, **d** …, ob es ein Schwimmbad gibt., **e** …, wie weit es vom Hotel zum Strand ist., **f** …, wie lange vorher man die Reise buchen muss?
3. 1b, 2a, 3b, 4c, 5c, 6c
4. **b** Trotzdem, **c** Daher, **d** deswegen, **e** sonst, **f** Deshalb, **g** Sonst

Test 9 – Kapitel 10.06 – 10.11

1. **b** …, dass Du mir gestern Nacht zugehört hast., **c** …, dass Du immer so gute Ratschläge hast., **d** …, dass es Dich gibt., **e** …, dass unsere Freundschaft für immer hält.
2. **b** Versuchen Sie nicht, noch vor Weihnachten alte Freunde zu treffen., **c** Es ist besser, solche Treffen auf den Januar zu verschieben., **d** … Ich rate Ihnen, Aufgaben zu verteilen., **e** … Aber bitten Sie doch Ihre Verwandten, die Vor- und Nachspeise zu machen oder **f** die Tischdekoration zu übernehmen.
3. **b** als, **c** Wenn, **d** seitdem, **e** bevor, **f** während, **g** bis
4. **b** weil, **c** Obwohl, **d** obwohl, **e** Weil
5. **b** … damit ihr Mann und sie im Alter sorgloser leben., **c** … um später vielleicht eine kleine Wohnung kaufen zu können., **d** … damit ihre Kinder etwas Geld haben, wenn sie ausziehen.
6. **b** Wenn wir mehr verdienen würden, hätten wir ein Haus und Kinder., **c** Wenn einer von uns nur halbtags arbeiten würde, könnten wir einen Hund haben., **d** Wenn ich genug Zeit und Geld hätte, würde ich eine Weltreise machen.

Test 9 – Kapitel 10.12 – 10.14

1. **b** statt dafür viel Zeit in Banken zu verlieren, **c** ohne aus dem Haus zu gehen, **d** ohne stundenlang in Büchern danach zu suchen, **e** statt tagelang auf Briefe zu warten, **f** ohne sie jemals wirklich zu treffen
2. **b** ohne, **c** statt dass, **d** indem, **e** indem – Ohne dass
3. **B** zwar … aber, **C** entweder … oder, **D** sowohl … als auch, **E** je … desto, **F** nicht nur …, sondern … auch
4. **b** der sich Zeit für seine Patienten nimmt., **c** dem man vertrauen kann., **d** dessen Wartezimmer immer voll ist., **e** den man auch am Wochenende anrufen kann.
5. **b** durch die, **c** die, **d** in der, **e** von deren Stadtzentrum, **f** in die

Wenn Sie die Übungen nicht richtig gelöst haben, wiederholen Sie noch einmal die betreffenden Kapitel in der Grammatik. Die Seitenzahlen zeigen Ihnen, auf welches Kapitel sich die einzelnen Übungen beziehen.

Kapitel 11: Wortbildung

Seite 173 / Nomen

1. **b** der Apfelkuchen, **c** das Schokoladeneis, **d** der Tomatensalat, **e** die Kartoffelsuppe, **f** der Milchkaffee
2. **b** Altstadt, **c** Hochhaus, **d** Kleinstadt, **e** Kurzurlaub
3. **a** *Vor*speise, **b** *Neben*tisch, **c** *Unter*tasse, **d** *Nach*speise
4. **b** der Maler, **c** der Physiker, **d** die Fahrerin, **e** die Tänzerin, **f** die Sportlerin
5. **a** Reise, **b** Vergangenheit, **c** Freundlichkeit, **d** Empfangschefin, **e** Bitte, **f** Brötchen, **g** Erholung, **h** Übernachtung, **i** Ermäßigung, **j** Frühbucher

Seite 175 / Adjektive

1. **a** unverheiratet, **b** unglücklich, **c** uninteressant, **d** unsympathisch, **e** unpünktlich, **f** unwichtig, **g** unklar
2. **b** wolkenloser, **c** bergige, **d** schattiger, **e** sorgenloses
3. **b** ohne Arbeit, **c** mit viel Wind, **d** schmeckt nach Salz, **e** aus Österreich, **f** so, wie es gerade Mode ist, **g** ohne Schlaf

Lösungsschlüssel

4 **b** Sie sind unbezahlbar., **c** Er ist nicht mehr lesbar., **d** Es ist nicht mehr lieferbar., **e** ... und auch dieses Problem ist lösbar.

5 **b** blitzschnell, **c** bildschönen, **d** sonnengelben, **e** feuerroten, **f** zitronengelbe, **g** glasklar, **h** steinharten

Test 10 / Wortbildung – Kapitel 11.01–11.02

1 **a** der Fuß + der Ball – N+N, **c** neben + die Straße – P+N, **d** weich + der Käse – A+N, **e** spielen + der Platz – V+N, **f** billig + der Flug – A+N, **g** unter + die Schrift – P+N

2 **b** Näschen (n), **c** Heizung (f), **d** Hilfe (f), **e** Chemiker (m), **f** Gesundheit (f), **g** Unpünktlichkeit (f), **h** Sportler (m)

3 **b** eiskalt, **c** schneeweiß, **d** zuckerfrei, **e** blutjung, **f** steinhart, **g** haushoch

4 b3, c3, d1, e1, f2, g3, h2, i1, j3, k2

Wenn Sie die Übungen nicht richtig gelöst haben, wiederholen Sie noch einmal die betreffenden Kapitel in der Grammatik. Die Seitenzahlen zeigen Ihnen, auf welches Kapitel sich die einzelnen Übungen beziehen.

Register

ab (Präposition) 112
ab- (Vorsilbe) 56
ab wann 132
aber (Konjunktion) 144
aber (Modalpartikel) 128
Abschwächung von Adjektiven 126
Adjektiv + *sein/finden* 150
Adjektiv als Nomen 50
Adjektiv 40, 42, 44, 46
Adjektivdeklination 40, 42, 44
Adverb 124
Akkusativ 12, 18, 92, 96, 114
Akkusativpronomen 30
Aktiv 78
alle (Artikelwort) 26
alles 134
als (Konjunktion) 152
als (bei Komparation) 46
an (Präposition) 112, 114
an- (Vorsilbe) 56
an … vorbei 116
anstatt (Konjunktion) 150
anstatt (Präposition) 118
anstatt … zu 160
anstatt dass 160
-ant 14
Anweisung geben 90
Art und Weise ausdrücken 118, 160
Artikelwörter 18, 20, 26
-at 14
auf (Präposition) 98, 114
auf- (Vorsilbe) 56
Aufforderung 68, 76, 78, 90
Aufgabe ausdrücken 74
aus (Präposition) 116, 118
aus- (Vorsilbe) 56
Ausdrücke mit *es* 102
außer 118
außerhalb 112, 116
-bar 174
be- 56
Bedingung ausdrücken 158
Befehl geben 90
bei 112, 116
besonders 126

bevor 152
bis (Konjunktion) 152
bis (Präposition) 112
Bitten ausdrücken 70, 72, 86, 90
Brüche 132
-chen 8, 172
da (Konjunktion) 154
da (Lokaladverb) 124
da(r)- + Präposition 98
daher 146
damit 156
darum 146
das (Artikelwort) 8, 10, 12, 18, 20
das (Demonstrativpronomen) 36
das (Relativpronomen) 164
dass 148
Dativ 12, 18, 30, 96, 114
Dativpronomen 30
definiter Artikel 10, 18, 20
dein- (Possessivartikel) 24
dein- (Possessivpronomen) 32
Demonstrativartikel 36
Demonstrativpronomen 36
denn 144
der (Artikelwort) 8, 10, 12, 18, 20
der (Demonstrativpronomen) 36
der (Relativpronomen) 164
deshalb 146
deswegen 146
dich (Personalpronomen) 30
dich (Reflexivpronomen) 100
die (Artikelwort) 8, 10, 12, 18, 20
die (Demonstrativpronomen) 36
die (Relativpronomen) 164
dies- 26, 36, 42
dir (Personalpronomen) 30
dir (Reflexivpronomen) 100
Direktionaladverbien 124
doch (als Antwort auf Ja-/Nein-Frage) 142
doch (Modalpartikel) 90, 128

dort 124
draußen 124
drinnen 124
durch 116
dürfen 64, 74, 80
-e 14, 172
-(e)n 14
eben 128
echt 126
-ei 8
eigentlich 128
ein- (Artikelwort) 10, 12, 18, 20
ein- (Vorsilbe) 56
einige- (Indefinitpronomen) 34
einige (Artikelwort) 26
Empfehlung ausdrücken 90
ent- 56
-ent 14
entlang 116
entweder … oder 162
er- 56
-er 172
Erlaubnis ausdrücken 70, 74
es 102
es (Personalpronomen) 30
es gibt 102
es ist 102
etwas (Pronomen) 134
euch (Personalpronomen) 30
euch (Reflexivpronomen) 100
euer-/eur- (Possessivpronomen) 32
eur(e)- (Possessivartikel) 24
Fähigkeit ausdrücken 70
falls 158
feminin 8
finale Konjunktion 156
Fragesatz 138, 142
Fragewörter 98
Fugen-s 172
für 98, 112, 118
Futur (Satzklammer) 140
Futur I (*werden* + Infinitiv) 68, 84
gar nicht 126
ge- 56
gegenüber 116
(genau)so 46

209

Register

Genitiv 12, 18
Genus 8, 18, 172
geworden 78, 84
Gradpartikel 126
Grund ausdrücken 118
haben (Imperativ) 90
haben (Präteritum) 64
haben (Präsens) 54
halt 128
hängen 114
hätte + Partizip Perfekt
 (Konjunktiv II) 88
Häufigkeit 122
-heit 8, 172
her- 56
hier 124
Hilfe anbieten 76
hin- 56
hinten 124
hinter 114
höfliche Frage 74
ihm 30
ihn 30
ihnen 30
Ihnen 30
ihr (Personalpronomen) 30
Ihr- (Possessivartikel) 24
ihr- (Possessivartikel) 24
Ihr- (Possessivpronomen) 32
ihr- (Possessivpronomen) 32
immer 134
Imperativ 90
Imperativsatz 138
in 112, 114, 116
-in 8, 172
indefiniter Artikel 10, 18, 20
indefinites Artikelwort 20
Indefinitpronomen 34
indem 160
indirekte Frage 142
Infinitiv mit *zu* 150
innerhalb (Präposition)
 112, 116
-ion 8
irgendein- (Artikelwort) 26
irgendein- (Indefinit-
 pronomen) 34

irgendjemand 34
irgendwelch- 26
irgendwo 124
irreale Bedingung 88, 158
irrealer Vergleich 88
irrealer Wunsch 88, 138
-isch 174
-ismus 8
-ist 14
ja (Modalpartikel) 128
Ja-/Nein-Frage 138, 142
je ... desto 162
jede- (Artikelwort) 26, 42
jede-/alle (Indefinit-
 pronomen) 34
jemand (jmd.) 34, 134
Kasus 12, 18
Kasusformen 12
kausale Konjunktion 154
kausale Präposition 118
kein- (Indefinitpronomen) 34
kein- (Negativartikel) 22, 134
-keit 8, 172
Komparativ 46
konditionale Konjunktion 158
Konjunktionen 144, 148,
 152–162
Konjunktiv II 86, 88
können 64, 70
konzessive Konjunktion 154
lassen 82
-lein 72
-ler 72
-lich 74
liegen 114
-ling 8
links 124
Lokaladverbien 124
lokale Präpositionen 116
los- 56
-los 174
mal 90, 128
man (*einen/einem*)
 (Personalpronomen) 30
manch- (Artikelwort) 26, 42
manch- (Indefinitpronomen) 34
maskulin 8

mein- (Possessivartikel) 24
mein- (Possessivpronomen) 32
Mengenangaben 20
mich (Personalpronomen) 30
mich (Reflexivpronomen) 100
mir (Personalpronomen) 30
mir (Reflexivpronomen) 100
Mischverben 58, 64
mit (Präposition) 98, 118
mit- (Vorsilbe) 56
möchten 72, 80
modale Konjunktion 160
modale Präposition 118
Modalpartikel 128
Modalverben 70, 72, 74, 76
Modalverben (Satzklammer) 140
Möglichkeit ausdrücken 70
müssen 64, 74
nach (Präposition) 112, 116
nach- (Vorsilbe) 56
nachdem 152
Nachsilbe 172
Namen 20
n-Deklination 14
neben 114
Nebensatz 138
Negation 134
Negativartikel 22
neutral 8
nicht besonders 126
nicht brauchen 74
nicht müssen 74
nicht nur ... sondern auch 162
nicht so 126
nicht trennbare Verben 56, 62
nicht trennbare Vorsilben 56
nicht 134
nichts 134
nie 134
niemals 134
niemand 34, 134
nirgends 134
nirgendwo 124, 134
Nomen + *haben* 150
Nomen 8, 12
Nominativ 12, 18, 92, 94
Notwendigkeit 74

Nullartikel 20
Numerus 18
ob 142
oben 124
obwohl 154
oder 144
ohne (Konjunktion) 150
ohne (Präposition) 118
ohne ... zu 160
ohne dass 160
Ordinalzahlen 132
Ortswechsel 60
Partikel 126
Partizip Perfekt als Nomen 50
Partizip Perfekt als Adjektiv 48
Partizip Perfekt 48, 58, 62
Partizip Präsens als Adjektiv 48
Partizip Präsens 48
Passiv 8, 84
Passiv (Satzklammer) 140
Passiv mit Modalverben 80
Perfekt (Satzklammer) 140
Perfekt mit *haben* 58, 60
Perfekt mit *sein* 60
Perfekt 58, 60, 64, 66, 152
Personalpronomen 30
Pläne ausdrücken 68, 72
Plural 10, 18
Plusquamperfekt 66, 152
Plusquamperfekt (Satzklammer) 140
Possessivartikel 24
Possessivpronomen 32
Präpositionen 12, 98, 112, 114, 116, 118, 164, 172
Präsens 54, 58, 68, 152
Präteritum 64, 66, 152
Rat(schläge) geben 76, 86, 90
rechts 124
reflexive Verben 60, 100
Reflexivpronomen 100
Regeln ausdrücken 74
regelmäßige Verben 54
Relativpronomen 164
Relativsatz 164
Satzglied auf Position I 138
Satzklammer 140

Satzverbindung: Hauptsatz + Hauptsatz 144, 146
Satzverbindung: Nebensatz mit *dass* 148
Satzverbindung: Nebensatz 148, 150, 152, 154, 156, 158, 160, 162
-*schaft* 8
sehr 126
sein (Imperativ) 90
sein (Perfekt) 60
sein (Präsens) 54
sein (Präteritum) 64
sein- (Possessivartikel) 24
sein- (Possessivpronomen) 32
seit 112
seit wann 132
seit(dem) 152
sich 100
(*sich*) *legen* 114
(*sich*) *setzen* 114
(*sich*) *stellen* 114
sie 30
Sie 30
Singular 18
sitzen 114
sollen 64, 76, 80
sonst 146
sowohl ... als auch 162
statt 118
stehen 114
Steigerung 46
Suffix 172
Superlativ 46
Temporaladverbien 122
temporale Konjunktionen 152
temporale Präpositionen 112
Tipps geben 90
total 126
trennbare Verben 56
trennbare Verben (bei Infinitiv mit *zu*) 150
trennbare Verben (Imperativ) 90
trennbare Verben (Satzklammer) 140
trennbare Verben (Perfekt) 62
trennbare Vorsilben 56

trotz 118
trotzdem 146
über 98, 112, 114
überall 124
überhaupt nicht 126
um (Konjunktion) 150
um (Präposition) 98, 112
um- (Vorsilbe) 56
um ... herum 116
um ... zu 156
un- 174
und 144
-*ung* 8, 172
unregelmäßige Verben 54
uns (Personalpronomen) 30
uns (Reflexivpronomen) 100
unser- (Possessivartikel) 24
unser- (Possessivpronomen) 32
unten 124
unter 114
-*ur* 8
Ursache angeben 118
ver- 56
Verb (Position im Satz) 140
Verb auf Position 2 138
Verb 12
Verben auf -*d*/-*t* 54
Verben auf -*ern*/-*eln* 54
Verben auf -*ieren* 62, 64
Verben aus -*s*/-*ß* 54
Verben mit Ergänzungen 92, 94, 96, 98
Verben mit *es* 102
Verben mit Präpositionen 98
Verben mit Vokalwechsel 54, 90
Verbindungsadverb 138, 146
Verbote ausdrücken 70, 74
Vergleich 46
Vermutungen ausdrücken 68
Versprechen ausdrücken 68
Verstärkung von Adjektiven 126
viele- (Indefinitpronomen) 34
von 78, 98, 116, 118
von ... an 112
von wann bis wann 132
von ... bis 112
vor (Präposition) 112, 114

211

Register

vor- 56
vorbei- 56
Vorhersage ausdrücken 68
vorn(e) 124
Vorsätze ausdrücken 68
Vorschläge machen 70, 76, 86
Vorschriften ausdrücken 74
während (Konjunktion) 152
während (Präposition) 112
wäre + Partizip Perfekt
   (Konjunktiv II) 88
wann 132, 142
Wechselpräpositionen 114
weder … noch 162
weg- 56
Wegbeschreibung 116
wegen 118
weil 154
weiter- 56
welch- (Artikelwort) 42
welche- (Zahlwort) 132
wem 142
wen 142
wenige- 34
wenn 152, 158
wenn/als 152

wer 142
werden 84
werden (Futur) 68
werden (Präsens) 54
werden (Präteritum) 64
werden + Adjektiv 84
werden + Nomen 84
w-Frage 142
wie 142
wirklich 126
wo- + Präposition 98
wo 114
woher 142
wohin 114, 142
wohl 128
wollen 64, 80
wor- + Präposition 98
worden 78, 84
Wortbildung (Adjektiv) 174
Wortbildung (Adjektiv +
   Adjektiv) 174
Wortbildung (Adjektiv +
   Nomen) 172
Wortbildung (Nomen) 172
Wortbildung (Nomen +
   Adjektiv) 174

Wortbildung (Nomen +
   Nomen) 172
Wortbildung (Präposition +
   Nomen) 172
Wortbildung (Verb +
   Nomen) 172
Wünsche ausdrücken 72, 86
Zahlen 132
Zahlwörter 132
zer- 56
ziemlich 126
zu (Präposition) 116, 118
zu- (Vorsilbe) 56
zu + Infinitiv 150
Zukunft 68
zurück- 56
zusammen- 56
Zusammensetzung 174
Zustandswechsel 60
zwar … aber 162
zweiteilige Konjunktionen 162
zwischen 114

Quellenverzeichnis

Cover: © iStock/Yuri_Arcurs

S. 8: alle Zettel unten © Thinkstock/Hemera/Angela Jones
S. 9: Ü1 © Thinkstock/Wavebreak Media Ltd
S. 10: alle Zettel unten © Thinkstock/Hemera/Angela Jones
S. 21: a © Thinkstock/iStock/Ridofranz; b © iStock/JennaWagner
S. 29: Illus: g, p: Gisela Specht, Weßling; l: Bettina Kumpe, Braunschweig
S. 33: Ü4: Florian Bachmeier, Schliersee
S. 34: alle Zettel unten © Thinkstock/Hemera/Angela Jones
S. 35: Ü3 © Thinkstock/Stockbyte/George Doyle
S. 39: Ü6: Hintergrund © Thinkstock/iStock/binik; Briefmarke: Bettina Kumpe, Braunschweig
S. 43: Ü5 A © iStock/GlobalP
S. 45: © Thinkstock/Comstock/Stockbyte
S. 48: Ü1 E © Thinkstock/iStock/nickylarson974
S. 51: Ü2 © Thinkstock/iStock/bluejayphoto
S. 52: Ü3 © fotolia/Stockcity
S. 55: Ü3 © Thinkstock/iStock/monkeybusinessimages
S. 59: Ü2 © Thinkstock/Ron Chapple Stock
S. 61: Ü3 © fotolia/Nikolai Sorokin
S. 71: Ü4 © Thinkstock/iStock/sutteerug
S. 79: Ü2 © Thinkstock/Wavebreak Media Ltd; Ü3: Mozartkugel © iStock/IvanJekic; Kuckucksuhr © fotolia/dudek
S. 80: Ü1 Piktos © Thinkstock/iStock/lilipom
S. 81: Ü3: A © Thinkstock/iStock/nickylarson974; D © Thinkstock/iStock/Ecelop
S. 97: Ü5 © iStock/Photo_Concepts
S. 106: oben © PantherMedia/Josef Müllek; unten © PantherMedia/Jörg Schmalenberger
S. 113: Ü4 © MEV
S. 114: alle Illus Präpositionswürfel: Gisela Specht, Weßling
S. 116: ÜB Illus Präpositionswürfel: Gisela Specht, Weßling
S. 117: Ü3 Illus Präpositionswürfel: Gisela Specht, Weßling
S. 123: Ü1 Hintergrund © Getty Images/iStock/archives; Ü2 Hintergrund © fotolia/Max Krasnov
S. 124: alle Illus Präpositionswürfel: Gisela Specht, Weßling
S. 130: alle Illus Präpositionswürfel: Gisela Specht, Weßling
S. 131: Cover Der Circle von Dave Eggers © Verlag Kiepenheuer & Witsch, 2013
S. 139: Ü1 © Thinkstock/iStock; Ü2 © Thinkstock/Ron Chapple Studios
S. 145: A © Thinkstock/Stockbyte/Jupiterimages; B © Thinkstock/iStock; C © PantherMedia/Kati Neudert; D © iStock/JBryson; Ü3 © fotolia/sergeklein
S. 147: © Thinkstock/iStock/Antonio_Diaz
S. 149: A © Thinkstock/Hemera/Yuri Arcurs; B © Thinkstock/iStock/Meinzahn; C © iStock/davidf; D © Thinkstock/Photos.com
S. 163: © Thinkstock/TongRo Images
S. 166: Thomas Spiessl, München
S. 167: © PantherMedia/Harald Richter
S. 173: Ü5 © Thinkstock/iStock/duha127
S. 202: Illus Präpositionswürfel: Gisela Specht, Weßling
U4: Smartphone © Thinkstock/iStock/Dmitriy Shpilko

Zeichnungen: Jörg Saupe, Düsseldorf
Bildredaktion: Nina Metzger, Hueber Verlag, München